Wolfgang Stark

Empowerment

Neue Handlungskompetenzen
in der psychosozialen Praxis

Lambertus

Die Deutsche Bibliothek – CIP-Einheitsaufnahme

Wolfgang Stark:
Empowerment : neue Handlungskompetenzen in der
psychosozialen Praxis. – Freiburg im Breisgau :
Lambertus, 1996
ISBN 3-7841-0850-4

Umschlaggestaltung: Christa Berger, Solingen
Umschlagfoto: Uwe Stratmann, Wuppertal
Satz: ARGUS DTP, Schliengen-Liel
Herstellung: Druckerei Franz X. Stückle, Ettenheim
ISBN 3-7841-0850-4

Inhalt

Vorwort

„Brennende Geduld" – mit diesem Begriff von Pablo Neruda könnte man die
Entstehungsgeschichte dieses Textes überschreiben. Das Thema „Empowerment" hat mich in den Jahren meiner praktischen Arbeit im Selbshilfe-
zentrum München seit 1986 begleitet. Es begann mit dem Unbehagen an
dem Bild von Prävention im psychosozialen Bereich, das allzu sehr von der
Verhinderung von Problemen oder störenden Verhaltensweisen geprägt war.
Ausgehend von der Idee einer aktivierenden psychosozialen Arbeit, die an
den Ideen und Innovationen in den Köpfen der Professionellen, aber auch
der Ratsuchenden und NutzerInnen psychosozialer Einrichtungen interessiert ist, erweckte das Konzept „Empowerment" meine Neugierde und blieb
hängen. Die Idee der Entwicklung der Stärken und Fähigkeiten von Menschen und der Förderung von Selbstorganisation begann mit relativ allgemeinen und idealistischen Vorstellungen.
Der soziale Kontext des Münchner Selbsthilfezentrums stellte den fast idealen Hintergrund für die Beobachtung und Erprobung dieser Prozesse in der
Praxis dar. So war es möglich, Erfahrungen zu machen, Vorstellungen zu
revidieren und neue Aspekte aufzunehmen und auf diese Weise im Rahmen
einer konkreten und praktischen Arbeit das Konzept weiterzuentwickeln.
Das funktionierte nur selten reibungslos, erforderte viele Umwege und Verzettelungen, deren größter Teil sich aber letztlich als fruchtbar erwies. Trotz
aller Ablenkungen und den Notwendigkeiten des professionellen Alltags
erwies sich „Empowerment" als Thema, das in meinem Kopf blieb, und sich
– mit „brennender Geduld" – nun zu einem konzeptionellen Entwurf ver-
dichtete. Daher finden sich in dieser Arbeit eine Vielfalt von Erfahrungen,
die ich mit den Menschen aus verschiedenen Selbsthilfe-Initiativen und in
meiner Arbeit im Selbsthilfezentrum München machen durfte.
„Brennende Geduld" hatten vor allem aber die Menschen, die mich in den
letzten Jahren ermutigt und unterstützt haben. Ich hatte das Glück, daß das
Team des Selbsthilfezentrums – Monika Bobzien, Reinhard Fuß, Rosa Geislinger, Frank Meinhold, Werner Nüßle und Rita Rüger – mir nicht nur die
notwendigen Freiräume für die konzeptionelle Arbeit und das Erstellen dieses Textes immer wieder einräumten. Die MitarbeiterInnen des Selbsthilfezentrums waren auch bei unseren gemeinsamen Versuchen, die Idee des Empowerment in der praktischen Arbeit umzusetzen, wichtige Reflexions- und
DiskussionspartnerInnen. Dafür – und für das immer wieder notwendige
Durchhaltevermögen bei Rückschlägen, Enttäuschungen, und Überforde-
rungen oder Zumutungen (nicht selten durch mich ausgelöst), möchte ich

ihnen ganz herzlich danken. Monika Bobzien hat weit über diesen Arbeitszusammenhang hinaus in unzähligen spannenden privaten Gesprächen ganz maßgeblich zum Gelingen dieser Arbeit beigetragen. Ihre freundschaftliche Unterstützung hat mich immer wieder aufgeweckt und angetrieben, und sie hat die Idee des „eigenen Empowerments" in mir wachgehalten. Ohne sie wäre diese Arbeit letztlich wohl nie fertig geworden.

Annette Tretzel verdanke ich ermutigende Wegweiser zur richtigen Zeit und wertvolle Unterstützung „im Feinschliff" dieser Arbeit. Rudi Briel hat sich als Lektor des Lambertus- Verlags engagiert mit dem Thema auseinandergesetzt und wichtige Hinweise für die Endfassung dieser Arbeit gegeben.

Eine Arbeit wie diese „neben" einer hauptamtlichen praktischen Tätigkeit zu schreiben, fällt sicher niemandem leicht. Für meine Person trifft dies aber in besonderem Maße zu, weil ich in der langen Zeit der Beschäftigung mit dem Thema Empowerment immer wieder zu neugierig für andere Entwicklungen und Aufgaben war, die mich von der Konzentration auf das Thema abhielten. Heiner Keupp hat eine schier unerschöpfliche Geduld mit meinen „ewigen Verzettelungen" und Umwegen bewiesen, und hat es nie aufgegeben, mich mit seinen Gedanken und Ideen immer wieder auf das Thema zurück zu bringen. Er ist eine unschätzbare, anscheinend nie versiegende Quelle für Informationen und Materialien und ein Glücksfall als Betreuer. Heiner Legewie bin ich ebenfalls zu großem Dank verpflichtet: für seine ruhige Ausdauer bei den vielen Verzögerungen, für seine Ermutigungen und Anregungen für dieses Thema.

Eine große Zahl von Fachleuten in Deutschland, Österreich, der Schweiz und in den USA, haben mir in Gesprächen ihre Zeit und wichtige Gedanken geschenkt, die für die Bearbeitung des Themas wertvoll waren. Sie alle haben einen persönlichen Dank verdient – auch wenn sie hier nicht eigens genannt sind. Einen möchte ich jedoch gesondert erwähnen: der kürzlich verstorbene Robert Jungk hat mir in Wort und Schrift immer wieder Mut gemacht, quer zu den üblichen Routinen zu denken. Er wird mir immer ein lebendiges Beispiel dafür bleiben, mit „brennender Geduld" soziale Utopien zu verfolgen.

Einführung: Lernprozesse psychosozialen Handelns

> Manche Menschen sehen die Dinge, wie sie sind,
> und erklären uns, warum sie so sind.
> Ich träume von dem, was es nicht gibt,
> und frage mich: „Warum nicht?"
> Robert Kennedy

1. DIE BEDEUTUNG ZWEIER ZITATE – UND WAS AUS IHNEN ZU LERNEN IST

„In Cornwall, England, gibt es eine alte Tradition, wenn man feststellen will, ob jemand seelisch gestört ist. Der Betreffende wird in ein Zimmer gebracht, wo ein Waschbecken überläuft, und man bittet ihn, das Wasser vom Boden aufzuwischen. Wenn er zuerst den Wasserhahn zudreht, bevor er sich ans Aufwischen macht, gilt er als gesund. Wenn er den Hahn laufen läßt und aufwischt, nimmt man an, daß er gestört ist." (Kelly 1979, S. 62–67)

„There was once a health worker who found herself by a raging river, when she heard a cry for help. She immediately jumped into the river, pulled the man to the shore, and applied artificial respiration. Just when he started breathing, she heard another cry for help, so she jumped back into the river, pulled the man to the shore, and applied artificial respiration. Just when he began to breath, she heard another cry for help, so back into the river she jumped. Now, she was so busy jumping in, pulling to the shore, and applying artificial respiration that she had no time to see who the hell was upstream pushing all those guys in." (Zola 1987, S. 32–33)

Diese beiden Zitate schlagen für mich eine Brücke über mehr als ein Jahrzehnt Tätigkeit im psychosozialen Bereich. Mit dem ersten Bild versuchte ich in einer früheren Arbeit die Notwendigkeit präventiver Strategien gegenüber einem sich immer weiter verfeinernden therapeutischen Technizismus zu illustrieren und im weiteren zu begründen. Ich schrieb damals in Bezug auf das erste Zitat:

„Im Laufe der Ausbildung in Psychologie bekommt der Student sehr viele verschiedene Techniken und Arten des Aufwischens beigebracht; man lernt, die Art der Überschwemmung zu diagnostizieren, und zu kontrollieren, ob das Wasser, nachdem man es mit dem Schwamm, Lappen oder Schaufel beseitigt hat, in ausreichendem Masse zurückgegangen ist, so daß man keine nassen Füße mehr bekommt. Seltsamerweise beschäftigt sich die klinische Psychologie bisher weder in Forschung, Praxis noch Ausbildung ausführlicher mit dem Problem, wie die Ursache der Überschwemmung, der laufende Wasserhahn, zu beseitigen ist. Selbst fortschrittliche Wissenschaftler beschränken sich meist darauf, mit der Feststellung ‚Der Wasserhahn läuft' eine Ursache zu benennen." (Stark 1980, S. 1; siehe auch Stark 1982)

Das zweite Zitat lese ich nun beim Abfassen dieses Textes am Anfang eines kurzen Essays zur politischen Wirkung von Selbsthilfeinitiativen auf gesellschaftliche Zustände in den USA und auf das Bewußtsein von Personen, die sich in solchen Gruppen engagieren. Die Aussagen der beiden Situationen, die ironisierend in diesen Zitaten beschrieben werden, sind auf den ersten Blick ähnlich. Unterschiede werden erst dann deutlich, wenn man die Bilder, die diese beiden Zitate provoziert haben, miteinander vergleicht: Das Zitat von Jim Kelly brachte mich 1980 zu der Forderung, klinische PsychologInnen dürften sich nicht nur damit befassen, die Folgen von psychosozialen Problemlagen und Krisen zu behandeln, sondern sollten sie – zusammen mit den potentiell Betroffenen – zu verhindern suchen. Präventives Handeln und präventive Programme seien dringend notwendig im psychosozialen Feld, und die Professionellen hätten ihre Handlungsperspektiven entsprechend zu erweitern.

Heute würde ich mich vom zweiten Zitat zu folgendem Bild inspirieren lassen: Die fleißige Gesundheitsarbeiterin am Flußufer ist mit „Helfen" ja offensichtlich nach wie vor vollauf beschäftigt. Die „KlientInnenflut" läßt ihr keine Zeit, flußaufwärts nach dem Rechten zu sehen, d. h. sich aus ihrer angestammten und gesellschaftlich definierten Rolle zu lösen und sozialpolitisch nicht nur eine Funktion zu übernehmen, sondern (sozial-)politisch zu denken. Programme zur Verhinderung und Eindämmung der Flut gibt es auf dem Papier zwar in ausreichender Menge; sie resultieren aber lediglich in der Aufstellung von Warnschildern („Vorsicht! Steil abfallendes und schlüpfriges Ufer! Eltern haften für ihre Kinder!") oder im Versuch, den Gefährdeten präventiv die „soziale Eskimorolle"[1] beizubringen. Mittlerweile aber tun sich die „Geretteten" zusammen, beginnen ihre Lage zu erkennen und versuchen, sich gegenseitig zu unterstützen und dabei auch manchmal herauszufinden, wie sie denn eigentlich in diese vertrackte Lage gekommen sind. Die professionelle Helferin kann ihnen dabei wenig helfen: sie ist an der Grenze ihrer Kapazität angelangt, versucht aber dennoch, die Eigeninitiative der Geretteten anzufachen und diese selbstlos zu begleiten. Ihre Hauptbeschäftigung bleibt aber weiterhin die „Rettung", denn es gibt noch genügend Leute, die im tosenden Wasser um Hilfe schreien, weil sie an den Kursen zur sozialen Eskimorolle nicht teilgenommen haben.

---

[1] Eine „Eskimorolle" ist eine lebensrettende Übung für alle KajakfahrerInnen, um im Falle eines Kenterns des Kajaks das Boot in eine rotierende Bewegung zu bringen und so wieder aufzurichten. Sie ist eine der ersten Übungen, die KajakfahrerInnen bereits bei den „Trockenübungen" der Kajakkurse im Schwimmbecken erlernen.

Natürlich, die Vergleiche hinken und überzeichnen, aber genau das ist ihre Funktion. Denn so lassen sich durch das *Weitererzählen von Bildern* unterschiedliche Auffassungen professioneller Tätigkeit im psychosozialen Bereich deutlich machen, die sich in meinem Selbstverständnis in den letzten Jahren entwickelt haben. Eine Entwicklung, die – offen oder noch verdeckt – auch im allgemeinen Selbstverständnis professioneller Tätigkeit in vielen Bereichen ihren Niederschlag gefunden hat.

Zwei Hinweise sollen hier am Anfang genügen:

(1) Die Unsicherheit über die Rolle von ExpertInnen in der Sozialen Arbeit ist in den letzten Jahren gewachsen. Wann ist es denn sinnvoll, sich an PsychotherapeutInnen, SozialarbeiterInnen, ÄrztInnen und andere berufliche HelferInnen zu wenden, wenn man nicht mehr weiter weiß? Sind sie denn immer die Problemlösungsinstanz, deren Hilfe hier benötigt wird? Oder verwalten sie nicht allzuoft ein vielgestaltiges Elend und vermitteln die sozialen Normen, wie man/frau sich in der entsprechenden Situation zu verhalten hat? Üben sie darüber nicht ebenso soziale Kontrolle über die Ziele der Problemlösungen aus, wie sie auch als „gate-keeper" über die materiellen und informativen Ressourcen wachen und festlegen, welche Art der Hilfsbedürftigkeit welche Form der Unterstützung und Hilfe nach sich zieht?

In dem Aufsatz „Die gemeine Dimension der Politik" kritisiert Ivan Illich die Entwicklung unseres offiziellen Gemeinwesens hin zu einem „Wohlfahrtsstaat", der die Menschen von den eigentlichen Zwecken dieser Wohlfahrt und Fürsorge für alle abschneidet:

> „Die meisten Menschen haben von der Schule nur eine offizielle Bestätigung ihrer angeborenen relativen Mängel erhalten. In großen Bevölkerungsgruppen hat die Medizin ein gesteigertes Bedürfnis nach Leistungen wachgerufen, das alle Möglichkeiten weit übersteigt, und sie hat die Fähigkeit, mit dem Leben fertig zu werden, die Fähigkeit, sich selbst, die anderen und seine Umwelt leiden zu können – was gemeinhin Gesundheit genannt wird – unterminiert. Das Beförderungswesen, für die große Mehrheit an die Stoßzeit gebunden, hat die in der Knechtschaft des Verkehrs verbrachte Zeit vermehrt und sowohl die frei gewählte Mobilität als auch die gegenseitige Zugänglichkeit reduziert. Die Entwicklung der pädagogischen, medizinischen und sonstigen sozialen Institutionen hat faktisch die Mehrheit der Menschen von den Zwecken, für die diese Institutionen geplant und finanziert wurden, abgeschnitten." (Illich 1982, S. 100)

Die Stimmen, die einen „Abschied vom Experten" (Olk 1986) fordern und die paternalistische Ausrichtung bestehender Sozialer Arbeit anklagen (Swift 1984), vereinen sich mit denen, die auch auf der allgemeinen politischen Ebene das Vertrauen in eine immer weiter ausdifferenzierte Expertenschaft verloren haben. Spätestens seit der Katastrophe von Tschernobyl gilt für weite Bevölkerungskreise (siehe Legewie 1992), was in der Anti-Atom-

Bewegung der 70er und 80er Jahre und in vielen Umweltinitiativen gelernt wurde: die Technokratie der Experten verliert immer mehr ihre ursprüngliche Absicht, die Lebensqualität für die BürgerInnen zu sichern oder zu erhöhen und arbeitet häufig (wenn auch oft nicht gewollt) gegen die existentiellen Interessen der einzelnen für eine Aufrechterhaltung des status quo eines sich immer weiter beschleunigenden Fortschritts, der unsere Lebensgrundlagen zu zerstören droht (Beck 1986) und so zum Lebensrisiko wird (Guggenberger 1987).

(2) Das wachsende Mißtrauen gegenüber einer paternalistischen Expertengesellschaft geht – wenn auch nicht gleichzeitig – einher mit einer Entwicklung, die der männlichen Dominanz in unserer Gesellschaft immer mehr die Grundlage entzieht. Nach anfänglich sehr langsam erreichten Erfolgen hat die Frauenbewegung die männliche Struktur der Macht weitgehendst entlarvt. Frauen werden, selbst von konservativen Kräften, als gleichwertige Partnerinnen in Politik und Wirtschaft anerkannt, wenn auch eine Gleichverteilung der Ressourcen im Geschlechterkampf bei weitem noch nicht erreicht ist. Die jahrhundertealte männliche Dominanz ist in ihrer Selbstverständlichkeit erschüttert; die Frauen haben – zumindest in den Industrieländern und teilweise auch darüber hinaus – eine Bewegung angestoßen, die nun kaum mehr aufzuhalten ist und deren tiefgreifende Folgen vor allem den Männern nur allmählich klarwerden (wollen).

> „Die erforderliche Gesellschaftsveränderung ist so grundlegend, daß die Kräfte der Veränderung jeden Winkel der Gesellschaft erreichen müssen. Von allen Unterdrückten sind nur die Frauen gesellschaftlich so situiert, daß sie solche Veränderungen bewirken können. (…) Frauen sind überall. Man kann sie nicht ghettoisieren, man kann sie nicht vernichten. (…) Sie müssen und werden auf Strategien vertrauen, die durch Überzeugungsarbeit und sozialen Druck zu einem neuen Bewußtsein bei Männern und Frauen führen. Die feministische Revolution wird kein Umsturz, sie wird eine Transformation sein." (Lerner 1990, S. 302)

Wenn auch die beiden genannten Entwicklungen oft (und vor allem von männlichen Autoren) noch getrennt diskutiert werden, so liegt es doch auf der Hand, daß das Mißtrauen gegen die implizit paternalistische Struktur in der Sozialen Arbeit und der langsame und zögernde Abschied von der männlichen Dominanz sich gegenseitig stark beeinflußen. Hält man sich vor Augen, daß der weitaus größere Teil aller Formen Sozialer Arbeit von Frauen vollbracht wird, diese jedoch nur selten in den Vorstandsetagen der Wohlfahrtsverbände oder als Professorinnen in den Ausbildungsinstituten zu finden sind, so wird klar, daß mit einer Infragestellung tradierter Geschlechterverhältnisse auch Auswirkungen auf die männlich geformte Struktur Sozialer Arbeit und eines sozialen Versorgungssystems zu erwarten sind.

Diese beiden Entwicklungen sind nicht allein für eine tiefgreifende Veränderung im gesellschaftlichen Zusammenleben und im Selbstverständnis Sozialer Arbeit verantwortlich. Der Diskurs um Moderne und Postmoderne und die damit zusammenhängende Veränderung unserer Gesellschaft ist hier ebenfalls ein Gradmesser, wenn dieser auch noch weitgehend in den relativ abstrakten Formen sozialphilosophischer Argumentationslinien abgehandelt wird (zu einer der Ausnahmen siehe Fechner 1990).

Auch in der psychosozialen Praxis stellen Professionelle in den Einrichtungen, aber auch viele PlanerInnen und EnscheidungsträgerInnen im sozialen Feld, die Unzulänglichkeit sozialer Versorgungsstrukturen, mehr aber noch der traditionellen Ansätze und Methoden Sozialer Arbeit fest.

Es muß jedoch an dieser Stelle darauf hingewiesen werden, daß diese Veränderungen keine eindeutige Entwicklung widerspiegeln. In der Sozialpolitik wird nach wie vor der weitaus größte Teil der vorhandenen Ressourcen für Versorgungsleistungen aufgewendet, die Störungen eines mittlerweile weithin akzeptierten kapitalistischen Gesellschaftssystems auf der individuellen Ebene möglichst lautlos reparieren sollen. Die Spezialisierung professioneller Kompetenzen wird immer mehr gefördert. Damit werden die Verbindungslinien zwischen den einzelnen Bereichen, mehr noch zwischen individuellem Leid und gesellschaftlichen Strukturmerkmalen, immer abstrakter und für die Praxis kaum mehr greifbar. Die Ausdifferenzierung professioneller Hilfeformen hat dabei nicht dazu geführt, daß den Ratsuchenden besser geholfen wird; sie hat lediglich die Konkurrenz der Dienste untereinander gefördert. Das Ergebnis war eher gegenseitige Abgrenzung statt Kooperation.

Die patriarchale Form und die Expertenherrschaft im Sozial- und Gesundheitsbereich wird unter diesen Vorzeichen nicht verändert, sondern stabilisiert. Dies gilt im gleichen Maße für die Situation der Frauen, deren Rolle von vielen nach wie vor im sozialen Ehrenamt oder in der Kindererziehung gesehen wird.

Mit den in Mode gekommenen Stichworten wie „präventive Ansätze", „Bedürfnisorientierung" oder „kleinräumiges Arbeiten" arbeiten jedoch interessanterweise alle Seiten – gleich welcher ideologischer Herkunft – mit unterschiedlichen Interessen. Es drängt sich die Frage auf, inwieweit sich hier nicht verschiedene politische Kulturen entwickeln, die zwar mit den gleichen Begrifflichkeiten operieren, dennoch sehr unterschiedliche Ziele verfolgen, die nur noch schwer mit den Etiketten „restaurativ" oder „progressiv" einzuordnen sind.

Die Ähnlichkeit und das unterschiedliche Weitererzählen der beiden eingangs verwendeten Bilder und die skizzierten „leisen" Umwälzungen schlagen für mich nicht nur eine wichtige Brücke zwischen fünfzehn Jahren wissenschaftlicher und praktischer Arbeit im psychosozialen Bereich, sondern auch zwischen fünfzehn Jahren sozialpolitischer Diskussion. Beides, das Weitererzählen und die Ähnlichkeit der beiden Bilder haben für dieses Buch einen zentralen Stellenwert: In der Ähnlichkeit der beiden eingangs erwähnten Zitate wird deutlich, daß trotz langjähriger Entwicklungen in psychosozialer Forschung und Praxis eines gleich geblieben ist: psychosoziale Tätigkeit wird nach wie vor in weiten Bereichen als Reparaturbetrieb angesehen, durch den die „ins Wasser gefallenen" Menschen wieder herausgezogen, wiederbelebt und getrocknet werden. Nach wie vor ist daher die gesellschaftliche Relevanz und Funktion dieses Bereichs zu hinterfragen, auch wenn die Notwendigkeit professioneller sozialer Unterstützung in der modernen Gesellschaft immer deutlicher geworden ist und von kaum einer Seite bezweifelt wird. Unter mannigfaltigen neuen Vorzeichen (gesellschaftliche Veränderungen, Wertewandel, sozialpolitische Diskurse, Umwelt- und andere globale Krisen), die die letzten zehn Jahre gebracht haben, ist nun verstärkt die Frage zu stellen, wie der psychosoziale Bereich vom Reparaturbetrieb, dem caritativ helfenden Impetus (und dies ist er auch, wenn „präventiv" pädagogische Programme „Störungen" bereits im Vorfeld verhindern sollen; siehe Stark 1989a) zu einem Bereich wird, mit Hilfe dessen Menschen in unserer Gesellschaft und in ihrem sozialen Umfeld die Gestaltung ihrer Umwelt kreativ selbst in die Hand nehmen. Diese Entwicklung erfordert das, was Arthur Rimbaud und Pablo Neruda „brennende Geduld" nennen.

Letztendlich geht es darum, wie Menschen lernen und in der Gemeinschaft in die Lage versetzt werden können, ihre Geschichte, die allzu häufig erlitten ist, aktiv weiterzuerzählen und dabei die Fäden der Erzählhandlung selbst zu steuern (Sloterdijk 1988). Wie sieht eine Entwicklung zu einer solchen „Daseinsmächtigkeit" (Gronemeyer 1988) aus? Wie kann dies gefördert werden? Welche (Lebens-)Bedingungen sind hierfür zu schaffen? Welche Konsequenzen hat dies für eine Sozialpolitik der Zukunft und für die professionelle Tätigkeit in diesem Bereich, der in den letzten Jahren vor lauter Krisenbewußtsein und Existenzbedrohung verschiedenen Formen des „Totstell-Reflexes" anheimgefallen ist?

2. Empowerment – neuer Begriff oder neues Denken?

Der Begriff, der für diese Entwicklungen in der anglo-amerikanischen Sprachwelt – nicht nur im psychosozialen Bereich – verwendet wird, lautet „empowerment". Empowerment kann als ein andauernder, zielgerichteter Prozeß im Rahmen kleiner, meist lokaler Gemeinschaften verstanden werden. Er beinhaltet wechselseitige Achtung und Fürsorge, kritische Reflexion und Bewußtwerdung der Akteure, durch die eine Form der Teilhabe für die Personen oder Gruppen ermöglicht wird, die einen unzureichenden Zugang zu wichtigen sozialen Ressourcen haben. Durch diesen Prozeß können sie diesen Zugang verbessern und die für sie wesentlichen sozialen Ressourcen stärker kontrollieren.[2]

Empowermentprozesse erzählen demnach von Geschichten der Stärke in einer Situation des Mangels: von der aktivierenden Entwicklung gleichwertiger Rollenbeziehungen zwischen Personen und Gemeinschaften – ob zwischen sogenannten „Laien" oder zwischen „Laien" und „Professionellen" –, denen es gelingt, ihre Ressourcen zu erkennen und zu nutzen und sich so in Entscheidungen über sich und ihre soziale Umgebung einzumischen. Das Potential und die Fähigkeiten, das eigene Leben und die sozialen Zusammenhänge gemeinsam zu gestalten, die Ressourcen zu nutzen und zu erweitern, ist bei uns allen und in vielen sozialen Situationen vorhanden. Dieses Potential ist also kein knappes Gut (Rappaport 1986), das kontrolliert und verteilt, sondern eher als Möglichkeitsraum entdeckt werden muß. In den meisten Fällen muß es freigesetzt werden, befreit von den Verkrustungen eines Denkens in Defiziten, der Abhängigkeit von Experten bis hin zu einer Veränderung der Sprachgewohnheiten, die uns dieses passivierende Denken aufzwingen. Insofern ist Empowerment mehr als ein neues, modisches Wort, sondern ein Begriff, der neue Blickwinkel auf soziale Zusammenhänge eröffnet und verschüttete Potentiale freisetzt.[3]

Für die professionelle Soziale Arbeit besteht der zentrale Aspekt der Empowermentperspektive darin, „… Bedingungen und eine Arbeitshaltung zu entwickeln, die es ermöglichen, soziale Kräfte bei anderen zu wecken oder sie zu entdecken" (Keupp/Stark 1993, S. 40). Empowerment bezieht sich daher auf die Möglichkeiten und Hilfen, die es Individuen oder Gruppen erlauben, Kontrolle über ihr Leben und ihre sozialen Zusammenhänge zu gewin-

---

[2] Ein Blick in das Lexikon liefert folgende, eher passivierende Übersetzungen des englischen Begriffs: „to empower" – jemanden ermächtigen, jemandem die Vollmacht erteilen, etwas zu tun; „to be empowered" – ermächtigt oder befugt sein, die Vollmacht zu haben, etwas zu tun. Im sozialen Zusammenhang werden diese eher juristischen Bedeutungen jedoch erweitert und in einer aktiveren Form gebraucht. Um Vereinfachungen und Verfälschungen zu vermeiden, möchte ich daher in dieser Arbeit bei dem englischen Begriff „Empowerment" bleiben.

[3] Hartmut von Hentig (1985, S. 49) schreibt: „Es fängt (alles) mit der Sprache an – auch die Veränderungen. Wörter, die der Wirklichkeit vorgreifen, geben Hoffnung. Keines ist frei erfunden. Ein jedes trägt eine Andeutung dessen mit sich, was es wahrhaben will, was sich erfüllen soll."

nen, und die sie darin unterstützen, die dazu notwendigen Ressourcen zu beschaffen.

Sozialpolitisch und professionell betrachtet beruft sich dieses Konzept auf eine Reihe von *Lernprozessen* der letzten Jahre:

(a) die Erkenntnis, daß psychosoziales Wohlbefinden in unterschiedlichen Lebenslagen wesentlich von der Existenz und der Nutzbarkeit sozialer Ressourcen (Netzwerke, Unterstützungssysteme) abhängt;

(b) die Erfahrung der Stärkung individueller und kollektiver Kompetenzen und eines damit korrespondierenden Handlungspotentials durch die Entwicklung selbstorganisierter Gruppen;

(c) die notwendigen selbstbestimmten und selbstorganisierten Handlungsqualifikationen der Subjekte in einer hochkomplexen und unübersichtlichen post-modernen Gesellschaft.

Diesen veränderten Rahmenbedingungen muß auch das professionelle Selbstverständnis psychosozialer Fachleute Rechnung tragen. Julian Rappaport (1987) spricht daher von Empowerment als einer möglichen theoretischen Grundlage einer gemeindepsychologisch orientierten psychosozialen Praxis.

Dieses Buch wird sich im Folgenden damit beschäftigen, inwieweit dieser Begriff und die dahinterstehenden Vorstellungen eine der *Grundlagen für eine verantwortliche psychosoziale Tätigkeit* mit gesellschaftlicher Relevanz darstellen können. Dies wird mit Beispielen für Prozesse des Empowerment auf der individuellen, interaktiven und strukturellen Ebene illustriert. Die Hintergründe dieses Konzepts, seine Reichweite, bilden ebenso wie die Folgerungen für verschiedene Bereiche psychosozialer Praxis wichtige Bestandteile dieses Diskurses.[4]

Um es jedoch gleich zu Anfang auszusprechen und damit die Hoffnungen all derjenigen zu dämpfen, die sich eine weitere, vielleicht neue sozialpädagogische Methode erwarten: Empowerment ist *kein Zielzustand* eines emanzipierten menschlichen Daseins, *kein Produkt*, das mit Selbsttraining oder professioneller Hilfe erreicht werden kann. Genausowenig wird aber die moderne Zuflucht des/der psychosozial Handelnden greifen, das Ganze dann eben als „Prozeß" oder „Entwicklung" zu begreifen, die ja dann wohl einen – natürlich professionellen – Anstoß braucht.

---

4   In dieser Arbeit werde ich mich auf eine Reihe von Vorarbeiten zum Thema „Empowerment" beziehen, die in meinem Arbeitskontext im Selbsthilfezentrum München entstanden und teilweise schon veröffentlicht sind. Insbesondere sind dies: Stark/Bobzien 1988; Stark 1989; Stark 1991; Bobzien/Stark 1991; Stark 1993.

Die hier verwendeten Beispiele haben einerseits illustrativen Charakter, stellen jedoch auch gleichzeitig das Material für eine Analyse des Konzepts „Empowerment" bereit. Sie entstammen nicht einer empirischen Untersuchung, sondern sind zum größten Teil eine Sammlung empirischer Erfahrungen, die ich in den letzten fünfzehn Jahren im Rahmen meiner praktischen Tätigkeit in verschiedenen psychosozialen Handlungsfeldern und von Studienreisen – vor allem in der Bundesrepublik Deutschland und in den USA, in einigen Fällen auch in anderen Ländern – machen konnte:

> Meine Tätigkeit am Max-Planck-Institut für Psychiatrie in München lieferte mir Beispiele der Möglichkeit von Empowermentprozessen in psychiatrischen Einrichtungen, die durch Berichte in der Literatur ergänzt werden.
>
> Eine halbjährige Studienreise durch die USA (gefördert durch den DAAD) und eine Reihe weiterer, nachfolgender Reisen brachte mich in Kontakt mit einer Vielzahl von Menschen und Geschichten, die von Empowermentprozessen bei sich selbst oder anderen erzählen konnten, oder die sich der Erforschung von Empowermentprozessen in verschiedenen Zusammenhängen widmeten.
>
> Als eine gezieltere Fahndung nach Empowermentprozessen im sozialen Feld stellten sich die Recherchen zur Broschüre „Gemeinsam Handeln. Wie wir mit Krisen und Belastungen fertig werden" im Auftrag der Bundeszentrale für seelische Gesundheit heraus.
>
> Wesentliche Praxiserfahrungen mit dem Anstoßen von Empowermentprozessen und der Förderung sozialer Phantasie konnte ich durch die Moderation von mittlerweile über 35 Zukunftswerkstätten mit unterschiedlichen Zielgruppen machen.
>
> Zentral für eine praxisorientierte Beschäftigung mit dem Konzept Empowerment ist meine mittlerweile zehnjährige Tätigkeit im Selbsthilfezentrum München. Hier konnte ich nicht nur vielfältige Beispiele von Empowerment auf der individuellen, gruppenorientierten und strukturellen Ebene beobachten und anstoßen; das Konzept „Empowerment" entwickelte sich im Laufe der Zeit auch zum zentralen Arbeitsprinzip unserer Einrichtung.

Wesentliche Bestandteile dieser Erfahrungen finden Eingang in diese Arbeit – in Form von Geschichten, Zitaten und Reflexionen. Als zitierte Fallbeispiele oder als von mir erlebte und formulierte Geschichten (mit W. S. gekennzeichnet) stellen sie die empirische Folie für die Auseinandersetzung mit der Logik psychosozialer Arbeit und der Formulierung des Empowermentkonzeptes dar.

3. Chautauqua: Einladung zu einer politisch-wissenschaftlichen Reise

Die LeserInnen dieses Textes möchte ich darauf hinweisen, daß sie hier keine Darstellung einer Konzeption vor sich haben, wie sie – lehrbuchhaft oder mit empirischen Disteln garniert – üblicherweise abzuliefern wäre. Dies wäre m. E. dem Thema und der Absicht dieser Arbeit nur wenig angemessen. Ich möchte alle, die sich dazu entschliessen können, zu einer Reise einladen, die uns in die verschiedensten Gebiete führen wird – von philosophisch-anthropologischen Felsformationen bis hin zu Blumenwiesen persönlicher Erfahrungen, durch die sich leise zweifelnd-murmelnd kleine Wasserläufe des Verstehens und Begreifens ihren Weg bahnen. Ich habe diese Reise eine Chautauqua[5] genannt – in Erinnerung an die sommerliche Motorradfahrt des amerikanischen Autors Robert M. Pirsig (1974) mit seinem Sohn, die ihn durch eine Fülle aufregender und nachdenklicher geographischer, sozialer, persönlicher und weltanschaulicher Landschaften führt.

Der Begriff „Chautauqua" wird in mehreren Zusammenhängen verwendet: es ist der Name eines kleinen Sees im Bundesstaat New York im Osten der USA mit einer dazugehörigen Siedlung, in der sich eine religiös-soziale Bildungsbewegung des 19. Jahrhunderts etablierte, die vor allem die ländliche Bevölkerung – vor dem Aufkommen von Radio, Fernsehen und Video – mit Gedankennahrung und sicherlich auch mit Indoktrinationen „echten amerikanischen Geistes" versorgte. Eine Chautauqua ist auch eine individuelle oder gemeinsame Sommerschule für Menschen jeden Alters, die ganz im Stile eines „Studium Generale" gut gemischt ist mit wissenschaftlichen, weltanschaulichen und kulturellen Themen und Aktivitäten.

In diesem Zusammenhang ist eine Chautauqua vor allem gemeint als eine Auseinandersetzung mit den Fragen des hier vorliegenden Themas, in der die persönliche Geschichte des Autors, Äußerungen und Gedanken – vor allem Zweifel, aber auch Phantasien und Ideen – einfließen und ihren Stellenwert erhalten.

Angesichts eines solchen Vorhabens ist die Gefahr groß, alles und jedes relevant zu finden, aus allen Ecken der erlebten und erlittenen Welt noch vermeintlich wesentliche „ceterum censeo" heranzuziehen. Dies möchte ich nicht präventiv vermeiden, indem ich in der Beschränkung auf „das Wesentliche" einem Operationalismus huldige, den in Frage zu stellen ja mit dieser Arbeit gerade meine Absicht ist.

In diesem Sinne soll und will diese Arbeit nicht „fertig" werden. Es werden viele Fäden und Gedankenstränge ausgelegt, die zum Weiterdenken und „Anfangen" anregen sollen. Ich werde versuchen, jeweils Gründe und Begründungszusammenhänge für die vielfältigen Aspekte und persönlich-historischen Facetten einer Perspektive und eines Prozesses von Empowerment anzuführen. Mit Sicherheit wird mir dies nicht vollständig zufrieden-

---

5   Sprich: Schotokwa. Zur Geschichte dieser Bewegung siehe auch: Morrison 1974.

stellend und lückenlos gelingen. Wieweit es jedoch ausreicht, um diesen Text als einen Schritt zu einem Selbstverständnis psychosozialer Tätigkeit zu begreifen, das über eine Reparaturfunktion hinaustritt (oder besser: ihr zuvorkommt), mag der/die LeserIn entscheiden.

Im ersten Kapitel des Buches werden die ideengeschichtlichen und erfahrungsbezogenen Hintergründe für die Entwicklung des Konzepts „Empowerment" diskutiert. Das „Risiko der Hilfebedürftigkeit" und die unbeabsichtigten Nebeneffekte professionellen Handelns spielen hier ebenso eine zentrale Rolle wie die behauptete Knappheit psychosozialer Ressourcen. Das Hinterfragen dieser Selbstverständlichkeiten führt zur Entdeckung neuer Potentiale im psychosozialen Feld.

Unter dem Titel „Psychosoziales Handeln unter postmodernen Bedingungen" werden in Kapitel zwei die sozialwissenschaftlichen Grundlagen der Empowermentperspektive beleuchtet. Dabei werden sowohl gesellschaftstheoretische, sozialpolitische und sozialpsychologische Diskurse zur Grundlegung einer Empowermentperspektive herangezogen.

Diese aufgegriffenen Fäden verbinden sich im zentralen Kapitel drei zu einem Netz von empirischen Befunden und Empowermentgeschichten, in dem die Dimensionen, Ebenen und die Dynamik von Empowermentprozessen eingewoben sind.

In Kapitel vier wird Empowerment als Philosophie und Strategie psychosozialer Praxis vorgeschlagen und professionelles Handeln unter Empowermentblickwinkeln analysiert.

Der Anhang des Buches liefert beispielhaft einige Werkzeuge für das Anstoßen von Empowermentprozessen.

1. Das Risiko der Hilfebedürftigkeit und die Macht der Knappheit: Hintergründe für die Entwicklung des Konzepts „Empowerment"

Um das Konzept „Empowerment" in die Diskussion um Ziele und Methoden psychosozialer Praxis einzuführen, sind Quellen und Traditionen anzugeben, die die Bedeutung und den Hintergrund des Konzepts „Empowerment" deutlicher machen. Die Leitmotive der Konzeption „Empowerment" und ihre Sinnhaftigkeit für den psychosozialen Bereich (u. U. darüber hinaus) sind in den Zusammenhang einiger zentraler Entwicklungen der psychosozialen Arbeit zu setzen, da sich Empowerment direkt aus den praktischen Erfahrungen, Enttäuschungen und Ideologien der letzten Jahrzehnte in diesem Bereich ableitet.

Empowerment ist ebenso eng verbunden mit den biographischen und politischen Identitäten von Professionellen oder der in diesen Prozessen engagierten Personen. Neben sozialpolitischen und professionellen Diskursen spielen individuelle Erfahrungen und Sozialisationen und deren Interpretation eine wichtige Rolle für die Frage, inwieweit eine Empowermentperspektive in die eigene (individuelle oder professionelle) Identitätsentwicklung übernommen werden kann.

Die meisten Geschichten haben, je nach Blickwinkel, unterschiedliche Ausgangspunkte, die man als verantwortlich oder zentral für weitere Entwicklungen bezeichnen kann. Paul Watzlawick (1974) und seine Kollegen haben für menschliche Kommunikation allgemein beschrieben, wie die Interpunktionen von Ereignissen zentrale Punkte (meist Beginn und Ende) von sozialen Prozessen festlegen und so auch unterschiedliche Interpretationen nahelegen.

Für diese hier relevante Geschichte, die sich mit den Inhalten und der Entwicklung eines Konzepts befaßt, das sich um die Stärken und Ressourcen von Menschen kümmert, die – in unterschiedlicher Ausprägung – unter ihren Defiziten und Problemen leiden oder ihre Lebensbedingungen verbessern möchten, möchte ich mehrere *Ausgangspunkte*, die ich für relevant halte, vorschlagen:

(a) Die (teilweise unbeabsichtigten) Folgen einer weitgehend expertInnenorientierten psychosozialen Versorgung, die der Beachtung der Rechte und der Kompetenzen der Hilfesuchenden methodisch und strukturell zu wenig Raum läßt (Abschnitt 1.1.);

23

(b) eine in unserer Gesellschaft strukturell begründete Verknappung alltäglicher sozialer Ressourcen, die das Individuum immer mehr zu einem „belieferungsbedürftigen Mängelwesen" (Gronemeyer 1988) macht (Abschnitt 1.2.);

(c) die – im Gegensatz dazu stehende – Wahrnehmung des Potentials persönlicher Ressourcen durch ForscherInnen, PraktikerInnen und KlientInnen, die zu einer Veränderung des Selbstverständnisses psychosozialer Praxis beitragen kann (Abschnitt 1.3.);

(d) die gestaltende Kraft von Geschichten und Erzählungen, deren anregende und weiterweisende Elemente nicht nur identitätsbildend in individueller und kollektiver Hinsicht sind, sondern die auch einzelnen und Gruppen den Mut geben, diese Geschichten weiterzuerzählen und so die eigene Zukunft aktiv gestaltbar zu machen (Abschnitt 1.4.).

Die ersten beiden Ausgangspunkte beschreiben Brüche und Unzulänglichkeiten psychosozialer Praxis, die professionelle Fachkräfte, wenn sie ihre Alltagsarbeit reflektieren, häufig konstatieren; an denen jedoch, weil strukturell bedingt, in der professionellen Praxis nur wenig zu ändern ist. Im Widerspruch zu diesen professionellen Erfahrungen stehen die Wahrnehmungen persönlicher Stärke, die den im professionellen Feld vorherrschenden Defizitblickwinkel immer wieder konterkarieren.

Diese Ausgangspunkte sind eine persönliche Auswahl und sollen keinen Anspruch auf Vollständigkeit und Repräsentativität begründen. Sie haben die Funktion, zum Nachdenken über selbstverständliche, unhinterfragte und vielleicht noch nicht entdeckte Bestandteile psychosozialer Arbeit anzuregen. In ihrer Verbindung tragen sie zur Formulierung des Konzepts „Empowerment" bei und erzählen auf diese Art seine Geschichte. Eine Geschichte, die in der Sozialen Arbeit und den sozialpolitischen Vorstellungen in unserer Gesellschaft kaum begonnen hat, deren Spuren aber – mit ein wenig Sensibilität – in vielen Beispielen aufzufinden sind.

1.1. DIE DOMINANZ DER EXPERTEN

1.1.1. Die unbeabsichtigten Folgen professioneller Nächstenliebe

Die erste Teilgeschichte läßt sich anhand eines Ereignisses im Jahre 1975 am Center for Human Policy an der Universität von Syracuse im US-Bundesstaat New York erzählen. Das New York Council for the Humanities und das Center for Policy Research und deren Direktoren Ronald Florence und Amitai Etzioni luden zum ersten von drei Teilen einer Konferenz ein, die eine relativ ungewöhnliche Mischung von Experten zusammenbrachte: einen

24

Psychoanalytiker, einen Professor für vergleichende Literatur, einen Professor für Geschichte, und den Direktor der New York Civil Liberties Union. Sie diskutierten während dieser Konferenz die unbeabsichtigten Folgen „institutionalisierter Nächstenliebe", die unter dem Begriff „öffentliche Fürsorge" als ein selbstverständlicher Bestandteil zivilisierter und vor allem westlicher Industriegesellschaften betrachtet wird.[6]

In praktisch allen Formen moderner Sozialpolitik ist – oberflächlich betrachtet – der Grundkonsens zu finden, daß die öffentliche Wohlfahrt die Aufgabe übernimmt, Gutes zu tun und Hilfe denen angedeihen zu lassen, die aufgrund vielfältiger sozialer Prozesse oder Behinderungen nicht in der Lage sind, an der materiellen und sozialen Prosperität der Industriegesellschaften teilzuhaben. Öffentliche Einrichtungen agieren daher programmatisch im besten Interesse der sozial Benachteiligten (seien es Behinderte, psychisch Kranke, Arbeitslose u. v. m.). Die Aufgabe, das Los dieser vielfältigen Gruppen zu lindern, hatte die Entwicklung einer weit ausufernden Wohlfahrtsindustrie zur Folge (Bauer 1988 für die Entwicklung in der BRD). Eine Reihe von sozialwissenschaftlichen Analysen haben bereits auf die enge Verbindung von Hilfe und sozialer Kontrolle im Sinne der sozialen und politischen Handhabbarkeit dieser potentiell unruhigen Gruppen aufmerksam gemacht (siehe unter anderem Dörner 1969; Foucault 1973; Mutz 1983). Unwidersprochen blieb jedoch meistens die Integrität der Hilfeversuche und der damit zusammenhängenden sozialarbeiterischen und sozialpolitischen Interventionen.

Die Diskussion an der Syracuse University förderte ein weiteres Problem dieser Hilfeangebote zutage: Jenseits der ordnungspolitischen Probleme sozialer Kontrolle, die als Kehrseite eines großen Teils wohlfahrtsstaatlicher Hilfen betrachtet werden kann (Keupp 1980), führen auch „progressive Ansätze" sozialer Arbeit häufig zu einer tendenziellen Abhängigkeit der KlientInnen von den angebotenen Hilfen. Professionelle Hilfen im psychosozialen Bereich können zwar zu individuellen und kollektiven Problemlösungen beitragen, haben aber oft gleichzeitig passivierende Auswirkungen und verfestigen und erweitern so tendenziell die Hilfsbedürftigkeit vieler KlientInnen.

Sozialpsychologische und soziologische Untersuchungen über den Prozeß des Helfens haben gezeigt, daß professionelle Hilfen von den Motiven der KlientInnen, insbesondere aber von deren Rechten und Stärken letztendlich abgekoppelt sind (zur Übersicht siehe Keupp 1980, S. 595 f.). „Helfen ist …

---

6 Die Ergebnisse der Diskussionen an der Syracuse University wurden in dem Band von Gaylin u. a. 1978 veröffentlicht.

keine Funktion des Leidens, sondern eine der sozialen Struktur der Beziehung zwischen Helfern und Klienten und deren institutionellen Rahmenbedingungen" (Wolff 1981, S. 218).

Der *Prozeß des professionellen Helfens* etabliert einerseits einen *besonderen Interaktionstypus*, der die unterschiedliche Stellung von „KlientIn" und „HelferIn" tendenziell fortschreibt: Der/die KlientIn präsentiert Probleme, persönliche Schwierigkeiten, bestimmte Defizite, ist – allgemein gesprochen – hilfebedürftig. Der/die HelferIn dagegen präsentiert professionell angeeignete Kompetenzen zur Klärung dieser problematischen Lebenssituation und kann Strategien zur Problemlösung anbieten, die jedoch oft weniger auf die Potentiale der KlientInnen eingehen, sondern die Möglichkeiten der jeweiligen Institution und des sozialpolitischen Kontextes auszuschöpfen versuchen. Die professionelle Ausdifferenzierung des Helfens erfordert gleichzeitig einen bestimmten Typus des Hilfesuchenden, der seine „Probleme" in einer dem/der HelferIn angemessenen Weise artikulieren und reflektieren kann (Grözinger 1991). Das Anliegen des/der Hilfesuchenden wird dabei transformiert in das Anliegen des/der HelferIn.

Enno Schmitz u. a. (1989) zeigen in ihrer exemplarischen Analyse von Beratungsgesprächen auf, wie deutlich die Rolle von Beratung als Funktion des Helfens in einer problematischen Lebenssituation von den institutionellen und sozialpolitischen Kontexten beeinflußt wird. Berücksichtigt man diesen Zusammenhang, so wird man feststellen, daß in den meisten Fällen professioneller Beratung die Ratsuchenden durch Interpretationen während des Beratungsprozesses zu Problemträgern gemacht werden, „... für die das von der Institution angebotene Problemlösungsprogramm angemessen erscheint." (Schmitz u. a. 1989, S. 141). Der Endzweck des Helfens ist demnach nicht der/die KlientIn oder die Linderung seines/ihres Leidens, sondern das Helfen selbst (Wolff 1983). Schmitz u. a. (1989) schliessen daher, daß

„Beratung als verstaatlichte Aufklärung ... weniger zur Wiederherstellung der durch bestimmte Erfahrungen problematisch gewordenen lebenspraktischen Autonomie ihrer Klienten (führt), sondern eher dazu, daß diese Problematisierung einen Formwandel erfährt: aus ratsuchenden Personen werden auf dem Wege der Beratung betreuungsbedürftige Klienten des psychosozialen Systems gemacht" (Schmitz u. a. 1989, S. 125).

Die Sensibilisierung für die negativen *Nebeneffekte sozialstaatlicher Hilfen* hat Diskussionen um die Rechte von PatientInnen und KlientInnen sozialer Einrichtungen ausgelöst, die in den USA bis hin zu einer Serie von teilweise kontroversen gerichtlichen Entscheidungen führten, vor deren Hintergrund die Frage „des Rechts auf freie Entscheidung des Einzelnen" versus „der Notwendigkeit professioneller Hilfe im Sinne des Gemeinwohls" verhandelt wurden (Gaylin u. a. 1978). Die Diskussion um die Rechte der PatientInnen und ihrer Angehörigen (Bloom/Asher 1982) wurde zunächst – obwohl von den Betroffenen selbst ausgelöst – vor allem in professionellen Kreisen, und hier besonders im Kontext der sichtbar entmündigenden psychiatrischen Versorgung geführt.[7]

Parallel dazu entbrannte die Debatte in vielen anderen Bereichen sozialer Dienstleistungen und entwickelte sich zu einer allgemeinen Kritik an der „Dominanz der Experten" (Freidson 1975). Ilona Kickbusch (1981) hat die Konfliktlinien vor über zehn Jahren folgendermaßen zusammengefaßt und auf den Punkt gebracht. Sie kritisiert

> „... das Entstehen der festgefügten Strukturen, die unsere Körper einengen, die sich in unsere Köpfe eingegraben haben und uns handlungsunfähig und passiv machen. Strukturen, die uns glauben machen, daß zumindest eine Form der Hierarchie unumgänglich ist: die der ‚Wissenden' über die ‚Unwissenden'. In langen Erziehungs- und Unterwerfungsprozessen haben wir gelernt, uns sagen zu lassen, *wann wir* Hilfe brauchen und *worin* sie bestehen soll. Der größte Erfolg dieses historischen Enteignungsprozesses war, daß wir gelernt haben, die Herrschaft der Experten über Laien als Hilfe zu begreifen, als Liebesgabe an Unwissende. Notstände werden kodiert, Bedürfnisse analysiert, Heilungsprozesse eingeleitet: Die *Macht der Definition* und die *Macht der Ausführung* liegt bei den professionellen Helfern, bei Ärzten, Sozialarbeitern, Juristen, Therapeuten und Wissenschaftlern aller Art und Fachrichtungen. Sie wollen nur unser Bestes auf dem neuesten Stand der Wissenschaft und Technik, und sie werden uns schon helfen – besonders wenn wir widerspenstig sind." (Kickbusch 1981, S. 11 f.; Hervorhebungen im Original)

Eine den Berufsalltag vieler professioneller HelferInnen dominierende Beschäftigung mit Methoden, Techniken, Vorschriften oder Regeln psychosozialen Handelns (dies gilt in unterschiedlichen Erscheinungsformen sowohl für therapeutische Arbeitsfelder, wie auch für die verschiedenen Formen sozialbürokratischer Fürsorge) führt häufig dazu, daß der eigentliche Sinn, das Ziel dieses Handelns außer Sicht gerät. So erreichen sozialfürsorgerische Hilfen (finanzielle Hilfen in besonderen Lebenslagen oder sozialpädagogische Formen der Familienhilfe), obwohl sie für ihre KlientInnen das Ziel der Wiedergewinnung von Selbstständigkeit setzen, durch ein ausuferndes Vorschriftengestrüpp zur Frage der Bedürftigkeit oder durch eine systematische

---

7   In diesem Zusammenhang ist vor allem die Diskussion in den angelsächsichen Ländern aufschlußreich. Bemühungen um eine strukturelle Reform der psychiatrischen/psychosozialen Versorgung in der BRD haben die Frage der PatientInnenrechte in wohlfahrtsstaatlicher Manier vernächlässigt oder nur am Rande angesprochen (Cramer/Keupp/Röhrle/Stark 1987; Stark 1988). Erst in den letzten beiden Jahren ist auch in Deutschland ein „Trialog in der Sozialpsychiatrie" zwischen Professionellen, PatientInnen und ihren Angehörigen in Gang gekommen (Engelmann 1994).

Verknappung der Dienstleistungen oft genau das Gegenteil: die *Abhängigkeit ihrer KlientInnen von der Sozialfürsorge und -bürokratie* (Hasenfeldt u. a. 1987; Olk 1986). Für diese defizitäre Lage psychosozialer Praxis werden von verschiedenen Autoren eine Reihe von *Gründen* angeführt:

(a) Die strukturelle Unordnung psychosozialer Hilfsangebote und ihre Marktorientierung, besonders im Sinne einer Produktdiversifikation beziehungsweise -spezialisierung, führt dazu, daß auf dem nach wie vor boomenden Fortbildungs- und Psychotherapiemarkt mehr als 400 Therapieformen angeboten werden. Die inhaltliche Ausrichtung von Beratungsstellen orientiert sich eher an den absolvierten Fortbildungen der MitarbeiterInnen, als an der Lebenswelt ihrer Klientel (Keupp 1991). Die Entwicklung eines Marktes sagt noch nichts über die Qualität der Angebote aus. Die Forderung nach transparenten Qualitätskontrollen (Grawe 1994) und nach einer verstärkten Kundenorientierung (Stark 1994) ist daher nur allzu verständlich.

(b) Eine weitgehende Verunsicherung bezüglich des eigenen Berufsfeldes und der Identität als HelferIn, gespeist durch eine facettenreiche Allzuständigkeit für viele Probleme des Alltags, und ein extrem geringes Sozialprestige des eigenen Berufsstandes (vor allem bei SozialarbeiterInnen), soll durch die Orientierung an vermeintlich effektiven (meist psychotherapeutischen) Methoden entschärft werden (Grözinger 1991). Eine klare professionelle Identität ergibt sich jedoch nicht aus der Übernahme marktgängiger Angebote, sondern benötigt die Erarbeitung der eigenen Rolle im Sinne eines gesellschaftspolitisch-reflektierten „Wegweisers" (Friedrich 1992).

(c) Die diffusen Ziele sozialer Einrichtungen, die mit von den KlientInnen uneindeutig präsentierten Problemen, aber auch mit knappen zeitlichen und personellen Ressourcen umgehen müssen, führen dazu, daß sie sich notgedrungen leichter an die Eindeutigkeiten sozialbürokratischer Regelwerke und Routinen halten (Wolff 1983), und so die Besonderheiten und Erfordernisse der KlientInnen nur noch in generalisierter Form berücksichtigen können. Die systematische Entwicklung und Umsetzung der inhaltlichen Ziele sozialer Einrichtungen unter Berücksichtigung der Rechte und Bedürfnisse der KlientInnen im Sinne einer Qualitätsverbesserung ist daher als eine der vorrangigen Aufgaben der nächsten Zeit zu betrachten (Freytag u. a. 1994).

Vor diesem Hintergrund scheint die Frage, die Willard Gaylin u. a. (1978) am Ende ihrer Diskussionen stellen, zu Recht einen zentralen Stellenwert zu besitzen: „Sind wir in unserer Gesellschaft fähig, die Rechte der Menschen zu erkennen und zu respektieren, ohne ihre Bedürfnisse zu vernachlässigen? Können wir anderen Gutes tun zu ihren Bedingungen?" (Rothman 1978, S. 95). Professionelle Interventionen sind demnach nicht nur nach ihren „guten Absichten" oder nach den Bedürfnissen der Praxis zu beurteilen, sondern

vor allem auch nach ihren *„ungewollten" Nebeneffekten*, die selbst gesellschaftspolitischen Absichten oft kontraproduktiv entgegenstehen: „Alle Interventionen haben Konsequenzen, und wir sollten uns besonders bewußt
werden, daß die wichtigsten (gravierensten) Konsequenzen jeder Intervention immer diejenigen sind, die nicht beabsichtigt oder geplant wurden, und
die nicht vorhersehbar waren." (Marcus 1978, S. 66).

Eine Politik der Nicht-Intervention, wie sie von gesellschaftskritischen
Theoretikern (Schur 1973) und teilweise auch von verunsicherten PraktikerInnen eine zeitlang diskutiert wurde, scheint hier keinen Ausweg aus diesem Dilemma anzubieten. Denn wenn es angesichts ungleich verteilter Lebenslagen und gesellschaftlicher Ressourcen offensichtlich nicht ausreicht,
auf die Selbstheilungskräfte marginalisierter Personen zu vertrauen, so taugt
der „non-interventionist-approach" allenfalls zur Skandalisierungstaktik
verdeckter Mißstände in der psychosozialen Versorgung (Kardorff 1988).

Psychosoziale Hilfen in besonderen Lebenslagen, soziale oder auch therapeutische Unterstützung bei Versuchen der Problemlösung von Einzelnen
und sozialen Gruppen (Familien, sozialen Zielgruppen oder Brennpunkten)
bleiben also trotz dieser Diskussionen notwendig. Die Hilfeprozesse selbst
und die sie ausführenden ExpertInnen verlieren jedoch ihren Nimbus der
Unantastbarkeit.

1.1.2. Kritische NutzerInnen

Umfragen in den USA haben ergeben, daß mehr als zwei Drittel der amerikanischen Bevölkerung sich gegenüber den großen Institutionen machtlos,
nicht beachtet oder von ihnen bestimmt fühlen (Riessman 1986). Das Gefühl
der Ohnmacht und der Abhängigkeit von staatlichen Institutionen oder dem
„big business" scheint weit verbreitet und wird den Menschen immer mehr
bewußt. Die KonsumentInnen personenbezogener Dienstleistungen, die bislang als EmpfängerInnen dieser bezahlten Nächstenliebe nur zwischen
Dankbarkeit oder Verweigerung bzw. Rebellion wählen konnten, entwickelten sich in den letzten Jahren ansatzweise zu „kritischen NutzerInnen" (Rerrich 1982; Kardorff 1988), die sich nicht bereits durch ihren Status als KlientInnen zu bloßen „EmpfängerInnen" passivieren lassen wollten. Das Entstehen einer in vielen Bereichen um sich greifenden Selbsthilfebewegung gibt
davon beredtes Zeugnis ab (Fuß/Stark 1988); außerhalb psychosozialer Themen lassen sich diese Tendenzen in den vielfältigen sozialen Bewegungen
(Ökologie, Frieden) erkennen. Auf der Ebene gesellschaftlicher Veränderungen am deutlichsten sind die Aktivitäten in der Frauenbewegung als Reaktion auf die Nicht-Infragestellung bestehender Geschlechterverhältnisse (vgl.
Bookman/Morgen 1988).

Inzwischen sind wir in eine Epoche eingetreten, in der das Modell des paternalistischen Wohlfahrtsstaates nicht mehr ungebrochen praktiziert werden kann (Habermas 1985). Soziale Bewegungen und eine große Zahl von BürgerInneninitiativen in fast allen Bereichen des privaten und öffentlichen Lebens konterkarieren Versuche auch der helfenden Berufe und ihrer Institutionen, den Menschen Gutes zu tun oder sie vor Schaden zu bewahren – und sie damit einer „fürsorglichen Belagerung" auszusetzen, die die vorhandenen Kompetenzen und Stärken tendenziell ignoriert und sie von der Denkweise und den Handlungen der Professionellen und ExpertInnen abhängig macht. Insofern können wir mit Recht davon sprechen, daß wir in einer Zeit leben, in der Prozesse des Empowerment in vielen Beispielen beobachtbar sind, in der diese Prozesse aber auch durch die gesellschaftliche Situation herausgefordert werden (siehe Kapitel 3.1.).

Auch die sozialen HelferInnen selbst – weniger noch die Bürokratien und Institutionen – sind von dieser Entwicklung angesteckt worden. Kritische Professionelle waren und sind – zumindest programmatisch – seit langem auf der Suche nach Konzepten für die Praxis, nach einer „alternativen Professionalität" (Olk 1985), deren Ziel eine „Strategie der Einmischung" (Mielenz 1981) und die „(Wieder-)Vergesellschaftung materieller, sozialer und psychosozialer Konflikte" (Kardorff 1988, S. 321) sein sollte. Über eine eloquente Programmatik gingen diese Forderungen jedoch meist nicht hinaus. Jenseits dieser „rituell-kritischen Waschungen" sah und sieht die Praxis meistens anders aus. Die KlientInnen sollten zwar zu „AkteurInnen" werden (Pankoke 1986), im Rahmen von „aktivierender Gemeinwesenarbeit" (Boulet u. a. 1980) war die Vermittlung politischen Bewußtseins zusätzlich zur advokatorischen Grundhaltung angesagt – der Status der ExpertInnen (welcher Ebene auch immer) war jedoch nie ernsthaft gefährdet. Die Tür ging eher andersherum auf: Fortschrittliche Soziale Arbeit brachte allenfalls sogenannte „Quasi-Professionelle" hervor, die wichtige Attribute von den Profis übernahmen und für ihre eigene Karriere als „konvertierte Betroffene" nutzen konnten (de Swaan 1983). Der ExpertInnenstatus erfuhr dadurch eher noch – seiner autoritären Anteile vordergründig entledigt – eine Stabilisierung (Illich 1982). Insofern hat die Feststellung der Diskutanten an der Syracuse University auch heute noch ihre Berechtigung:

> „Abhängige Personen, eben weil sie abhängig sind und sich oft nicht selbst helfen können, müssen mehr als andere Menschen vor den unbeabsichtigten Folgen unserer Güte und den unvorhersehbaren Folgen unserer guten sozialen Absichten geschützt werden." (Marcus 1978, S. 66)

Allerdings muß die Frage angefügt werden, wer denn diese Schutzfunktion letztlich definiert und übernimmt. Für die potentiellen KlientInnen hätte diese Rolle durchaus emanzipatorischen Charakter und würde den ExpertInnenstatus vielleicht ein zweites Mal in Frage stellen. Die Rechnung geht jedoch so leicht nicht auf: Erfahrungen aus der Selbsthilfebewegung und aus dem Bereich der Laienhilfe zeigen, daß die Gefahr der Übernahme einseitiger professioneller Rollenmuster auch bei der gegenseitigen Hilfe Betroffener nicht zu unterschätzen ist: hier ist zwar eher ein gleichwertiger Status zwischen den Betroffenen gegeben, die oft notwendige „professionelle Distanz" zu den Problemen fehlt jedoch. Das Problem der Dominanz in helfenden Beziehungen ist daher ein strukturelles Problem, und läßt sich nicht einfach durch den Austausch der Handelnden beheben. Zur persönlichen Souveränität der HelferInnen muß daher auch eine „strukturelle Souveränität" der Rahmenbedingungen des Helfens treten, die Empowermentprozesse auf beiden Seiten ermöglicht.

Die Infragestellung ihrer Rolle durch die potentiellen NutzerInnen wird von den Fachleuten aus der psychosozialen Praxis häufig als grundlegende Kritik an ihrem Handeln ausgelegt. Ähnlich wie Yeshekiel Hasenfeld und Michael Chesler (1991) möchte ich jedoch behaupten, daß Empowermentprozesse der potentiellen KlientInnen sozialer Einrichtungen zu einer *Verbesserung dieser Angebote* beitragen können, weil die KlientInnen ihren Bedarf an Unterstützung und ihr Potential eigener Ressourcen viel gezielter wahrnehmen, und damit die professionellen Angebote mitgestalten und besser nützen können. In Ansätzen wird das Potential einer kooperativen Beziehung zwischen HelferInnen und KlientInnen in therapeutischen Settings oder Beratungskonzepten bereits eingesetzt – eher jedoch in Form von Kontrakten oder ko-therapeutischen Rollen der Mitglieder des sozialen Netzwerks des/der jeweiligen Klienten/in. Die Grenzen dieser Zusammenarbeit ziehen jedoch letztendlich immer noch die ExpertInnen. Die angedeuteten Entwicklungen zeigen aber auch, daß die Funktion der ExpertInnen von vielen potentiellen KlientInnen und auch von kritischen Professionellen so nicht mehr vorbehaltlos akzeptiert wird. Die Rolle der professionellen HelferInnen wird dabei nicht grundsätzlich in Frage gestellt, wohl aber ihre versteckte Macht.

1.2. Die Macht der Knappheit

Die zweite Teilgeschichte des Empowermentkonzeptes beginnt tatsächlich mit einer Geschichte. Ich habe sie dem Buch „Die Macht der Bedürfnisse" von Marianne Gronemeyer (1988, S. 243 f.) entnommen:

> „Ich habe den Mann nicht gekannt, erst durch seinen Tod von ihm erfahren. Er lebte in meiner Nachbarschaft im Wald. Sechsunddreissig Jahre lang. Um sein

Auftauchen in dieser Gegend bildeten sich Gerüchte. Die einen wollten wissen, er sei Holländer, habe mit den Nazis kollaboriert und sei deshalb nach dem Kriege untergetaucht. Anderen Nachrichten zufolge ist er eines Morgens vom Frühstückstisch aufgestanden, hat das Haus wie zu einem kleinen Ausgang verlassen und ist zu seiner Familie nicht mehr zurückgekehrt.

Im Wald hat er ein Holzhaus bezogen, das von Flüchtlingen erbaut und dann verlassen worden war. Es gibt einen kleinen Quellbach nahe dem Haus, aus dem seinen Wasserbedarf zu decken ordnungsamtlich zwar streng untersagt ist, aber weder hat dem Mann das Wasser geschadet – er wurde 80 Jahre alt –, noch ist er beim unerlaubten Wasserschöpfen erwischt worden. Heizmaterial hat er im Wald gesammelt. Auch dazu hat er keinen Holzsammelschein gehabt. Er hätte ihn auch nicht beantragen können. Nicht nur, daß er nicht gemeldet war, er verfügte auch nicht über den kleinsten Fetzen Papier, mit dessen Hilfe er seine Existenz hätte beweisen können.

Er hat beinahe 36 Jahre dergleichen nicht vermisst. Er verdingte sich bei den Bauern der Umgebung für alle Arbeit, die anfiel. Für seine Arbeit verlangte er keinen Lohn, sondern ein anständiges, kräftiges Essen, drei Mahlzeiten am Tag. Seine Arbeitsstellen suchte er sich, so ist zu hören, ausschließlich nach der Qualität des Essens aus. Einen Arzt hat er nie aufgesucht. Als er älter wurde, befreundete er sich mit dem neuen Besitzer eines guten Landgasthofs in seiner unmittelbaren Nachbarschaft, der auch anderweitig mit Rentnern, die in der Gegend kleine landwirtschaftliche Nebenerwerbsstellen betreiben, regen Naturalienaustausch pflegt: Küchenabfälle für die Tierhaltung und Freibier zum Gratisessen gegen Geflügel oder Gemüse oder was sonst der Kleinbetrieb abwirft. In dem Gasthof erhielt er fürs Abwaschen und allerlei Verrichtungen sein Essen, seinen Schnaps und Bier und was er so zum Leben brauchte. Irgendwann ging es der Frau des Gastwirts wider den Gerechtigkeitssinn und wider das sozialstaatlich geschärfte Gewissen, daß er nichts von dem beanspruchte, was ihm zustand. In zähem Ringen mit den zuständigen Behörden hat sie die Sozialhilfeansprüche für den Mann durchgesetzt. Bei der Gelegenheit hat man ihn dann wohl auch erneut zum Staatsbürger gemacht und ihm seine Identität bestätigt. Als er über das erste Geld verfügte, beschloß er, sein Arbeitsleben zu beenden. Von da an bestand er darauf, seinen abendlichen Klaren als Gast zu bezahlen.

Als er 80 Jahre alt war, starb sein bester Freund, ebenfalls achtzigjährig. Da beschloß er, sich seinerseits ans Sterben zu machen, zog sich in sein Holzhaus zurück und rührte keine Nahrung mehr an. Die jungen Wirtsleute wollten und konnten ihn nicht so unter ihren Augen sterben lassen, und so erwirkten sie seine Einweisung ins Krankenhaus, in ein, wie ihnen schien, zumutbares, anthroposophisches Krankenhaus. In der Nacht, bevor er dorthin verbracht werden sollte, hat er sich dann fürs Sterben entschieden, ohne doch Hand an sich zu legen. Seinem Sarg folgte wider Erwarten ein langer Trauerzug."

Die Geschichte dieses Mannes scheint zunächst einmal lediglich ein exotischer Ausnahmefall unserer heutigen Konsum- und Dienstleistungsgesellschaft zu sein, allenfalls geeignet für einen netten Artikel in den Boulevardblättern. Sie regt uns jedoch auch an zum Nachdenken über den Sinn und die Auswirkungen unserer sogenannten Überflußgesellschaft. Sie zeigt, daß es nur noch vereinzelt, eigentlich kaum mehr möglich ist, in einer Gesellschaft von Bedarf und Bedürfnissen „bedürfnislos" im „Einklang mit der Natur und sich selbst" zu leben.

In ihrem Buch „Die Macht der Bedürfnisse" geht Marianne Gronemeyer von der These aus, daß nicht nur vorhandener Mangel Bedürfnisse schafft, sondern die gezielte Nutzung und Steuerung von Bedürfnissen eben das Gefühl der Ermangelung, der Knappheit und damit den Wunsch nach Bedürfnisbefriedigung hervorruft (siehe auch Jervis 1978, S. 226 f.).

Heute ist das Bild eines *Lebens unter Knappheitsbedingungen*, der immer wieder vorgeschriebenen Notwendigkeit einer „Mängelverwaltung" zu einer allgegenwärtigen Selbstverständlichkeit geworden. Nicht nur die natürlichen Ressourcen unserer Erde werden immer knapper und durch unsensible und unökologische Ausbeutung weiter verknappt, auch der Reichtum unserer Sozialbeziehungen, in Partnerschaft, Familie oder Gemeinde, ist dem Diktat der Knappheit unterworfen. Um die Knappheit der Ressource „Liebe, Freundschaft und Solidarität" zu überwinden, haben die Menschen der westlichen Hemisphäre vielfältige *Formen kompensatorischer Leistungen* erfunden: Ersatzeltern durch Heime oder Kindergärten, täglicher Lernersatz wird systematisiert in Schulen und anderen Bildungseinrichtungen, tiefergehende Freundschaften oder Hilfe in knappheitsausgelösten Lebenskrisen werden erkauft durch Psychotherapien, ebenso Selbst- und Gemeinschaftserfahrungen durch künstlich geschaffene Gruppen (Puch 1991) oder (postmoderner und teurer) Abenteuerreisen[8]; die Knappheit der Möglichkeiten, sich selbst ernähren zu können, wird kompensiert durch vielfältige Leistungen einer immer weiter ausufernden Sozialbürokratie. Diese Aufzählung ließe sich sicherlich fortsetzen.

Aufgrund seiner vergleichenden Studien der westlichen Kultur mit sogenannten „Naturvölkern" schließt der Anthropologe Richard Katz (1973, 1984), daß das *westliche Denken* vor allem *durch ein „Knappheits-Paradigma" dominiert* ist: es wird als grundlegend angenommen, daß allgemein geschätzte Ressourcen knapp sind, und eben diese (vermutete, tatsächliche, oder erzeugte) Knappheit bestimmt auch ihren Wert. Aus dieser Annahme folgt die Konsequenz, daß Individuen und Gemeinschaften um den Zugang zu diesen Ressourcen wetteifern müssen, um ihren Bedarf zu decken. Wenn der Wert einer Ressource durch den Grad der Knappheit bestimmt wird, ist es aus ökonomischen Gründen sinnvoll, die Knappheit auch aufrechtzuerhalten. Dies gilt offensichtlich nicht nur für im landläufigen Sinn wertvolle Güter wie z. B. Bodenschätze, Wasser (in manchen Regionen) oder Kunstge-

---

8 In Survival-Trainings etwa wird ganz bewußt die Erfahrung und der Umgang mit knappen Ressourcen vermittelt.

genstände, sondern auch für menschliche Ressourcen, wie etwa therapeutische oder allgemeine psychosoziale Hilfen. Die Funktion des Teilens ist demzufolge kontraindiziert und den eigenen Interessen zuwiderlaufend, und wird in unserer Gesellschaft streng kontrolliert (siehe z. B. die Logik der Wohlfahrtsbürokratien). Ivan Illich hat in seiner Arbeit „Genus" (1983) erste Versuche zu einer „Geschichte der Knappheit" unternommen und dabei vor allem den Zusammenhang zwischen dem vorhandenen Ungleichgewicht in den Geschlechterverhältnissen („Sexus") und der Entwicklung einer knappheitsbestimmten Gesellschaftsform hingewiesen:

> „Zum Beispiel sind Männer und Frauen immer aufgewachsen, jetzt aber brauchen sie ‚Erziehung'. In traditionellen Gesellschaften reiften sie heran, ohne daß die Gegebenheiten dafür als knapp angesehen wurden. Jetzt bringen ihnen Erziehungsinstitutionen bei, daß das, was man lernen und können will, knappe Güter sind, um die Männer und Frauen in Wettbewerb treten müssen. ‚Erziehung' wird so zum Namen dafür, daß man lernt, unter der Annahme von Knappheit zu leben. Aber Erziehung, als Beispiel für ein typisch modernes Bedürfnis, birgt noch mehr in sich, nämlich die Annahme der Knappheit eines Unisex-Gutes; lehrt sie doch, daß er oder sie in erster Linie menschliche Wesen sind, die eine geschlechtsneutrale Erziehung brauchen. Ökonomische Institutionen basieren also auf der Annahme, daß Güter knapp sind, geschlechtslos, gleicherweise begehrenswert und notwendig für konkurrierende ökonomische Neutra von biologisch verschiedenem Geschlecht." (Illich 1983, S. 15)

Die Kompensation der Knappheit ist jedoch gekennzeichnet durch die Knappheit selbst. Die künstlich (gesellschaftlich) geschaffenen Ersatzgüter kompensieren nicht, sondern kultivieren lediglich eine systematische *Verwaltung der Knappheit*, die dreierlei zur *Folge* hat:

(a) Eine Einteilung der Gesellschaft und ihrer Gemeinschaften in diejenigen, die die Knappheit der Güter (in diesem Zusammenhang ist besonders der soziale Bereich gemeint) verwalten und über die spärliche Zuteilung wachen, und in diejenigen, die sich als Bedürftige, Antragsteller, KlientInnen mit der Inanspruchnahme von Fürsorge, Zuwendung oder professioneller Hilfe unter Knappheitsbedingungen in die Rolle als AlmosenempfängerInnen gedrängt sehen.
(b) Eine Normierung und Polarisierung des Alltagslebens in gut und schlecht, gesund und krank, bedürftig und nicht bedürftig, normal und verrückt, die einerseits durch eine gezielte Ausgrenzung „störender" Gegebenheiten neue Knappheitsbedingungen schafft, gleichzeitig eine Norm des gesunden, anerkannten, zufriedenen Menschen setzt, die unseren Alltag und unser gesamtes Leben bestimmt; uns – weil unerreichbar – zu seinen Sklaven macht. Hier wird das reibungslose Ineinandergreifen sozialer Kompensationsdienstleistungen mit bestimmten Strategien der Produktwerbung

deutlich: die Norm besteht darin, eigentlich nur noch zufriedener, gesünder, anerkannter und leistungsfähiger zu werden – um sich damit ganz bestimmt von Zuständen der Schwäche, Krankheit oder sonstwie gearteten Störungen zu entfernen.

(c) Die Verknappung und Monopolisierung dieser Güter der Zuwendung, der sozialen Unterstützung oder der Fürsorge schafft, ganz den Gesetzen des Kapitalismus folgend, Abhängige, die eher aus kosmetischen Gründen heutzutage KlientInnen, PatientInnen oder – neuestes Wortungetüm – InanspruchnehmerInnen genannt werden. Diese Abhängigkeit von Leistungen, die einerseits von denen, die sie kontrollieren, knapp genannt werden, andererseits aber woanders nicht (mehr) zu haben sind, läßt die mit der Verteilung dieser Güter verbundenen Normen (sowohl Bedürftigkeit, als auch Wohlverhalten) akzeptabel werden, ja man eifert ihnen sogar besinnungslos nach. Dies ist die Ausübung von Macht – wie Marianne Gronemeyer (1988, S. 40) dies ausdrückt: „Macht ist die Fähigkeit, Knappheit zu schaffen."

Knappheitsbedingungen haben nun auch zur Folge, daß *sich die Abhängigkeit fortsetzt*. Es kann sich nichts Neues, keine Alternative neben dem Bestehenden entwickeln. Der im Volksmund bekannte Spruch „Not macht erfinderisch" stimmt nach Erkenntnissen der Kreativitätsforschung nur im Hinblick auf die Mittel, mit denen man aus der unmittelbaren Notlage heraus will. Darüberhinaus lähmt Not und Knappheit, wie auch jeder Druck und jede Drohung: sie schrumpft den Horizont des Vorstellbaren (Czikszentmihalyi 1987). Der Freiraum von Bedrohung und Bewährung gebiert und fördert den Erfindergeist: wer nicht nur vorgegebene *Probleme lösen* muß, sondern *Probleme selber finden bzw. definieren darf*, zeigt oft plötzlich eine geradezu *expansive Experimentierfreude* (Jungk/Müllert 1985).
Die Voraussetzung dafür also, Veränderungen zu bewirken, Abhängigkeiten aufzuheben, ist nicht die Entwicklung immer wieder neuer, indirekt weiter verknappender Programme etwa der Gesundheitserziehung oder Prävention, die uns im Sinne der Leistungsgesellschaft unter Bewährungsdruck setzen, sondern Versuche, eben jene Knappheitsbedingungen zu vermeiden. Der spielerische Umgang mit den Dingen macht uns mutiger, phantasievoller, initiativenfreudiger. Dies ist gemeint, wenn von einer Kultur des Luxus oder der Fülle die Rede ist (siehe auch Abschnitt 2.3.4.). Denn auch Einfälle, Innovationen und Erfindungen – nehmen wir zum Beispiel den gesellschaftlich anerkannten technischen Bereich – haben zur Voraussetzung eine gewisse Fülle: „Auch die Erfindung ist nicht Resultat verzweifelter Suche, sondern etwas, das sich findet, etwas, das einfällt, etwas also, das aus der Fülle kommt. Die Erfindung ist vielmehr ein Ereignis als ein planmäßiger, schöpferischer Akt." (Gronemeyer 1988, S. 156)

Nach Marianne Gronemeyer (1988) steht das Kulturmuster „Bedürftigkeit" in engem Zusammenhang mit der Macht der Knappheit. Mögen Bedürfnisse auch noch so widerständig oder rebellisch sein (etwa das Bedürfnis nach Partizipation oder Gegenmacht), sie zeigen die Unterwerfung unter die Macht der Knappheit, sie machen Untertanen. Bedürfnisse richten sich immer auf knappe Lebensgüter. Das Auftreten von Bedürfnissen in unserer modernen Gesellschaft ist daher ein Signal dafür, daß etwas vorher knapp geworden oder verknappt worden ist. Und: „Nur wenn sich Bedürfnisse auf etwas richten, sind die entsprechenden Lebensgüter knapp" (Gronemeyer 1988, S. 42). Ivan Illich (1982, 1983) weist in diesem Zusammenhang darauf hin, daß das Phänomen der Knappheit erst mit dem Aufkommen der Ökonomie und dem Übergang von der Tausch- zur Warenwirtschaft entstanden ist. Knappheit geht daher über die Begriffe „selten" oder „mangelnd" hinaus und bezeichnet die ökonomische Gesetzmäßigkeit, daß Personen, Institutionen und Waren als Werte aufeinander bezogen und miteinander verrechnet werden (Illich 1982, S. 125 f.; 1983, S. 145 f.; Luhmann 1972; Polanyi 1978):

> „Das Knappheitspostulat ist jenes Fundament moderner Institutionen, das ihnen ihre eindeutig moderne Gestalt gibt: Erziehungsproduktion gibt es nur unter der Annahme, daß wünschenswertes Wissen knapp sei; Gesundheit muß als knappes Gut begriffen werden, um zur modernen Medizin zu führen; Zeit muß verknappen, um der Beschleunigung ihren ökonomischen Wert zu geben; und Gewerkschaften gibt es nur, solange Arbeit knapp ist oder knapp scheint. Knappheit liegt der neuzeitlichen Familienstruktur zugrunde und der Verkuppelung eines Lohnzuhälters mit seiner Schattenarbeiterin zu einem Sozialwesen, dem in anderen Gesellschaften nichts Gleichartiges entspricht." (Illich 1982, S. 125)

Diese *Knappheit* wird heute auch von den meisten *sozialen Ressourcen* behauptet, und damit wird die Produktion professioneller Hilfeleistungen unterschiedlicher Art gerechtfertigt. Man kann also postulieren, daß die strukturelle Macht in der psychosozialen Versorgung darin besteht, daß durch die Produktion und Kontrolle von Dienstleistungspaketen soziale Lebensgüter, die als allgemeine Ressourcen zur Verfügung stehen (sollten), tendenziell verknappt werden:

> „Das Symbol der Knappheit ist der Zaun. Der Zaun kann der Aussperrung ebensowohl dienen wie der Einsperrung. Besitzmacht sperrt aus, diagnostische Macht sperrt ein. Besitzmacht beruht darauf, daß anderen der Zugang und Zugriff zu lebenswichtigen Grundstoffen und Geräten und zu lebensdienlichen Tätigkeiten verwehrt wird und daß sie nach dem Maß der Erfüllung ihrer Bedingungen Versorgung zuteilt. Diagnostische Macht definiert das Normale verbindlich, überwacht seine Einhaltung und bedient die entsprechenden Bedürfnisse." (Gronemeyer 1988, S. 67)

Andrew Gordon u. a. (1980) beschreiben in einer Parabel die Organisation der Sozialbürokratie als eine perfekte Apparatur, deren Hauptzweck darin besteht, reibungslos zu funktionieren und die Einmischung von außen in den Ablauf der Organisation zu verhindern. Das organisatorische Programm besteht dabei aus vier Teilen: (1) Bedürfnisweckung, (2) Verwaltung der Klientel, (3) Informationskontrolle und Rechenschaft gegenüber den Nicht-Klienten, (4) forcierte öffentliche Wahrnehmung des Bedürfnisses durch die Definition von Vor-bedürftigen. Julian Rappaport (1985) beschreibt diesen Kreislauf folgendermaßen:

> „Man nehme sogenannte Risikogruppen und rette sie vor sich selbst, ob sie es wollen oder nicht, indem man ihnen, oder besser noch ihren Kindern, Programme gibt, die wir als Professionelle selbst entwickeln, verpacken, verkaufen, anwenden oder auf irgendeine andere Weise kontrollieren. Man bringe ihnen bei, wie sie sich diesen Programmen anzupassen haben und dadurch weniger Ärger machen. Dann überzeuge man sie, daß eine Veränderung ihrer Testwerte einer Veränderung ihres Lebens entspricht." (Rappaport 1985, S. 267)

Unter diesen Voraussetzungen ist die *Debatte um den „Bedarf" oder die „Bedürfnisse"*, wie sie in den 70er Jahren mit Vehemenz in der psychosozialen Szene geführt wurde, und heute mit dem Kürzel „Bedürfnisorientierung" weitgehend Eingang in die Diktion der Praxis gefunden hat, kritisch zu hinterfragen. Die in den marxistischen, aber auch vielen liberalen Gesellschaftstheorien postulierten wahren, „radikalen Bedürfnisse" (das Bedürfnis nach Gerechtigkeit, nach Freiheit, nach Gleichheit, nach Wissen – so Jervis 1978, S. 227 f.) sind in unserer heutigen postmodernen Gesellschaft hinter den „bürgerlichen Erscheinungsformen der Bedürfnisse" (Jervis 1978, S. 229) nach Konsum kaum mehr zu erkennen. Sie erzeugen gleichzeitig eine Paradoxie der Verpflichtung eines „wahren" Lebens gegenüber dem „falschen" (Gronemeyer 1988, S. 20 ff.), über die von Generationen von GesellschaftstheoretikerInnen gestritten worden ist, ohne eine allgemeingültige Antwort zu finden (Heller 1976, 1980). Die (unterschiedlichen) Fragen nach den Bedürfnissen haben jedoch eine Gemeinsamkeit: sie sind defizit- oder mängelorientierte Fragen, die in unserer heutigen Dienstleistungsgesellschaft tendenziell passivierende Folgen haben.

Für modernere „bedürfnisorientierte" Methoden und Ansätze psychosozialer Praxis (wie zum Beispiel Bedürfnisanalysen als Voraussetzung gemeindenaher präventiver Interventionen) sind grundsätzliche *Reformulierungen* notwendig geworden, weil sie zu oberflächlich von den vermeintlich „eigentlichen" Bedürfnissen der Bevölkerung ausgehen: die Strategie, die Bedürfnisse einer Zielgruppe oder eines Stadtteils herauszufinden, um sie dann mittels professioneller Interventionen (ohne oder mit Beteiligung der Bevölkerung) zu befried(ig)en, entpuppt sich allzuschnell als eine verdeckte oder ungewollte Taktik des „compliance". Die Frage, wo denn Knappheiten, wo Ressourcen in einer bestimmten Situation auszumachen sind und auf welche Weise die Ressourcen (besser) zu nutzen und die Knappheiten beseitigen zu wären, verteilt die Passivitäts- und Aktivitätsvalenzen, kurz: die Handlungsmöglichkeiten im psychosozialen Spiel auf eine neue Weise:

> „Die oberflächliche Frage ‚Was braucht Ihr, welche Bedürfnisse habt Ihr?' hat bereits in der Frage die Tendenz zur Passivierung und Befriedung angelegt. Hier kann nur noch ein Bedürfnis befriedigt werden, und ist dies erfolgreich – so ist diese Handlungssequenz auch schon abgeschlossen. Die Handlung ist auf einen – möglichst kurzfristig zu erreichenden – Zielzustand ausgerichtet; der hier passende Handlungstyp ist ‚Warten auf die Zielerreichung'; eine zugrundeliegende Passivität. Dieses ‚Warten' ist paradoxerweise auch dann vorherrschend, wenn in diesem Rahmen aktive Schritte in Richtung Ziel unternommen werden.
> Dagegen ist die Frage nach den Situationen, die Knappheiten schaffen, die den Menschen in bestimmten Situationen das Leben schwer machen und es verhindern, daß ihre (individuellen, kollektiven oder strukturellen) Möglichkeiten sich entfalten können, eine Fragestellung, die tiefer geht. Sie sucht mit einer Bestandsaufnahme auch nach den Ursachen und Hintergründen. Mit dieser Frage wird die Neugier der Befragten angeregt. Angestrebt wird nicht ein Zustand, an dem ein Bedürfnis befriedigt ist, denn hier ist der Endzustand noch gar nicht klar oder in Sicht. Vielmehr wird ein ‚Prozeß des Suchens' (der korrespondierende Handlungstyp zum obigen ‚Warten') ausgelöst; es wird eine Bewegung angestoßen, nicht Ruhe erreicht. Diese Aktivierung zieht Kreise: denn ein Suchprozeß ist nicht denkbar ohne Kontakt zu anderen Personen oder Gruppen; Diskussionen und Erfahrungsaustausch werden notwendig und stecken möglicherweise andere an." (Stark 1991, S. 225)

Das Auftauchen des Konzepts „Empowerment" in der wissenschaftlichen und sozialpolitischen Diskussion kann also als Interesse an den Versuchen gedeutet werden, die Knappheit in den Lebensbedingungen und die Knappheit der Ressourcen des Lebens aufzuheben – d. h. die Möglichkeiten eigener Stärken mit denen des sozialen Zusammenlebens zu verknüpfen, oder – in einer Metapher ausgedrückt: *Menschenkräfte zu entwickeln, statt Naturkräfte zu beherrschen und auszubeuten.* Ivan Illich (1982) spricht in diesem Zusammenhang von der Notwendigkeit, das „Recht auf Gemeinheit" wiederzugewinnen, also die Subsistenzkräfte, die im Rahmen einer Warenwirtschaft[9] verlorengegangen sind und entsozialisiert wurden, in unserer heutigen Situation wieder zu entdecken.

---

9   Illich (1982) spielt hier natürlich mit dem Begriff „Warenwirtschaft" nicht nur auf unseren heutigen Konsumkapitalismus an, sondern auch auf die warenhafte Gestaltung unserer Sozialbeziehungen (siehe auch Ottomeyer 1977).

1.3. Das Potential eigener Ressourcen

Die dritte Teilgeschichte zu den Hintergründen des Empowermentkonzeptes möchte ich – teilweise jedenfalls –autobiographisch angehen. Damit will ich nicht sagen, daß die Entwicklung des Konzepts „Empowerment" etwas mit meiner eigenen Geschichte zu tun hätte. Der autobiographische Zugang kann aber illustrieren, daß Empowerment zuallererst eine *Haltung sozialen Handelns* repräsentiert, und damit einen Hintergrund für die eigene Professionalität darstellt, die mit der jeweiligen individuellen Geschichte, wichtigen Erfahrungen, Lebensereignissen und Entscheidungen zusammenhängt und so den Blickwinkel und die Wahl spezifischer Erklärungsmuster für soziale Interaktionen und Problemlagen bestimmt.

Das Potential eigener Ressourcen im Zusammenhang seiner eigenen Geschichte zu entdecken, gleichsam „die eigene Geschichte selbst zu machen" (Schulze/Schulze 1978, S. 212 ff.), ist eine wichtige Grundlage der Bewußtseinsbildung (consientizaçao) Lateinamerikas (Freire 1973). In ähnlicher Weise versucht die Gruppe um Frigga Haug (1988) durch die Methode der „Erinnerungsarbeit" die individuelle Geschichte der Frauen zu entdecken und neu zu interpretieren „… als Politik der Erinnerung, um die Gegenwart und die Zukunft zu gewinnen" (Haug 1988, S. 96). Die Gemeinsamkeit dieser vor einem unterschiedlichen kulturellen und sozialen Hintergrund stattfindenden Ansätze liegt darin, daß bei beiden Methoden die Interdependenz individueller und kollektiver Geschichten, und damit auch der in den Geschichten zu entdeckenden Ressourcen, deutlich wird. Biographisches muß immer auch als Teil einer kollektiven Geschichte begriffen werden, ebenso wie in kollektiven Geschichten die individuellen Ressourcen und Fähigkeiten, aber auch Schwächen und Defizite vieler Einzelpersonen eingewoben sind.

Autobiographisches dient bislang – vor allem für SozialwissenschaftlerInnen – eher dazu, bestimmte gesellschaftliche Zusammenhänge anhand eigener Erlebnisse zu erklären und so zu ihrer Aufarbeitung beizutragen.[10] In der wissenschaftlichen Gemeinschaft wird die biographische Forschung zwar als wesentliche Grundlage qualitativer Forschungsmethoden angesehen (Brose/Hildenbrand 1988; Bergold/Flick 1987); die eigene *Autobiographie als Hilfsmittel* zu verwenden, um nicht nur eigene Motivationen zu erkennen, sondern die *Entwicklung grundlegender Ansätze eines professionellen*

---

10 Brückner (1980) und Parin (1990) haben etwa mit ihren autobiographischen Notizen wichtige Elemente zur Aufarbeitung der faschistischen Vergangenheit beigetragen.

Feldes besser zu verstehen, ist eine eher selten publizierte Herangehensweise und bleibt daher meist im Bereich des Privaten oder gar Unbewußten. Kürzlich veröffentlichte Beiträge (Hasenfeld/Chesler 1989; Howard 1991; Keupp 1992; Esser 1993) sind jedoch eher ermutigend und zeigen den potentiellen Ertrag einer narrativen Psychologie (Sarbin 1986). Individuelle oder kollektive Geschichten sind in diesem Zusammenhang mit ihren analytischen und ansteckenden Anteilen aufzuarbeiten (Stark 1992).

So unterschiedlich die persönlichen und professionellen Geschichten bei einzelnen Personen auch sein mögen, so lassen sich doch die darin enthaltenen wesentlichen Bestimmungsstücke verallgemeinern. Yeshekiel Hasenfeld und Michael Chesler (1989) nennen fünf Einflußbereiche, die für die Entwicklung eines Interesses für die Grundfragen des Empowerment und den Versuchen, diese Haltung umzusetzen, von Bedeutung sind:

(a) Erfahrungen und Lebensereignisse beeinflussen das Interesse an bestimmten Themenbereichen;

(b) unsere Erfahrungen bestimmen die Wahl der jeweiligen theoretischen Perspektive;

(c) die Fragestellungen, mit denen wir uns beschäftigen, spiegeln unsere individuelle Wertebasis wieder;

(d) Biographische Erfahrungen beeinflussen die Art und Weise der Interpretation von Situationen, Ereignissen und deren Ergebnisse;

(e) Persönliche und biographische Erfahrungen legen bestimmte Aktionsformen und Handlungswege nahe.

Ich möchte hier die Herangehensweise von Hasenfeld und Chesler (1989) zum Modell für meine eigene Auseinandersetzung mit meinem professionell-biographischen Material machen, um den Zusammenhang zwischen der Entwicklung von psychosozialer Entwicklung, Lebensereignissen (Erfahrungslernen) und professionellen Grundhaltungen und Entscheidungen deutlich werden zu lassen. Dabei geht es mir nicht um eine quasi psychoanalytische Aufarbeitung meiner eigenen Biographie, sondern eher um das Auffinden indirekt richtungsweisender Stellen, die mich zu dem Konzept Empowerment geführt haben.

Eine Schwierigkeit bei dieser Art der Auseinandersetzung liegt in der Entscheidung, wo der Anfangspunkt zu setzen ist. Eine chronologische Erzählung von Ereignissen würde hier eine Entwicklung vorgaukeln, die aufeinander aufbaut und folgerichtig erscheint. Ich glaube dagegen, daß diese analytische Zwangsläufigkeit in Biographien – und so auch in meiner eigenen – kaum gegeben ist. Daher möchte ich lieber einige Splitter liefern, die mein Interesse an der Idee des Empowerment illustrieren können.

1.3.1. Brennende Geduld

Amnesty International (ai) war für mich – damals 18jährig – die erste Gelegenheit, mich mit Überzeugungen von Menschen und vor allem deren Folgen auseinanderzusetzen:

Ein pensionierter Studiendirektor hatte in meinem Heimatort eine Reihe seiner Schüler um sich versammelt und eine Ortsgruppe von ai gegründet, die sich einiger politischer Gefangener (in Südkorea, der Tschechoslowakei und in Peru) annahm. Wohl eher zufällig bin ich zu dieser Gruppe gestoßen, deren Routine vor allem darin bestand, Bittbriefe zur Freilassung der Gefangenen an die jeweiligen Staatsoberhäupter zu schicken, zu versuchen, genaueres über die Situation der Betreuten herauszufinden, die Öffentlichkeit über diese Schicksale zu informieren und um Solidarität mit den Zielen von ai zu werben. Einer der interessantesten Personen, die wir mit den bescheidenen Mitteln unserer Ortsgruppe „betreuten", war der koreanische Dichter Kim Chi Ha. Obwohl er wegen Volksverhetzung und Aufruf zum Widerstand gegen die Regierung schon über ein Dutzend Mal im Gefängnis gesessen hatte und gefoltert worden war, begann er jeweils kurz nach seiner Entlassung wieder von Neuem, regimekritische Gedichte und Prosa zu schreiben. Wir schrieben Briefe an die koreanische Regierung und an internationale Organisationen, und hatten so das Gefühl, an seiner neuerlichen Entlassung ein wenig beteiligt zu sein. Um so größer war unsere Verblüffung, als wir nach einigen Monaten die Nachricht bekamen, Kim Chi Ha sei erneut verhaftet worden, obwohl er nach dieser Entlassung – er war inzwischen im Gefängnis schwer krank geworden – seinen Freunden gelobt hatte, sich nicht mehr öffentlich zu äußern. Er hatte sich in einem Nudelladen (in Korea vermutlich so häufig wie hierzulande eine Bäckerei) „zur Ruhe gesetzt" und hatte kleine, regimekritische Traktate und Gedichte in den Nudeln versteckt und so den Nudelladen binnen kürzester Zeit zu einem Treffpunkt des Widerstands gemacht. (W. S.)

Nachhaltig beeindruckt hat mich an dieser Episode die kreative Ausdauer, mit der der koreanische Dichter versuchte, seine Überzeugung durchzusetzen und zu leben. Diese Haltung habe ich erst viel später wirklich verstanden; zunächst löste sie eher Unverständnis aus: „Wie kann der nur so dumm sein, sich wieder erwischen zu lassen!" Fast fünfzehn Jahre später las ich in Pablo Nerudas Dankesrede zur Verleihung des Literaturnobelpreises den Satz von Rimbaud, der die Kreativität in der Ausdauer poetisch umschreibt: „Nur mit brennender Geduld werden wir die strahlende Stadt erobern..." (Neruda 1982, S. 160). Er schreibt dazu:

„Ich glaube an die Prophezeiung des Sehers Rimbaud. Ich komme aus einer obskuren Provinz, aus einem Land, das aufgrund einer trennenden Geographie von allen anderen Ländern isoliert ist. Ich war der verlassenste aller Dichter, und meine Dichtung war regional, traurig und regnerisch, aber ich habe immer auf den Menschen vertraut. Ich habe nie die Hoffnung verloren. Vielleicht bin ich deshalb mit meiner Poesie und auch mit meiner Fahne bis hierher gekommen. Also muß ich den Menschen guten Willens, den Arbeitern, den Dichtern, sagen, daß in diesem einen Satz Rimbauds die ganze Zukunft ausgedrückt ist: nur mit brennender

Geduld werden wir die strahlende Stadt erobern, die allen Menschen Licht, Gerechtigkeit und Würde schenken wird. So wird die Poesie nicht vergebens gesungen haben." (Neruda 1982, S. 161)

„Brennende Geduld" ist der Begriff, der für Pablo Neruda die psychologische Basis für die Aktivitäten vieler Oppositioneller in diktatorischen Regimes umschreibt; er bezeichnet auch das Gemeinsame der von ai betreuten politischen Gefangenen und der vielen freiwilligen HelferInnen in den weltweit tausenden von Ortsgruppen von amnesty international – und ist eine der Grundlagen für die jahrzehntelange erfolgreiche Arbeit der Gefangenenhilfsorganisation. Die Mitarbeit bei ai lehrte mich einiges über Menschen, die auch unter massivsten Schwierigkeiten und trotz Drohungen und physischer Gewalt in der Lage waren, ihre Haltung, Meinung oder Religion zu verteidigen und zu ihr zu stehen. Hier entstand – rückblickend gesehen – eine erste Neugierde nach den Begleitumständen verschiedener Formen von Zivilcourage.

1.3.2. Die Entdeckung persönlicher und kollektiver Ressourcen

Ich möchte von einer Tagebuchaufzeichnung ausgehen, die ich im Frühjahr 1989 verfaßt habe – einer Zeit, in der ich die Gelegenheit hatte, mich vom Alltagsgeschäft zurückzuziehen, um mich mit dem Konzept „Empowerment" intensiver zu befassen:

Diano Marina – das winterliche Urlaubsparadies italienischer Rentner. Traubenweise alte Menschen an der Strandpromenade. Dazu kontrastierend hat ein Kinderkarussell mit grellbunten Lichtern Hochbetrieb. Die meisten sind paarweise da, und trotzdem vermitteln sie das Gefühl des Alleinseins. Das sieht man an ihren Gesichtern. Alt werden heißt alleine werden – gleich, ob zu zweit oder solo. Zufriedenheit oder Niedergeschlagenheit – beides wird hier allein erreicht. Dennoch erstaunt, daß fast immer zu einem zufriedenen, abgeklärten Gesicht ein resigniertes, verbittertes gehört. Leben die meisten Menschen auf Kosten eines anderen? Vampire – nicht nur in Beziehungen? Daß sich die Legende von den Blutsaugern so hartnäckig durch die Jahrhunderte hält, hat ja vielleicht den Grund darin, daß sich darin eine Form menschlichen Zusammenlebens in verschiedenen gesellschaftlichen Strukturen widerspiegelt.
Die Vampirgesellschaft – Zusammenleben auf Kosten anderer. Die Frauen erfahren das als Alltag: sie stehen – im Normalfall – hinter den Karrieren von Männern, ermöglichen sie oft erst. Konnten sie jemals darin aufgehen und erblühen, wie dies in Biographien sog. berühmter Männer geschrieben steht?
Die Vampirgesellschaft ist eine Gesellschaft der Erniedrigung und Angst – vielleicht auf beiden Seiten. Mann und Frau sind sich des Erreichten ja nie sicher, die „Höhe" kann nur gehalten oder weiterentwickelt werden, wenn das Komplementäre aufrechterhalten bleibt. So leben beide in Erniedrigung und Angst – die einen kämpfen dagegen, die anderen leiden darunter. Und doch bleibt wieder Alles beim Alten.

Wenn das Ziel von Empowerment „Freiheit in Gleichheit" ist, dann heißt das hier, frei davon zu sein, sich, von oben oder von unten, gegen Angst und Erniedrigung wehren zu müssen. Dazu ist ein Prozeß, eine Entwicklung notwendig, die frei und gleich ist, nicht frei und gleich macht. Das Potential dieses Konzeptes liegt darin, diese Entwicklungen anzustoßen, und nicht Macht-Ohnmachts-Verhältnisse umzukehren. Durcheinandergewirbelt werden sie dadurch allemal – doch das Ergebnis ist nicht von vorneherein gesetzt. (W. S.)

Wenn die Menschen in unserer sozialen Welt eingepaßt sind in ein komplementäres Rollenschema, in dem die einen die anderen benutzen, in dem jede „benutzte" Person oder Gruppe wieder andere sucht, die für seine/ihre Zwecke nutzbar zu machen sind, so wird es sehr schwer sein, die sozial vorhandenen Kräfte und Ressourcen zur Geltung zu bringen und weiterzuentwickeln. Die zentrale Frage lautet daher für mich, wie es in unserem Zusammenleben möglich werden kann, die jeweilig *vorhandenen Ressourcen zu entdecken* und sie *für den/die einzelnen und die Gemeinschaft nutzbar zu machen.* Zwar hat sich die Erhöhung unseres materiellen Lebensstandards durch die industrielle Revolution durchgesetzt (und dabei auch viele unerwünschte und teilweise noch unerkannte Nebenprodukte geschaffen); die Ironie unserer Zeit besteht jedoch darin, daß sich die Befreiung menschlicher Energien und Möglichkeiten, die durch die Industrialisierung erst ermöglicht werden sollte, als Illusion erwiesen hat. Die Verteilung gesellschaftlichen Reichtums und der Annehmlichkeiten industriellen Fortschritts ist nicht nur global gesehen, sondern bereits innerhalb begrenzter sozialer und kultureller Gemeinschaften extrem ungleich geschehen. Die sozialen Rollenverhältnisse folgen durchgehend einem hierarchischen Prinzip, das sich in seiner Ungleichheit sowohl auf der makro- wie mikrosozialen Ebene durchsetzt.

Diese Situationsbeschreibung rückt für mich zwei Fragebereiche in den Blickpunkt, die sich als die zentralen Themen für meine professionelle Tätigkeit im psychosozialen Bereich herausgestellt haben:

(a) Wie können die Stärken und Fähigkeiten von Menschen, Gruppen und Organisationen entdeckt werden und für sie selbst und für soziale Zusammenhänge nutzbar gemacht werden?
(b) Auf welche Weise hängen individuelle und soziale Probleme und Fähigkeiten mit strukturellen, gesellschaftlichen Bedingungen zusammen, auf welche Weise behindern bzw. fördern sie die Entwicklung dieser Fähigkeiten?

In meinem professionellen Leben haben mich diese Fragen seit meinem Studium eigentlich durchgehend begleitet:

Bereits die aktive Mitarbeit in der „Basisgruppe Psychologie", einer Aktionsgruppe am Institut für Psychologie der Universität Würzburg, die anstatt einer gewählten Fachschaft entstanden war, zeigte mir, wie spannend ein Studium sein kann, wenn man an der Auswahl der Fragestellungen und der Planung selbst beteiligt ist. In Ermangelung entsprechender offizieller Angebote des Instituts zu Themen wie „Gemeindenahe Psychiatrie" oder „Gemeindepsychologie" organisierten wir eigene Seminare und Lesekreise, die wir parallel zu den „eigentlichen" Studieninhalten anboten. Auch wenn mich diese Aktivitäten – die Auswahl der Themen, Suche und Beschäftigung mit der relevanten Literatur, die Einladung von Gastdozenten aus anderen Städten, Studienreisen – viel Zeit und Energie gekostet haben und mein Studium auf 14 Semester verlängerten, kann ich auch heute noch sagen, daß ich aus diesen gemeinsamen Projekten den Großteil meines psychologischen Wissens gezogen habe. Trotz vieler Widerstände seitens der Institutsmitarbeiter wurde unsere Aktivität gegen Ende auch belohnt: Einige Assistenten des Instituts ermöglichten es uns, mehrere von uns geplante Veranstaltungen im offiziellen Vorlesungsverzeichnis der Universität anzubieten.

Als wir dann zu einem überregionalen Treffen der Psychologie-Fachschaften nach Berlin fuhren, staunten wir, daß unsere „fortschrittlichen" Themen ganz selbstverständlich Teil des Lehrplans des Holzkamp-Institutes waren. Neidisch betrachteten wir diese tollen Studienbedingungen im Vergleich zu unserer Provinzuniversität – bis wir dann von der Versammlung der Psychologie-Fachschaften der BRD per Beschluß ausgeschlossen wurden, mit der Begründung, wir seien keine offiziell gewählten Vertreter der Würzburger Psychologiestudenten. Voll Wut fuhren wir wieder zurück – und machten weiter in dem Bewußtsein, wie wichtig uns die gemeinsame Erfahrung war, unsere eigenen Fragestellungen selbstständig zu erstreiten und zu bestreiten. (W. S.)

1.3.3. Transformationen – den Blickwinkel ändern

Die Notwendigkeit, nicht nur den persönlichen, sondern auch den professionellen Blickwinkel zu ändern und Situationen nicht nur als das zu sehen, was sie sind, sondern auch als das, was sie sein könnten, ist eine meiner zentralen Erfahrungen in meiner professionellen Biographie. Hier findet sich m. E. eine wichtiges Potential persönlicher und interindividueller Ressourcen, das oft deshalb zu wenig ausgeschöpft wird, weil die hinter den Situationen liegenden Geschichten lediglich mit den vorhandenen Grundannahmen weitererzählt werden: eine Defizitgeschichte bleibt dann tendenziell eine Defizitgeschichte – trotz aller nicht wahrgenommenen Stärken und nicht erkannten Möglichkeiten; Erfolgserzählungen bleiben erfolgreich – trotz der vernachlässigten ungewollten Nebeneffekte.

Gleich nach meinem Abschluß als Diplompsychologe hatte ich die Gelegenheit, am Max-Planck-Institut für Psychiatrie in München im Rahmen eines Therapieforschungsprojektes zur Verhaltenstherapie bei Depressionen erste Erfahrungen im Praxisfeld klinischer Psychologie zu machen. Neben der Betreuung von ProjektklientInnen bestand meine Aufgabe darin, in der offenen Psychotherapiestation des MPI auch mit anderen PatientInnen (Zwänge, Neurosen) therapeutisch zu arbeiten. Die PatientInnen waren meist sogenannte „schwere Fälle", d. h. Personen, die nach mehreren Versuchen ambulanter und stationärer Behandlung auf die offene Station des MPI aufgenommen wurden.

Nach einigen Monaten der Einarbeitung in die therapeutische Arbeit auf der Station machte ich zusammen mit einem Arzt die vermutlich allen erfahrenen PsychotherapeutInnen geläufige Beobachtung, daß sich die Symptomatik der PatientInnen im Zusammenhang mit den therapeutischen Sitzungen meist recht deutlich zeigte, daß die schweren depressiven und zwanghaften Zustände jedoch im Stationsalltag, vor allem jedoch bei gemeinsamen Unternehmungen der PatientInnen (z. B. gemeinsames Kochen, Ausflüge oder Feste) jedoch weitaus weniger zu beobachten waren. Mein ärztlicher Kollege und ich – beides relative Newcomer – kamen überein, die Stationsroutine versuchsweise zu verändern und aufgelockertere Situationen als Teil der Behandlung einzubauen. Mit Unterstützung des sehr erfahrenen Pflegepersonals begannen wir, Spieleabende für die PatientInnen anzubieten. Unsere Erwartungen wurden weit übertroffen, als wir feststellten, daß nicht nur fast alle PatientInnen am ersten Abend neugierig auftauchten, sondern auch als besonders beeinträchtigt geltende PatientInnen mit viel Freude und Engagement an den verschiedenen Gruppenspielen teilnahmen. Besonders eine Patientin mit einer schweren Zwangsneurose, die „normalerweise" mindestens 20 Minuten benötigte, um ein Zimmer zu betreten, überraschte uns dadurch, daß sie innerhalb kurzer Zeit ihren Stuhl in der Runde einnahm und sich aktiv, unter viel Gelächter, an den Spielen beteiligte. Sicherlich hatten wir durch dieses Experiment keinen neuen therapeutischen Zugang geschaffen; aber es ist uns offensichtlich dennoch gelungen, bei den PatientInnen einen Bereich von verschütteten Kompetenzen anzusprechen, dem, nicht defizit-orientiert und mit Spaß verbunden, im üblichen Behandlungsverlauf zu wenig Bedeutung beigemessen wurde. Eine Erkenntnis, die sich vor allem für den Bereich der Rückfallprophylaxe als bedeutsam erwies (Hautzinger/Stark/Treiber 1992). (W. S.)

Die Erfahrung, daß der Wechsel des Blickwinkels vorher nicht erwartete Veränderungen in der sozialen Situation herbeiführen kann, ist für mich in meinem weiteren beruflichen Leben – in der Arbeit mit Selbsthilfe-Initiativen und im Rahmen von Zukunftswerkstätten (siehe Kapitel 5 und im Anhang) zu einer wichtigen Grundlage professionellen Arbeitens geworden.

1.3.4. Gibt es eine Kultur des Wohlwollens?

Drei Aspekte möchte ich am Ende dieser kurzen autobiographischen Reise zusammenfassen – Erfahrungen, Einstellungen, die mir heute für meine persönliche „Chautauqua" wichtig sind. Sie konstituieren für mich die Kraft persönlicher Ressourcen, die *Ausgangspunkte für Empowermentprozesse* darstellen können, gleichzeitig aber auch meine *Motivation zur Beschäftigung mit dem Thema begründet*:

(a) Die Frage des Luxus: Ich stoße damit immer wieder auf neugierige Ablehnung. Neugierig, weil meiner Einschätzung nach jede(r) gerne die Pflichtkategorien Küche, Kinder, Kirche (weiblich) oder Arbeit, Ansehen,

Aufrichtigkeit (männlich) mit den „Luxuskategorien" Liebe, Lust und Luxus (männlich und weiblich) vertauschen möchte. „Man" macht das nur nicht! Deswegen wird das, was ich manchmal provokativ, vor allem im Arbeitszusammenhang, einfordere, nämlich Luxus und Spaß, meist schief angesehen. Die in der Provokation liegende Überzeichnung ist m.E. wichtig, um nicht dem protestantischen Pflichterfüllungswahn ein Mäntelchen aus Annehmlichkeiten umzuhängen; eine Mischung, die eher Selbstherrlichkeit ergibt.

Für mich hat Luxus – trotz aller provokanter und narzißtischer Spielereien – letztendlich nicht die Bedeutung von Verschwendung. Luxus ist eine Form der Großzügigkeit im materiellen, vor allem aber im geistigen Sinn. Es ist eine Vielfalt von Ressourcen, die ein Spielen mit den Dingen ermöglicht, ein Genießen dieser Vielfalt – und nicht das verzweifelte Festklammern am Besitz von irgendwelchen Gegenständen, die dann meist vorsichtshalber gar nicht benutzt werden sollten. Luxus ist eine Fülle an Ideen, die sich entfalten können, ohne gleich zugunsten realistischer Sichtweisen oder von Sachzwängen domestiziert zu werden.

> Der Filmemacher Werner Herzog wurde zur Frage seines Reichtums befragt, und gab eine Antwort, die diesen Sachverhalt noch einmal von einer anderen Seite her beleuchtet: „Freilich bin ich reich. Ich habe alle Merkmale von jemandem, der wirklich reich ist. Ich kann die Arbeit tun, die mir Freude macht. Ich kann mir die Zeiten, die Lokalitäten und die Umstände dazu aussuchen. Ich kann heute, wenn ich will, drei Monate weggehen. Das kann ein Generaldirektor von Siemens nicht. Meine Filme haben ja auch Spuren hinterlassen, denke ich. Wenn ich heute zu jemandem käme, weil ich Geld bräuchte und etwas zu essen, dann würde derjenige mir das geben. Nicht nur aus Freundschaft, sondern weil ihm meine Filme etwas bedeuten." (aus einem Interview mit Werner Herzog in der Süddeutschen Zeitung vom 4./5. August 1990)

(b) *Die Forderung nach oder das Fehlen einer Kultur des Wohlwollens*, die durchaus für mich eine kritische Kultur sein muß, aber nicht eine des Kritisierens um jeden Preis: Diese Erfahrung bringt mich persönlich immer wieder „ins Schleudern". Es geht mir nicht um den abgeschmackten Begriff von der „konstruktiven Kritik", also bei jeder Kritik gleich einen positiven Gegenvorschlag parat zu haben. Ebensowenig meine ich damit eine Kultur der Floskeln, wie z. B. den desinteressierten amerikanischen Habitus, der auf alles „oh, that's interesting" antwortet und damit eigentlich ein Gähnen meint und sich nicht einmal mehr die Mühe des Nachfragens macht.

Wie ist es jedoch zu erreichen, daß Vorschläge, Ideen, Ansätze, Initiativen – und seien sie noch so unausgegoren – erst einmal wohlwollend aufgegriffen werden? Wie können die Menschen zunächst neugierig auf die spannenden, interessanten Teile werden, und nicht sofort die Schwächen und Defizite herausheben und anprangern? Für mich bedeutet das, daß auch eine berechtigte und notwendige Kritik zu kultivieren ist. Vielleicht ist es notwendig, die Menschen erst einmal wieder neugierig auf ihre eigene Geschichte (im autobiographischen und historischen Sinn) zu machen (Halbwachs 1985), um dann, in einem zweiten Schritt, die anregenden Anteile dieser Geschichte(n) zu entdecken und so über die bloße Kritik hinauszugehen (Stark 1992).

(c) Ein „Sich-Beflügeln-Lassen" im Sinne eines kreativen Umgangs mit Anregungen von anderen, die sich assoziativ in die eigenen Gedanken und Ideen einfügen lassen. Ideen und Gedanken sind Ressourcen, die sozial und gesellschaftlich vorhanden sind und damit auch zur Verfügung stehen. Ein heikles Thema, vor allem dann, weil die Grenze zum Plagiat, zum Versuch, sich auf Kosten (der Ideen) anderer zu bereichern, hier fließend ist. Für mich ist das ambivalent: einerseits glaube ich, daß dies letztendlich jede(r) tut, ja nachgerade zu einem der Merkmale unserer postmodernen Kultur geworden ist. Andererseits weiß ich auch von mir, daß ich selbst darauf allergisch reagiere, wenn ich den Eindruck habe, daß ich eine Idee erzähle und andere daraus Nutzen ziehen. Aber wozu sonst sind Ideen da?

Anregungen für Regeln zum Nutzen von Ideen oder Gedanken anderer – nicht für das Ausnutzen – finden sich in der indianischen Geschenkökonomie. In ihr gelten drei Grundregeln (Gronemeyer 1988, S. 12):

„Erstens: Jede(r) schenkt freigiebig weg, was er/sie hat.
Zweitens: Niemand darf die Annahme der Gabe verweigern.
Drittens: Der/die Beschenkte erstattet den Gewinn, den er/sie
                 aus der Gabe zieht, an den Geber/die Geberin zurück."

Die Geschenkökonomie beruft sich auf und erzeugt eine Kultur des Wohlwollens. Wohlwollen ist einer der „Luxusgegenstände", mit denen m. E. Arbeit (oder auch Handeln an sich) Spaß machen wird. Luxus ist Schenken, Schenken ist Luxus – Schenken wird man dann, wenn man etwas im Überfluß hat (Geld, Güter, Ideen, Zeit usw.), diese Ressourcen auch erkennt und in einem gemeinschaftlichen Sinne nutzt.

1.4. DIE GESTALTENDE KRAFT VON GESCHICHTEN – PERSPEKTIVEN EINER NARRATIVEN PSYCHOLOGIE

Zentrales Medium für die Gestaltbarkeit des eigenen Lebens, die Entdeckung sozialer Ressourcen und die Förderung von Selbstorganisation sind Erzählungen und Geschichten, die in ihrer kollektiven Form über die bekannte biographische Forschung hinausgehen. Hier liegen die Perspektiven einer narrativen Psychologie, die nicht nur den kollektiven Gehalt individueller Biographien analysiert, sondern darüber hinaus auch die gestaltende, zukunftsweisende Kraft von Geschichten nutzt.

1.4.1. Sinngebung und Zukunftsgestaltung

Unsere Erfahrungen verarbeiten wir, indem wir Geschichten erzählen und unsere Erlebnisse durch diese Kommunikation überdenken, bestätigen, oder neu interpretieren. Geschichten ermöglichen den Versuch, einen roten Faden durch unser Leben zu ziehen, Gemeinsamkeiten und Einstellungen zu erkennen, und diese Botschaft anderen mitzuteilen. Geschichten vermitteln Gemeinsames und Trennendes, in jedem Fall ermöglichen sie Orientierungen – nicht nur rückblickend oder für die Gegenwart, sondern darüber hinaus. Sie vermitteln nicht nur ein Gefühl der Gemeinsamkeit oder Zugehörigkeit für den/die einzelne(n), sondern sind das Bindemittel der Gemeinschaft.

Ein kleiner Film von Dan Bennett erzählt die Geschichte eines 10-jährigen Jungen, der seiner Lehrerin dadurch auffällt, daß er im Unterricht meist in sein Heft schreibt und ganz verrückt nach den Büchern aus der Schulbibliothek ist. Als sie – als Aushilfslehrerin – mit seinen Eltern sprechen will, findet sie heraus, daß seine Eltern vor einem Jahr bei einem Autounfall ums Leben gekommen sind. Er lebt seitdem mit seinem Großvater, der aber – so versichert er eindringlich – nicht zu sprechen sei. Sie solle ihm doch einen Brief schreiben, er würde auch ganz bestimmt antworten. Neugierig geworden schaut sie eines Abends durch das Fenster seines Hauses und sieht den Jungen, wie er einem sehr alten Mann leidenschaftlich etwas erzählt. Der Junge ertappt die Lehrerin beim Lauschen und beichtet ihr nach einigem Zögern, daß der Mann, den er Großvater nenne, in Wirklichkeit sein Ur-Ur-Großvater sei und mittlerweile etwa 150 Jahre alt sein müsse. Seine Familie habe ihn die ganze Zeit am Leben erhalten, indem sie ihm jeden Abend eine Geschichte erzählte. Nach dem Tod seiner Eltern sei diese Aufgabe nun ihm zugewachsen. Deshalb müsse er sich täglich eine neue Geschichte ausdenken, die er dann abends genau bis zur spannendsten Stelle dem Großvater erzähle. Die Neugier über den Ausgang der Geschichte halte den alten Mann dann bis zum nächsten Abend am Leben, wo er dann den Schluß der alten und wieder den Anfang einer neuen Geschichte erzähle.
Verständlicherweise kann die Lehrerin diese Erklärung nicht akzeptieren, etwas hat wohl jedoch einen Zweifel an ihrer rationalen Weltsicht ausgelöst. Denn als der Junge sich eines Tages den Arm bricht und die Nacht im Krankenhaus verbringen muß, teilt sie seinem Großvater diese Nachricht mit. Als der Junge dann am nächsten Morgen voller Sorge ins Haus stürmt, findet er – nach einem ersten Schrecken – einen zwar fest schlafenden, aber doch lebendigen Großvater vor. Erfreut und verwirrt entdeckt er die Lehrerin, die aus der Küche tritt und ihm erzählt, sie habe im Haus sein Geschichtenheft gefunden und daraufhin dem Großvater das Ende der gestrigen und den Anfang einer neuen Geschichte erzählt ... (W. S.)

Die ein wenig mythologisierende Botschaft dieser Parabel liegt wohl darin, daß Geschichten die Menschen am Leben erhalten; im sozialpsychologischen Sinn geben Geschichten den Menschen ihre Identität. Das Thema „Geschichten" hat sich bis hierher durchgezogen und stellt sicherlich einen der roten Fäden meiner Argumentation und dieser Arbeit dar. *Geschichten* besitzen für Empowermentprozesse eine *zentrale Bedeutung* (Stark 1992)[11]. In ihnen wird von der Kraft und Stärke von Ideen, einzelnen Personen und Kollektiven erzählt, ebenso wie von Niederlagen und Resignation.

Die in den Geschichten angelegten *Prozesse der Selbstthematisierung* und auch Selbstmythologisierung sind wesentliche Schubkräfte für Empowermentprozesse. Sie machen das Veränderungspotential dieser Prozesse aus, schaffen Einheit, Identität und Kraft. Es sind die Geschichten, und nicht die Ergebnisse, die den Aufforderungscharakter besitzen, selbst aktiv zu werden, die eigene Geschichte zu beginnen oder weiterzuerzählen. Solche Geschichten werden selbst nicht zu Ende erzählt, sondern fordern implizit zu eigenem Handeln und Tun auf, haben aktivierenden Charakter. Dabei können diese Geschichten und Erzählungen ganz unterschiedliche Gestalt annehmen. Es sind Geschichten von der Kraft einzelner Personen, ebenso wie von unterstützenden Netzen und Gemeinschaften. Sie erzählen Begebenheiten des Stärkerwerdens und der erfolgreichen Durchsetzung, ebenso wie Erfahrungen der Niederlage und der Resignation. Sie haben neben einer Vielfalt von Inhalten vor allem zweierlei Eigenschaften:

> „(1) sie sind einerseits analytischen Charakters, d. h. sie decken die Verbindungen zwischen persönlichen Schicksalen und allgemeinem gesellschaftlichem Leid auf; verbinden also individuelle und gesellschaftliche Prozesse und sind in dieser Hinsicht im besten Sinn psychoanalytisch.
> (2) sie sind gleichzeitig aber auch anregend und stecken dazu an, die Teile und Fragmente der jeweiligen Geschichte mit eigenen Erfahrungen zu verbinden und so die Geschichten weiterzuerzählen" (Stark 1992, S. 30f.)

Eine bekannte soziologische Untersuchung über Individualismus und Gemeinsinn in der amerikanischen Gesellschaft (Bellah et. al 1988) belegt die Wichtigkeit von Geschichten als gleichermaßen *identitätsstiftend und handlungsanleitend*:

> „Gemeinschaften in unserem Sinn haben eine Geschichte – sie sind in bedeutendem Umfang durch ihre Vergangenheit konstituiert. Aus diesem Grunde sprechen wir von der realen Gemeinschaft als einer ‚Erinnerungsgemeinschaft', d. h. sie ist eine Gemeinschaft, die ihre Vergangenheit nicht vergißt. Um nicht zu vergessen,

---

[11] Die Literatur zu „oral history" (Ehlich 1980; Niethammer1985), zur „narrativen Psychologie" (Sarbin 1986) und zur „Biographieforschung" (z. B. Kohli/Robert 1984) hat zahlreiche Hinweise zum analytischen Charakter von Erzählungen/Geschichten herausgearbeitet. Eine systematische Aufarbeitung würde jedoch den Rahmen dieser Arbeit sprengen und soll späteren Arbeiten vorbehalten bleiben.

erzählt eine Gemeinschaft ihre Geschichte, formt ihre Vergangenheit zu einer Erzählung und überliefert dadurch Beispiele von Männern und Frauen, die den Sinn der Gemeinschaft vorbildlich verkörpert haben. Diese Geschichten der kollektiven Vergangenheit und der Vorbilder sind ein wichtiger Teil der Tradition, die so zentral für die Erinnerungsgemeinschaft ist. ...
Eine wirkliche Erinnerungsgemeinschaft wird auch die schmerzlichen Geschichten gemeinsamen Leidens erzählen, die manchmal eine tiefere Identifikation erlauben als Erfolg. ...
Die Erinnnerungsgemeinschaften binden nicht nur an die Vergangenheit, sondern als Gemeinschaften der Hoffnung auch an die Zukunft. Sie stiften einen Bedeutungszusammenhang, der unsere Absichten und die uns nahestehenden Menschen mit übergeordneten Zielen in Beziehung setzt." (Bellah u. a. 1988, S. 185 f.)

Geschichten geben der eigenen Entwicklung ein Profil, ein Gesicht – werden als gleichsam Profilgeber der eigenen Existenz und dienen als Innovationswerkzeug für soziale Entwicklungen. Geschichten beinhalten beides:

„... analytische und weiterweisende Elemente; sie behandeln tradiertes Wissen ebenso, wie sie offene Anschlußstellen anbieten, Fäden auslegen, die Aufzugreifen ein Weitererzählen der gesellschaftlichen und ein Neuanfangen der eigenen Geschichte bedeutet, das sich selten bruchlos und harmonisch vollzieht." (Stark 1992, S. 41)

Die Fachliteratur verschiedener sozialwissenschaftlicher Disziplinen ist voll von Geschichten, die individuelle und kollektive Prozesse illustrieren und erklären. Die noch am Anfang stehende Disziplin der „Narrativen Psychologie" (Sarbin 1986) hat sich zum Ziel gesetzt, neben den individuellen vor allem die kollektiven Bedeutungen von Geschichten zu analysieren. Hier finden sich vielversprechende Anknüpfungspunkte zu entwickelteren Bereichen wie Ethnologie/Ethnographie und „oral history" (siehe Fußnote 11). Empowermentgeschichten und ihr anregender, sozial ansteckender Charakter können hier einen wesentlichen Beitrag zur Entwicklung des Feldes einer narrativen Psychologie leisten. Umgekehrt finden sich für das Verständnis von individuellen und kollektiven Empowermentprozessen in den Ergebnissen und Analysen narrativer Zugänge wichtige Anschlußstücke.

1.4.2. Empowermentgeschichten

In ihrem Versuch, ihre persönliche und professionelle Biographie, ihre Erfahrungen und Werthaltungen als diejenigen Kräfte zu verstehen und zu analysieren, die wesentlich für die Gestaltung und Entwicklung ihrer sozialwissenschaftlichen und professionellen Standpunkte verantwortlich waren, erzählen Yeshekiel Hasenfeldt und Michael Chesler (1989) ihre *professionelle Geschichte* und damit gleichzeitig ihre „Empowermentgeschichte" anhand (berufs-)biographischer Begebenheiten. Folgende *Faktoren* stellen sie dabei als konstituierend für ihre berufliche und persönliche Entwicklung heraus:

(a) *Kritische Lebensereignisse* im persönlichen Bereich (körperliche Behinderung bzw. die Leukämie-Erkrankung der Tochter) richteten ihre Kraft und Energie auf die Bewältigung dieser Situationen gemeinsam mit anderen.

(b) Die Erfahrung, sich als Angehörige der jüdischen Religionsgemeinschaft mit historischen und aktuellen Diskrimierungen auseinandersetzen zu müssen, war bestimmend für ihren *sozialen Hintergrund.*

(c) Ihre daraus resultierende *politische Orientierung* brachte sie bereits während ihrer Studienzeit zur Beschäftigung mit sozialer Ungleichheit und Unterdrückung und zu einem Engagement für soziale Veränderungen.

(d) Ihre jeweilige *professionelle Sozialisation* als Sozialpsychologe respektive Sozialarbeiter war – obgleich inhaltlich unterschiedlich – bestimmt durch die Begleitung durch einen intellektuellen Mentor.

(e) Ihre *professionelle Randständigkeit*, die fehlende Intergration in den jeweiligen „main-stream" als Aktionsforscher in der akademischen Psychologie, respektive als Forscher in einer praxisorientierten Einrichtung, half beiden, über ihren jeweiligen professionellen Tellerrand hinauszuschauen, und zwang sie gleichzeitig, ihre eigene Position schärfer zu formulieren und zu verteidigen.

(f) Ihre professionelle Arbeit war und ist demzufolge gekennzeichnet durch eine beständige Auseinandersetzung mit der *Dialektik zwischen Theorie und Praxis.*

Diese Faktoren sind in ihren jeweils unterschiedlichen individuellen Ausprägungen für eine persönliche und professionelle Grundhaltung des Empowerment verantwortlich, die für beide Autoren auf verschiedenen Ebenen wichtig ist:

> „... we are both committed strongly to the intellectual and political priority of empowerment – empowerment for ourselves as persons and as scholars seeking to understand interpersonal and organizational issues, empowerment for clients and consumers of human services, empowerment for managers, providers, and workers in human service systems, and empowerment for ordinary citizens in a democratic community and state. Our research and action efforts, however different they may be in type and strategy, are intended to act on these concerns" (Hasenfeld/Chesler 1989, S. 520).

Bill Berkowitz (1987) hat in seinem Band „Local Heroes" eine Reihe von Empowermentgeschichten gesammelt: Geschichten von gewöhnlichen Menschen aus allen Schichten, die Ungewöhnliches tun. Sie alle haben soziale oder kulturelle Initiativen gemeinsam mit anderen gestartet – sind gleichsam AutorInnen ihrer eigenen Geschichte geworden. Zusätzlich zu

51

den biographischen Einflußbereichen, die Hasenfeldt und Chesler (1989) identifizieren, finden sich in Berkowitz' Analyse zwei weitere Themen, die für Empowermentgeschichten wichtig sind:

(a) Alle von Berkowitz (1987) befragten Personen finden ihre Erfahrungen aufregend und begeisternd, sie sind mit allen Gefühlen dabei und leidenschaftliche VerfechterInnen „ihrer" Sache. Teil dieser Leidenschaft ist in vielen Fällen Zorn oder Empörung über Ungerechtigkeiten, seien sie selbst erlitten oder im sozialen Kontext wahrgenommen. Diese Spannung halten viele GesprächspartnerInnen für die Initialzündung: „Das Beste, was man jemandem mitgeben kann, der so etwas initiieren möchte, ist, diese Begeisterung rüberbringen – das ist wirklich ansteckend!" (Berkowitz 1987, S. 321).

(b) Gleichzeitig glauben sie fest an – auf den ersten Blick – „altmodische" Tugenden[12]: Durchhaltenvermögen, Optimismus, Glaube in die Fähigkeiten des/der einzelnen, Toleranz, Risikobereitschaft usw. Nach Berkowitz (ebd.) sind dies die alten Tugenden der Pioniere, die auch heute noch bei jedem vorhanden, aber bei vielen Menschen verschüttet sind. „Wir alle besitzen diese Tugenden, daher reden wir hier von graduellen Unterschieden zwischen Menschen. Aber genau diese kleinen Unterschiede können etwas bewirken" (ebd., S. 324).

„Die wichtigste Geschichte, die ein Mensch erzählen kann – sich selbst und anderen – ist die *Geschichte seines Lebens*. So wie kürzere Erzählungen helfen können, die täglichen Erfahrungen und Erlebnisse zu begreifen und ihnen einen Sinn zu verleihen, so bedeutsam ist die Lebensgeschichte für die Struktur und Qualität der eigenen Existenz" – diese Feststellung von Heiko Ernst (1994, S. 20) gilt nicht nur für Individuen, sondern auch für soziale Gruppen, Gemeinwesen, Institutionen und Gesellschaften. Die eigene Geschichte gemeinsam mit anderen zu erzählen und die Erzählfäden des eigenen individuellen und des kollektiven Lebens selbst in die Hand zu nehmen hat auch die besonders für marginalisierte Gruppen wichtige Bedeutung, die „Kultur des Schweigens" zu durchbrechen (Freire 1978). Wann jedoch haben erzählte Geschichten die Funktion, etwas in Gang zu bringen?

---

[12] Die deutsche Übersetzung des amerikanischen „virtue" mit „Tugend" klingt zunächst wirklich altmodisch. Die eigentliche Bedeutung wird klarer, wenn man sich den althochdeutschen Begriff vor Augen hält: tugund = Tauglichkeit, Kraft.

1.4.3. Die Poetik des Anfangens

Unter dieser Überschrift erweitert der Philosoph Peter Sloterdjik in seinem Essay „Zur Welt kommen, zur Sprache kommen" (1988) den Diltheyschen Begriff der „radikalen Autobiographik" – der Notwendigkeit des Selberanfangens gegenüber dem Angefangensein. Die eigene individuelle oder kollektive Geschichte aktiv erzählen und steuern zu können, heißt ja auch in der Alltagssprache, mit sich und seiner sozialen Welt „etwas anfangen können", sie gestalten zu können.

Dieses Bild des „Selbst-neu-Anfangens" im Sinne einer radikalen Autobiographik ist wohl einer der *wesentlichen Hintergründe individueller und kollektiver Empowermentprozesse*, und kennzeichnet auch das Wesen einer Chautauqua (siehe Kapitel 1), wie sie hier verstanden wird. Gleich stellt sich jedoch auch die Frage, auf welche Weise diese Initiative des Selberanfangens geschieht: ist dies ein Prozeß, der – losgelöst von den Traditionen und der aktuellen sozialen Umwelt – für einen jeden selbst, quasi einsam und dementsprechend fragmetarisch zu geschehen hat? Haben etwa die zu überwindenden Traditionen so eine traumatisch-abschreckende Wirkung auf den einzelnen[13], daß in unseren aktuellen „modernen" Individualisierungsbemühungen in aller Hast Surrogate des Selberanfangens (Mode, Sport, Karriere) herangezogen und geradezu verzweifelt gepflegt werden, nur um sich der bedrohlichen Traditionen und der damit verbundenen sozialen Lebenswelt nicht bewußt zu werden? Verhindert diese Scheu nicht gerade einem Prozess des Selberanfangens in einem sozialen und gemeinschaftlichen Sinne?

> „... die Idee einer radikalen Autobiographie bleibt so lange in sich selbst widersprüchlich, wie sie die vorhandene Erzählsprache als eine schon waltende Selbstverständlichkeit gelten lässt, und mit dieser die Ordnungen der Zeit und die curricularen Formen, die das Leben immer schon als Lauf erfasst haben. Eine Fundamentalautobiographik, die im Lichthof des einzelnen Bewusstseins bleibt und keine Metaphysik der Ichheit bemüht, kommt erst dann in die Anfangsräume des vereinzelten Lebens, wenn es ihm ins sprachlos Flüssige folgt, wo die noch unbenannten Dinge an den Küsten des Begriffs spielen, ohne zu erstarren." (Sloterdjik 1988, S. 51 f.)

Den Erzählfaden der eigenen Handlung selbst weiterzuspinnen und ihn mit anderen zu teilen – dies ist die *Voraussetzung für die Entwicklung sozialer Utopien*, die als Gemeinschaftserfahrung für Empowermentprozesse kon-

---

13 Dies ist gerade in Bezug auf die Nachkriegsgeneration gut nachvollziehbar, wenn auch dort vielleicht nur deutlicher.

stituierend sind, die aber auch soziale Gemeinschaften existentiell benötigen:

> „Ohne die Fähigkeit zum Neuanfangen aus besseren Motiven oder, wie man heute sagt: ohne den Mut zum Vorgriff auf kontrafaktische Annahmen, wäre die Menschheit, vor allem in ihren historischen Kernkulturen, wohl längst an den erworbenen Erfahrungen gestorben, sie wäre an Altersschwermut, am Leichengift des Tatsachenbewusstseins zugrunde gegangen. Die tausendjährigen Lernprozesse der Bitterkeit hätten sie lebensmüde gemacht – und ist sie es nicht da und dort? Aber gab es nicht zugleich immer ein Ringen zwischen der Tendenz zur Versteinerung und der zur Wiederbelebung? Hat nicht das regenerative Genie von Menschen immer neue Möglichkeiten erschlossen, vor die tödlichen Kapitel der Geschichte zurückzublättern und auf heilose Überlieferung mit der Stiftung neuer Lebensformen aus dem Geist des Anfangens zu antworten?" (ebd., S. 54 f.)

Um soziale Utopien möglich zu machen, ist die Einübung eines Sinnes notwendig, den Robert Musil in seinem Roman „Der Mann ohne Eigenschaften" (1978) den *Möglichkeitssinn* nennt, und den er als gleichberechtigt neben den Wirklichkeitssinn stellt:

> „Wer ihn besitzt, sagt beispielsweise nicht: Hier ist das oder das geschehen, wird geschehen, muß geschehen; sondern er erfindet: Hier könnte, sollte, müßte geschehen; und wenn man ihm von irgend etwas erklärt, daß es so sei, dann denkt er: Nun, es könnte wahrscheinlich auch anders sein. So ließe sich der Möglichkeitssinn geradezu als Fähigkeit definieren, alles, was ebensogut sein könnte, zu denken und das, was ist, nicht wichtiger zu nehmen als das, was nicht ist" (Musil 1978, S. 16).

Die Fähigkeit, kontrafaktisch eine andere Zukunft sehen (und sie damit gestaltbar machen) zu können, wäre damit eine der Grundlagen für eine individuelle und kollektive Initialzündung. Wir müssen uns fragen, wo in unserem sozialen und kulturellen Leben noch Bereiche offengelassen werden, die dies ermöglichen.

Dies erfordert die (Wieder-)Entdeckung der Phantasie als gestaltende und verwandelnde Kraft – die Fähigkeit (und die Möglichkeit), mit den Gegenständen und den Verhältnissen oder Situationen zu „spielen". Voraussetzung dafür ist, die Gegenstände und Verhältnisse nicht in ihrer fertigen Gestalt, in ihrer vorbestimmten Funktion wahrzunehmen und anzuerkennen, sondern sie durch Tätigkeit (Handeln und/oder Denken) zu verändern, sie in Beziehung, in einen Zusammenhang zu setzen und so den Panzer der Funktion aufzubrechen.

> „Wenn man auf die Gegenstände nur noch in ihrer endgültigen Gestalt, in ihrem höchsten Fertigungsgrad treffen kann, dann ist nahezu jede Wahlfreiheit in ihrer Handhabung, jedes Experimentieren, Probehandeln, jedes Spiel mit ihnen unterbunden. Dann können sich an ihnen weder Fähigkeiten erproben, noch kann sich die Erfahrung bereichern. Die im Verlauf des Fertigungsprozesses in sie einge-

54

schriebenen Funktionsbestimmungen legen die Beziehung zwischen Mensch und Gegenstand zwingend fest. ...
Dasselbe gilt auch für die sozialen Zusammenhänge. Gegenüber versteinerten Bürokratien und erstarrten Regelsystemen, gegenüber der unerbittlichen Fertigkeit der Verhältnisse verkümmern die sozialen Fähigkeiten, und die Individuen werden, was ihnen zugemutet wurde: Funktionsträger und Konkurrenten." (Gronemeyer 1988, S. 239 f.)

Einer der Gründe, weshalb soziale Utopien so selten gedacht und noch seltener umgesetzt werden, ist die Tradition Sozialer Arbeit, vor allem darüber nachzudenken, welche Hilfen und welche Unterstützung Menschen in verschiedenen Lebenslagen und Krisen brauchen. Die *Erfahrung*, die in allen erfolgreich verwirklichten sozialen Utopien gemacht wurde, lehrt uns jedoch das genaue Gegenteil: Sie gelingen deshalb, weil vor allem darauf geschaut wurde, *was Menschen geben können*. Wenn es gelingt, in jeder Situation – und sei sie auch noch so kritisch und niederschmetternd – die nach wie vor vorhandenen Stärken und Fähigkeiten zu entdecken und diese zur Geltung kommen zu lassen, wenn also Menschen anderen Menschen etwas geben können, wenn sie als Person wichtig sind, weil sie etwas zum Gelingen eines gemeinschaftlichen Ziels beitragen können – wenn sie also etwas mit sich und anderen anfangen können, dann hebt das nicht nur das Selbstbewußtsein dieser Leute, sondern verändert auch ihr Verhalten: Probleme und Defizite sind damit nicht automatisch und sofort verschwunden, sie bekommen jedoch einen anderen, kleineren Stellenwert im Leben, sie lähmen nicht mehr.
Bei vielen sozialen Interventionen und Programmen versuchen wir als Professionelle, die Menschen davon zu überzeugen, in einen Prozeß, den wir ihnen vorschlagen, „mit einzusteigen". Häufig gelingt uns das auch, weil wir in unserer Funktion eine mehr oder weniger große Überzeugungskraft besitzen. Wir übersehen dabei jedoch, daß wir damit meistens nur ein „Mitmachen" – die heute so oft geforderte „Akzeptanz" – erreichen. Wir übersehen, daß es im Grunde darum geht, unsere KlientInnen oder die NutzerInnen unserer Angebote *zum Anfangen zu bringen* – einen Prozeß zu beginnen, der sie aus dem Fest-Sitzen, in dem sie sich aktuell befinden, herauslöst und befreit. Vielleicht müssen wir als Professionelle eher lernen, weit mehr Augenmerk auf das Anfangen, als auf das Ziel zu richten.

1.5. KOMPETENZORIENTERTES HANDELN

Fassen wir die in diesem Kapitel dargestellten Hintergründe und Quellen für eine Empowermentperspektive zusammen, so sind folgende Punkte erwähnenswert:

Die *Dominanz und die Macht der ExpertInnen in der psychosozialen Versorgung* führen zu einer unübersichtlichen Angebotspalette psychosozialer Dienstleistungen, in denen die Rollenzuweisungen weitgehend undurchsichtig und verdeckt einseitig sind. Professionelles Helfen – wohl vordergründig mit guten Absichten im Sinne der Hilfesuchenden – ist tendenziell vor allem an den Strukturen und Qualifikationen der Anbieterseite ausgerichtet, die damit ihre gesellschaftliche Funktion als normierende und reparierende Instanz legitimiert. Werden diese Voraussetzungen hinterfragt, so bedeutet dies gleichzeitig eine produktive Infragestellung der helfenden Beziehung und der Logik des beruflichen Helfens.

Wesentliche Grundlage für das Spiel von Macht und Abhängigkeit im psychosozialen Bereich ist die *behauptete Knappheit sozialer Ressourcen und gegenseitiger Hilfe*. Sie ist einer Entwicklung moderner Gesellschaften geschuldet, in der die ausgrenzende Dichotomisierung des Alltags (gesund – krank; normal/kompetent – hilfebedürftig) und die damit einhergehende Defizitsicht den Blick auf die eigenen individuellen und die kollektiven Stärken verstellt. Der Defizitblickwinkel und eine dadurch bestimmte Bedürfnisorientierung verfestigt die einseitige Rollenbeziehung zwischen HelferInnen und Hilfesuchenden, und verstärkt gleichzeitig die Wahrnehmung sozialer Ressourcen als knappes Gut. Geschichten eigener und kollektiver Stärke sind in dieser Situation Mangelware; die spezialisierte und professionalisierte Verwaltung sozialer Ressourcen verschüttet tendenziell die Potentiale individueller und kollektiver Ressourcen, die im Sinne gegenseitiger Hilfe und gemeinschaftlicher Aktion eingesetzt werden könnten. Die Paradoxie dieser Situation besteht dabei darin, daß HelferInnen und Hilfesuchende programmatisch das gleiche Ziel verfolgen: die (Wieder-)Herstellung kompetenter und zufriedener Personen, die sich im „Normalfall" selbst helfen können. Die Struktur und Vorgehensweise psychosozialer Hilfen führt jedoch leichter in eine Situation der Knappheit und in einen Kreislauf von Macht und Abhängigkeit, statt in einen Reichtum sozialer Ressourcen, die sich selbst erneuern und nicht immer wieder hergestellt werden müssen.

In den letzten Jahren ist die Tendenz zu beobachten, daß sowohl NutzerInnen psychosozialer Hilfen, wie auch selbstkritische und fortschrittliche Professionelle die traditionelle Rollen- und Machtverteilung hinterfragen: andere Formen der gegenseitigen Hilfe (Selbsthilfebewegung, Netzwerkförderung) werden erprobt und führen zu einer verstärkten Sensibilität für die eigenen und fremden Stärken und Kompetenzen. Die *Entdeckung persönlicher und kollektiver Ressourcen* kann als Grundlage für einen Blickwinkel des Empowerment angesehen werden.

Dazu gehört, die „Erzählfäden des eigenen Lebens" selbst in die Hand zu nehmen und das Netz *individueller und kollektiver Geschichten gemein-*

schaftlich weiterzuspinnen – die „Fähigkeit zur Revolution des Selberanfangens gegen das Angefangensein" (Sloterdjik).

In diesem Sinne ist auch der folgende *Fragebogen* zu verstehen: weniger als methodisches Instrument zur Erforschung oder Initiierung von Empowermentprozessen, sondern als Reflexionshilfe zur Entdeckung persönlicher Ressourcen und zur Überprüfung der persönlichen Orientierung an den jeweiligen Stärken – oder den Defiziten ...

1.6. FRAGEBOGEN

Der Schriftsteller Max Frisch hat in seinen Tagebüchern (1959–1971) eine Reihe von Fragebögen zu verschiedenen Themen (Geld, Besitz, Liebe, Alter usw.) veröffentlicht, die im Gegensatz zu herkömmlichen Fragebögen weniger dazu gedacht sind, Informationen möglichst ökonomisch zu erheben. Sie sind m. E. eher eine Methode, um Selbstverständliches und unbewußte Alltagsroutinen zu hinterfragen und aufzubrechen – kurz: nachdenklich zu machen. Der nachstehend abgedruckte Fragebogen stellt einen (spielerischen) Versuch dar, in der Tradition der Frischschen Fragebögen gedankliche Empowermentprozesse anzuregen.

---

1. Wann haben Sie zum letzten Mal ein Unbehagen, eine Wut körperlich gefühlt?

2. Wo spüren Sie es?

   (a) in der Bauchgegend
   (b) Muskelverspannungen im Rücken oder im Nacken
   (c) Kopfschmerzen

3. Was tun Sie, wenn ein solches Gefühl bei Ihnen auftritt?

   (a) Sport treiben
   (b) mit Freunden/PartnerIn reden
   (c) Medikamente einnehmen oder Alkohol trinken
   (d) schlafen
   (e) andere Reaktionen

4. Ist Ihnen bewußt, was Sie mit den unter (3.) beschriebenen Reaktionen erreichen möchten? Welchem der beiden folgenden Begriffe würden Sie Ihre Reaktion eher zuordnen?

   (a) Suchen
   (b) Lösen   (Fortsetzung S. 58)

---

5. Wann fühlen Sie sich gesund?

    (a) Wenn Sie über Ihren Körper verfügen?

    (b) Wenn Sie über Ihr Leben verfügen?

6. Kennen Sie das Gefühl, von der Richtigkeit oder Unrichtigkeit einer Sache/Begebenheit fest überzeugt zu sein, ohne daß Sie es in Worten ausdrücken oder logisch darlegen könnten?

7. Wann haben Sie sich das letzte Mal aktiv (nicht: zu einer politischen Wahl gehen) in soziale oder politische Entscheidungen außerhalb Ihrer Privatsphäre eingemischt?

8. Kennen sie Menschen näher (Freunde, Bekannte, Verwandte), die sich für eine Sache jenseits von Geldverdienen so sehr engagieren, daß Sie dies manchmal nicht mehr nachvollziehen können?

9. Zählen Sie bitte ihre persönlichen Fähigkeiten, Kenntnisse oder Kompetenzen auf, die für andere Menschen oder Ihre Umgebung hilfreich oder wertvoll sein könnten.

10. Wieviele davon setzen Sie im täglichen Leben ein?

11. Was erleben Sie zur Zeit als Ihre größte Herausforderung?

12. Auf welche Ihrer Fähigkeiten glauben Sie vertrauen zu können, um diese Herausforderung zu meistern?

13. Stellen Sie sich vor, Sie persönlich hätten die Möglichkeit, in unserer sozialen/gesellschaftlichen Umwelt einen Aspekt zu verändern. Welcher wäre das?

14. Haben Sie soziale Träume oder Visionen?

15. Können Sie sich unter dem Ausdruck „brennende Geduld" etwas vorstellen?

Hinweis zum Gebrauch: Dieser Fragebogen soll zum Nachdenken anregen, eventuell auch Funken zünden. Daher wird es mit dem einmaligen Durchlesen nicht getan sein. Der Fragebogen entfaltet seine Wirkung vermutlich erst dann, wenn er – in Abständen – immer wieder einmal genutzt wird. Hilfreich mag es sein, ihn über dem Schreibtisch oder in der Nähe des Arbeitsplatzes gut sichtbar aufzuhängen.

2. Psychosoziales Handeln unter postmodernen Bedingungen – Sozialwissenschaftliche Grundlagen für eine Empowermentperspektive

Im vorangegangenen Kapitel habe ich versucht, im Sinne einer Reflexionshilfe die Quellen und Hintergründe für die Entwicklung einer Empowermentperspektive zu beschreiben, die das Selbstverständnis von Professionellen im psychosozialen Feld und die professionelle Grundhaltung in Frage stellen. Diese Quellen werden nicht nur aus der professionskritischen Literatur gespeist, sondern in nicht geringem Maße auch aus persönlichen Erfahrungen im beruflichen und privaten Alltag, deren Widersprüchlichkeit nicht nur mich, sondern viele KollegInnen immer wieder innehalten läßt, da die Paradoxie psychosozialer Probleme und ihrer professionellen Bearbeitung nur schwer durch professionelle Regelwerke zu domestizieren ist. Diese in der Alltagsarbeit leider allzuoft verschwindende Verwunderung (das „Staunen" bei Ernst Bloch) über Brüche und „Ungereimtheiten" im psychosozialen Arbeitsfeld hat – gemeinsam mit einer allgemeinen Sinnkrise psychosozialer Professionen – m.E. wesentlich zur Entwicklung einer Empowermentperspektive für die Soziale Arbeit beigetragen.

Das folgende Kapitel hat die Funktion, mit Hilfe wichtiger sozialwissenschaftlicher Diskurse aus den letzten Jahren Hinweise auf eine gesellschafts- und sozialwissenschaftliche Grundlegung einer Empowermentperspektive zu finden. Die Sozialwissenschaften haben sich in den letzten Jahren verstärkt mit den Auswirkungen gesellschaftlicher Entwicklungen und den daraus folgenden veränderten Rahmenbedingungen für psychosoziales Handeln auseinandergesetzt. Bezüge zur Empowermentperspektive sind in der sozialwissenschaftlichen Literatur jedoch nur fragmentarisch auffindbar. Empowerment ist als Konzept in den angelsächsischen Ländern bislang nur vereinzelt, in der BRD bisher kaum zur Kenntnis genommen, geschweige denn im Rahmen sozialwissenschaftlicher Theorie diskutiert oder in der psychosozialen Praxis umgesetzt worden. Inhaltliche Argumentationslinien und Begründungszusammenhänge, die auf eine Empowermentperspektive hinführen, müssen daher aus aktuellen sozialwissenschaftlichen Diskursen „herausgewaschen" werden:

(a) Den deutlichsten sozialwissenschaftlichen Hintergrund bieten die aktuellen gesellschaftstheoretischen Diskurse um die „Postmoderne" und den „Kommunitarismus" (Abschnitt 2.1.). Diskutiert man die beiden auf den ersten Blick widersprüchlichen Ansätze auf der Handlungsebene, so ergeben sich wichtige gesellschaftspolitische Grundaussagen für eine Empowermentperspektive im psychosozialen Handlungsfeld.

(b) Unter diesem Blickwinkel muß auch die Frage der BürgerInnenbeteiligung an sozialpolitischen Planungen und Entscheidungen neu diskutiert werden (Abschnitt 2.2.).

(c) Viele Teile und Grundideen des Empowermentkonzeptes sind bereits heute, wenn auch nicht mit der gleichen Begrifflichkeit, am Rande des wissenschaftlich und sozialpolitisch sanktionierten „Mainstreams" vor allem in Projekten, Selbsthilfe- und BürgerInneninitiativen und anderen Teilen der „neuen sozialen Bewegungen" wiederzufinden (Abschnitt 2.3.).

Empowerment bietet einen gemeinsamen Erklärungs- und Handlungsansatz, zwar nicht für die politischen und soziologischen Hintergründe des Phänomens der sogenannten „neuen sozialen Bewegungen" (Brand u. a. 1984), so doch für die damit zusammenhängenden psychologischen und sozialen Prozesse und die notwendige Reaktion und Aktion der Professionellen im Hinblick auf diese Entwicklungen.

(d) Die neuere sozialpsychologische Forschung zum Bewältigungsverhalten und zu sozialen Netzwerken bietet zwar grundlegende Anknüpfungspunkte für eine Empowermentperspektive, da hier die präventive und schützende Funktion natürlicher Hilfssysteme im Alltag thematisiert wird. Für eine empirische Fundierung der spezifischen sozialen Unterstützungsformen in Empowermentprozessen müssen die bisherigen Fragestellungen jedoch noch um Fragen nach den aktivierenden und transindividuellen Wirkungen sozialer Unterstützung erweitert werden (Abschnitt 2.4.). Daher werden im Rahmen dieses Kapitels auf der Basis der bisherigen social support-Forschung lediglich die notwendigen Fragestellungen entwickelt, bereits vorhandene empirische Untersuchungen zu Empowermentprozessen werden im anschließenden Kapitel 3 diskutiert.

2.1. POSTMODERNE UND KOMMUNITARISMUS – GESELLSCHAFTSTHEORETISCHE GRUNDLAGEN EINER EMPOWERMENTPERSPEKTIVE

Die gesellschaftspolitischen Rahmenbedingungen sozialen Handelns und des psychosozialen Handlungsfeldes haben sich geändert. Konsensstiftende Werte oder Meta-Erzählungen der Moderne, seien es der cartesianische Glaube an die Verheissungen eines „technologischen Zeitalters", oder die Hoffnung auf eine gerechte Welt mit „herrschaftsfreien Diskursen" (Jürgen Habermas), sind den aktuellen sozialen und politischen Situationen nicht mehr angemessen oder besitzen zumindest nicht mehr das Potential, größere gesellschaftliche Gruppen zu vereinen. Strukturen und Formen der Alltagswelt verlieren zunehmend ihre sinnstiftenden Zusammenhänge und erzeugen vielfach Orientierungslosigkeit; sie lösen sich aber auch von traditionellen Zwängen und Normen und setzen neue Möglichkeiten und Chancen frei (Keupp 1988). Eine sich an einer hochtechnisierten Monokultur ausrichtende Gesellschaftsform stellt aufgrund ihrer eigenen Logik sich selbst in Frage – und dies auf allen Ebenen:

> Ulrich Beck (1986) hat in seiner Analyse der „Risikogesellschaft" aufgezeigt, daß die Folgen einer Entscheidung für die Hochtechnologisierung unseres Zeitalters durchaus demokratisch sind: Äußerten sich die Folgen sozialer Klassenunterschiede bislang in Form von Armut, Hunger und geringerer sozialen Chancen „nur" der benachteiligten Bevölkerungsschichten (besonders in der sog. Dritten Welt), so verteilen sich die Folgen der zunehmenden Verschmutzung unserer Umwelt überall, bei arm und reich, und sorgen für Betroffenheit. Die atomare Katastrophe von Tschernobyl und die beständige Bedrohung des nächsten Super-GAUs hat uns dies drastisch vor Augen geführt (Cramer 1989; Keupp 1988; Legewie 1989). Gleichwohl schlagen auch hier soziale Klassenunterschiede – gewissermassen doppelt – durch: Konnten etwa die Begüterten nach Tschernobyl die entsprechend verteuerten Lebensmittel „ökologisch und nicht verstrahlt" in den prosperierenden Bioläden erwerben (und nahmen dafür auch weite Wege in Kauf) oder sich oder ihre Kinder per Flugzeug schnell aus der Gefahrenzone bringen, so treffen solche Umweltkatastrophen die sozial Benachteiligten voll.

Solche Entwicklungen zeigen einerseits die Machtlosigkeit einzelner oder sozialer Gruppen gegenüber einer weitgehend technizistisch ausgerichteten Expertokratie. Sie machen jedoch auch Forderungen nach Teilhabe und Partizipation für diejenigen, die in ihren alltäglichen und existentiellen Lebenszusammenhängen von (politischen) Entscheidungen besonders betroffen sind, umso dringlicher. Eine verstärkte Teilhabe der „sprachlosen" Menschen an den sozialen und politischen Entscheidungen, zusammen mit der Möglichkeit der Gestaltung der jeweiligen individuellen und sozialen Lebenswelt (Sachs Pfeiffer 1989; Stark 1989; Bobzien u. a. 1991), ist daher eines der politisch aktuell diskutierten Themen, das auch durch vermehrt auftretende Skandale in den großen Parteien und etablierten öffentlichen Institutionen immer deutlicher in das Bewußtsein der Bevölkerung tritt.

Nun sind solche Forderungen und Programmatiken ja nicht gerade neu: kritische SozialpolitikerInnen und SozialwissenschaftlerInnen (etwa Habermas 1981) erheben seit langem die Forderung nach einer tiefergehenden Demokratisierung der Gesellschaft. Jedoch nur selten gingen umsetzungsorientierte Vorschläge als Folge scharfsinniger und klarer Analysen über die Ebene allgemeiner Programmatiken oder allenfalls emanzipativ gemeinter Modellprogramme hinaus. Aus den politischen Forderungen nach Emanzipation heraus entwickelte sozialtechnische Ansätze versickerten meistens im Aufbau neuer ExpertInnengruppierungen oder erwiesen sich allzuoft als

„blauäugig", wenn es an die Umsetzung der ausgeklügelten Programme ging. Die Forderungen wurden und werden zwar als grundlegend „richtig" anerkannt, blieben bislang jedoch zu sehr im „Prinzipiellen". Sie verachteten machbare Teilerfolge zu pauschal als reformerisch und rechneten zuwenig mit dem „subjektiven Faktor" (Horn 1973) und der Psychologie derjenigen, die emanzipatorische Forderungen nach Bewußtseinsveränderung zwar für gesellschaftlich erstrebenswert, für sich selbst jedoch oft unterschwellig als Zwang empfanden und nur selten einlösen konnten oder wollten.

Gegenüber den konsenssuchenden sozialpolitischen und demokratischen Strategien einer neuzeitlichen Moderne kristallisieren sich zwei Strömungen heraus, die den aktuellen gesellschaftspolitischen Anforderungen nach mehr Partizipation und der Förderung von Empowermentprozessen eher entsprechen könnten:

(a) Postmoderne
(b) Kommunitarismus.

Beide Begriffe werden – von links und von rechts – mit Mißverständnissen belegt und weitgehend kontrovers diskutiert, scheinen sogar auf den ersten Blick zu gegenläufigen Aussagen zu kommen:

(a) Dem Diskurs der Postmoderne wird häufig ein Plädoyer für die Beliebigkeit von Lebens- und Kulturstilen unterstellt, ein „anything goes" eines kollektiven Individualismus, der sich endgültig der für soziale Gemeinschaften notwendigen konsensstiftenden Kräfte entledigt – „jeder für sich und Gott gegen alle".

(b) Kommunitaristische Ansätze dagegen setzen in ihrem Kern auf Werte der Gemeinschaft und der sozialen Kohäsion, werden jedoch teilweise allzu leicht als verkappte oder offene Befürworter wertkonservativer Weltanschauungen entlarvt. So wird von einigen AutorInnen der Kommunitarismus auch als Gegenströmung zu einer „postmodernistischen Affirmation der Differenz" (Steinfath 1992, S. 86) verstanden.

Trotz aller oberflächlich auszumachender Gegensätze läßt sich ein gemeinsames Grundverständnis in der Zeitdiagnose feststellen, das beide Strömungen zu unterschiedlichen Blickwinkeln ein und der selben Analyse macht. Beide Strömungen, Postmoderne wie Kommunitarismus, befinden sich an den Polen einer gesellschaftstheoretischen Analyse, die versucht, aktuelle Entwicklungen des sozialen Zusammenlebens zu erfassen und zu erklären. Die entsprechenden VertreterInnen sozialphilosophischer oder soziologischer Diskurse tun dies aus der Warte unterschiedlicher, teilweise gegensätzlicher Traditionen. Werden jedoch Ansätze praktischer Konsequenzen diskutiert, nähern sich die beiden Konzepte einander an. Die Thesen von

Postmoderne und Kommunitarismus bedingen und brauchen einander, sollen sie handlungsfähig werden. Das handlungsorientierte Konzept des Empowerment hat damit die Möglichkeit, gemeinsame Stränge dieser beiden Diskurse zusammenzuführen.

2.1.1. Differenz und Autonomie – postmoderne Zeiten als Abgrenzung und Fehlen von Gemeinsamkeit

Das Eingeständnis des Fehlens großer gesellschaftspolitischer Entwürfe und gemeinsamer Zielsetzungen – eine der Basisannahmen bisheriger gesellschaftstheoretischer Diskussionen – wird unter dem Begriff „Postmoderne" diskutiert. Ein mit kritisch-emanzipatorischen Absichten vorgetragenes Konsensprinzip scheint – so die Diagnose der Post-Moderne – in einer pluralen Welt der Differenzen nicht mehr zu greifen:

> „Postmodern stellt sich die Gesellschaft als ein Gewebe höchst unterschiedlicher Gruppen, Lebensformen, und Ansprüche dar. Daher sind Konzepte und Strategien der Differenz und Pluralität, nicht solche der Einheit angebracht und nötig." (Welsch 1987, S. 5)

Ohne die von François Lyotard (1986) aufgeworfene und von vielen Seiten kontrovers geführte Debatte in diesem Kontext ausführlich nachzeichnen zu können (siehe hierzu die ausgezeichnete Abhandlung von Fechner (1990) oder die deutschsprachigen Grundlagentexte von Welsch 1987, 1988), verweisen folgende Grundannahmen des Diskurses um die Post-Moderne auf die Notwendigkeit einer Reformulierung der handlungsleitenden Ansätze psychosozialen Handelns:

(a) Nicht mehr allgemein akzeptierte gesellschaftliche und soziale Normen, sondern eine Vielfalt von Lebensstilen und Lebenswelten bestimmen unser Leben und werden als gleichwertig anerkannt. Pluralität – und nicht erzwungener oder erkaufter Konsens – ist alltagsweltlich wie professionell die handlungsleitende Maxime. Psychosoziales Handeln und die damit verbundenen Institutionen verlieren daher tendenziell ihre normative Funktion. Ziel psychosozialer Interventionen wäre damit immer weniger, die „Normalisierung" von aus den Fugen geratenen, „ver-rückten" Lebensentwürfen und sozialen Situationen, sondern vielmehr die Entwicklung von Fähigkeiten, das Leben mit nur wenigen „normativen Halteschlaufen" zu gestalten.

(b) Die Vielfalt der Lebensstile entspricht einer Vielfalt der Handlungsansätze und Problemlösungen. Allgemeingültige Ansätze zur Lösung gesellschaftlicher Probleme oder gar technokratische Patentrezepte finden kaum mehr zustimmende Mehrheiten. Dies gilt auch für die psychosoziale und gesundheitliche Versorgung. Die Selbsthilfebewegung ist ein Beispiel für Ansätze selbstorganisierter Problemlösungen, die den Allgemeinheitsanspruch professioneller Herangehensweisen in Frage gestellt hat. Betroffene gelten heute immer häufiger als Experten ihrer eigenen Problemlage und werden zunehmend von der professionellen Seite als gleichwertige Partner anerkannt (Guggenberger/Kempf 1984).

(c) Eine Politik der Dezentralisierung und Regionalisierung ist daher die Konsequenz auf der politisch-planerischen Ebene. Autonome Entscheidungen einer Region/einer Subgruppe über die Entwicklung ihrer Lebens-, Arbeits- oder Umweltbedingungen fördern – so zeigen bereits bisherige vereinzelte Erfahrungen – nicht nur die Vielfalt möglicher Problemlösungen, sondern ermöglichen erst die Wiedergewinnung von Identitäten und von Selbstbewußtsein. Der „mündige Bürger" muß Entscheidungen fällen, die Konsequenzen seines Handelns erleben, und eingeschlagene Wege wieder revidieren können, und diesen Prozeß häufig als Individuum, meist jedoch als soziale Gruppe, erst erfahren und erlernen.

(d) Die Erkenntnis, daß bislang unhinterfragte Wissensbestände (etwa aus den Naturwissenschaften, aber auch in vielen Bereichen des sozialen Lebens) sich als falsch, fehlerhaft oder zumindest nicht mehr als allgemeingültig herausstellen, führt zu einer Reflexivität des Wissens und der Wissenschaften. Die Dekonstruktion und Infragestellung großer Theoriegebäude – im Bereich des psychosozialen Handelns z. B. des Behaviorismus (Cramer 1992) – führt zu einer Aufwertung des Erfahrungswissens, das jedoch noch weitgehend isoliert, mit nur wenig systemischen Bezug zueinander, Anwendung findet.

(e) Das Mehrheitsprinzip als traditioneller Konfliktregelungs- und Steuerungsmechanismus der parlamentarischen Demokratie wird vor dem Hintergrund postmoderner Diskurse und Alltagserfahrungen in Frage gestellt. Eine „Aufwertung von Minderheiten" (Fechner 1990) bedeutet jedoch keineswegs die Infragestellung jedweder demokratischer Ordnung. Lediglich die Reichweite und Universalität von Mehrheitsentscheidungen stehen zur Disposition; so wird z. B. schon länger darüber diskutiert, „Betroffenheit" zum Expertenstatus zu erheben oder den Betroffenengruppen die letztendliche Entscheidung über sie betreffende Regelungen zu überlassen, soweit dies nicht andere Gruppierungen entscheidend einschränkt (Guggenberger 1984).

Im Diskurs um die Postmoderne sind Zeitdiagnosen zwar zahlreich, handlungsrelevante Optionen jedoch nur selten zu finden. Über die Richtung solcher Optionen, die in vielen Politikbereichen Konsequenzen zeitigen könnten (Fechner 1990), läßt sich je nach ideologischem Hintergrund auch trefflich streiten. Dies trifft insbesondere deshalb zu, weil die Konsequenzen einer postmodernen Transformation gesellschaftlichen und sozialen Lebens nur wenig mit all ihren Verästelungen durchdacht sind, ja im Sinne eines postmodernen Diskurses überhaupt nicht einheitlich formuliert werden könnten.

> „Letztendlich, so sagt Lyotard, geht es darum, ‚die philosophische Politik' aufzubauen. Im Gegensatz zur ‚Politik der Intellektuellen' und der ‚Politik der Politiker', die beide Standpunkt-Politik betreiben, muß der postmoderne Politiker ein ‚Widerstreit-Politiker' werden, der erkennt, daß inkommensurable Rechte aneinander scheitern und daß die politische Aufgabe und Lösung nicht darin bestehen kann, dem einen ‚richtigen Standpunkt' zum Sieg zu verhelfen, sondern daß es jenseits solcher Durchsetzung mit dem unaufhebbaren Konflikt der vielen legitimen Ansprüche anders und noch einmal im Sinne von Gerechtigkeit umzugehen gilt." (Fechner 1990, S. 64)

Eine in diesem Sinne „beratschlagende Politik" rechnet mit dem Widerspruch und läßt Differenzen hervortreten.

Perspektiven dieser Art bedingen nicht nur schwierige Lernprozesse in den gesellschaftlichen Institutionen, sondern auch auf Seiten der Individuen. „Ohne Angst verschieden sein" (Welsch 1990) verlangt die Souveränität, „... das Ich nicht zu arretieren, sondern zu öffnen. Es gilt, seine Identität so auszubilden, daß sie der aktuellen Pluralität gewachsen, Identität in Übergängen ist" (Welsch 1990, S. 197). Helmut Dubiel (1986b) charakterisiert die Perspektiven eines postmodernen Sozialcharakters in einer Weise, die Hinweise auf eine gesellschaftstheoretische Einordnung des Konzepts „Empowerment" gibt:

> „Und so ist die sozialstrukturelle Entgrenzung marktrationalen Verhaltens der erste Schritt in einem langen Lernprozeß, in dem marginalisierte Gruppen und Individuen es lernen, Subjekte ihrer legitimen Interessen zu sein ..., so daß keine gesellschaftliche Gruppe mehr von dem Prozeß der normativen Ausrichtung der Politik, der kulturellen Vergegenwärtigung ihrer Ziele und Mittel, ausgeschlossen wäre." (Dubiel 1986b, S. 281).

Die für den psychosozialen Bereich handlungsrelevante Frage, die hier zu stellen ist, hat Chris Leadbeater (1988) formuliert: „Auf welche Weise können die Menschen mehr Verantwortung erlangen, um mit einem bestimmten Problem aktiv umgehen zu können und die Lösung mitzubestimmen?" (Leadbeater 1988, S. 421).

Die Debatte um eine Politik der Differenz, um das Ende der Meta-Erzählungen der Moderne und damit vieler bislang gültiger gemeinsamer sinnstiftender Werte spielt sich daher nicht nur auf der Bühne sozialphilosophischer Diskurse ab. Sie hat längst auch die Grundlagen psychosozialer Handlungsfelder erreicht und sorgt dort in besonderem Maße für Verunsicherung, weil gerade diese Bereiche gesellschaftlicher Arbeit auf gemeinsame Werte, auf

„Menschenbilder" angewiesen sind, die für die Professionellen selbst und für ihr Klientel Orientierungen bieten. Jedoch bleibt die Frage bestehen, wie diese Lernprozesse ermöglicht und gefördert werden könnten, und welche Rolle psychosoziale Institutionen alten und neuen Stils dabei spielen können. Das Verständnis der Auswirkungen postmoderner Individualisierungs- und Freisetzungsprozesse stellt die Voraussetzung für die Entwicklung von Handlungsoptionen dar.

In diesem Zusammenhang ist es interessant, die Analysen von Edward Sampson (1985, 1988) zu betrachten, der das westliche Konzept „persönlicher Identität" einer genauen Prüfung unterzieht: Tiefgreifende Veränderungen in unserer Gesellschaft zeigen bis in den Alltag jedes Individuums hinein ihre Auswirkungen, dies ist der einhellige Tenor soziologischer, philospophischer und sozialpsychologischer Analysen im Rahmen der Postmodernitätsdebatte der letzen Jahre (Rötzer 1983; Keupp 1987; Habermas 1985 u. v. a.). Die sich stabilisierende und weite Bevölkerungskreise betreffende strukturelle Arbeitslosigkeit und der damit verbundene Verlust lebenslanger Perspektiven ist Ursache und Auswirkung dieser Identitätskrise (Bonss/Keupp/Koenen 1984). Ein hoher Flexibilitätsdruck – nicht nur im Arbeitsleben, sondern auch im privaten Bereich – sorgt für eine erhöhte Mobilität (zu den Auswirkungen siehe Sachs Pfeiffer 1989) und eine damit verbundene zunehmende Auflösung traditioneller Lebensformen (Kleinfamilie, stabile Partnerschaften, lokale Bezüge) und der dazugehörigen Mechanismen sozialer Unterstützung. Eine sich drastisch verstärkende weltweite ökologische Krisenstimmung (Cramer 1989) erhöht den Grad allgemeiner Verunsicherung, dem Bewohner der westlichen Welt – einer Welt, deren sicher geglaubte Eckpunkte sich durch ihre eigene Dynamik aufzulösen beginnen (Beck 1986) – ausgesetzt sind. Dies umso mehr, als die traditionellen westlichen Werte wie Freiheit, Leistung, soziale Verantwortung und Autonomie weiterhin einen hohen Stellenwert besitzen, jedoch nur noch fragmentiert eingelöst werden können:

„Zum einen wird die Welt immer mehr vereinheitlicht, Angebote immer ähnlicher; zum anderen in ihrer Vielfalt und Komplexität weniger durchschaubar für den Einzelnen. Die Kluft zwischen der Alltagswelt der Einzelnen und der von den Einzelnen nicht kontrollierbaren Ereignisse in der Gemeinschaft sowie im globalen Kontext wird immer grösser. Um diesen Tendenzen entgegenzuwirken, unter Hinzunahme neuerer Impulse, die unmittelbar durch die Medien transportiert werden, versucht der Einzelne sich zunehmend mehr abzugrenzen und nach aussen hin zu definieren. Das Phänomen der Ausdifferenzierung von Lebensstilen wird hervorgerufen durch die Bedürfnisse und Fähigkeiten der Einzelnen, Kontrolle auf die Gestaltung und Nutzung mindestens der eigene Umwelt auszuüben. Lebensstile werden entwickelt, verworfen, von Gruppe zu Gruppe übertragen. Lebensstile werden nicht nur angezogen wie Kostüme für die Konfrontation auf der öffentlichen Bühne der Stadt. Vielmehr wiederspiegeln sie wachsende, sich ändernde Wertorientierungen." (Sachs Pfeiffer 1988, S. 107)

Edward Sampson (1988) versucht zu zeigen, daß diese westlichen Werte kaum durch ein Identitätsbild erfüllt werden können, das das Individuum als zentrales Einzelwesen begreift, das seine eigenen Freiheiten und Ziele unabhängig von sozialen Bezügen zu verwirklichen sucht (self-contained individualism). Ein Vergleich mit nicht-westlichen Kulturen (Japan, Südsee usw.) ergibt, daß in diesen Kulturen ein Identitätsbild, das nicht integraler Bestandteil eines sozialen und ökologischen Kontextes ist, überhaupt nicht vorstellbar ist. Die Analyse dieser Kulturen zeigt aber, daß genau die in unserer heutigen Gesellschaft so hoch gehaltenen Werte wie Freiheit, Leistung und Autonomie durch dieses Selbstverständnis eines „self-embedded individualism" erreicht wird. In einer früheren Arbeit nennt Sampson (1985) den Unterschied zwischen einem egozentrischen und soziozentrischen Weltbild:

„... the dominant view in Western culture maintains that (a) order and coherence are achieved by means of (b) seeking control and mastery over the world through (c) a person system designed to achieve control, which is thereby characterized as (d) a centralized, equilibrium-preserving structure.
The contrasting sociocentric ideal maintains that (a) order and coherence are achieved by means of (b) seeking to fit into the ongoing scheme of things through (c) a person system designed to minimize self-other distinctions, which is thereby characterized as (d) a decentralized, nonequilibrium structure." (Sampson 1985, S. 1204 f.)

Eine Identitätsauffassung, die die eigene Person als den ruhenden Pol betrachtet, um den sich die Welt dreht, paßt nur, so Sampson, zu einer Welt, deren Bedingungen und äußere Stabilität diese zentralisierte Wirklichkeitsauffassung zuläßt. Dies trifft auf unsere heutige Gesellschaft und ihre vielfältige Struktur, mit ihren dementsprechend kaleidoskopartig sich ändernden Bezügen und Beziehungen, nicht mehr zu.

Den Ausweg aus diesen Verunsicherungen, sich die eigene Identität je nach Situation immer wieder neu zu erarbeiten und zu lernen, die eigene soziale Welt mit verschiedenen, parallelen Identitäten zu gestalten, belegt Heiner Keupp (1989) mit dem Attribut „riskante Chancen", da die durch diese Freisetzungsprozesse gewonnenen Gestaltungsmöglichkeiten vom Zugang zu materiellen und sozialen Ressourcen abhängen, also Gewinne und Verluste möglich sind.

In ähnlicher Weise deuten sich Konsequenzen für die helfenden Professionen an. Der Versuch, eindeutige professionelle Wissensbestände und Methoden zu einem stabilen Gehäuse der eigenen Professionalität zu zimmern, hat in der praktischen psychosozialen Arbeit überhaupt keine Tradition, in der Psychologie gelang dies nur im Bereich des wissenschaftlichen „Main-stream" durch die Imitation einer veralteten naturwissenschaftlichen Eindeutigkeit, die die sogenannten „harten" Wissenschaften (Physik und Mathematik) selbst schon längst aufgegeben haben (Russell 1972). Psychosoziale Tätigkeit ist – insbesondere in ihrer praktischen Form – eine Tätigkeit in Widerspruchsfeldern (Beerlage/Kleiber 1991). Diese Widersprüchlichkeiten können jedoch in der beruflichen Sozialisation, der professionellen Identität und in den unterschiedlichen gesetzten Anforderungen der Praxis nur selten aktiv und reflexiv genutzt werden. Heiner Keupp (1992b) plädiert vor diesem Hintergrund für eine „Wiedergewinnung kritischer Reflexivität":

> „Durch einen solchen Auszug aus dem disziplinierenden Identitätsgehäuse entstehen neue Identitätsmöglichkeiten: Von der ‚Imitations-Identität' zu einer Pluralität ‚erarbeiteter Identitäten'." (Keupp 1992, S. 13)

Die Herausforderung besteht heute darin, die freigesetzten Teile gesellschaftlicher und professioneller Identität nicht nur als Bruchstücke wahrzunehmen, sondern sie als variable Teile eines Puzzles zu nutzen und die darin liegenden Potentiale der Gemeinsamkeiten zu entdecken.

2.1.2. Gemeinschaft als Chance? – Kommunitarismus als Wiederbelebung des Gemeinsinns

Auf den ersten Blick scheint der Diskurs des „Kommunitarismus" die einer Diagnose der Postmoderne entgegengesetzte Strömung zu sein. Dem Zwang zur Vielfalt moderner Lebensstile wird in vielen kommunitaristischen Schriften das Postulat der Einheit, der gemeinschaftlich einigenden Werthaltungen und -bindungen gegenübergestellt. Als zentrale Fragestellung wird allgemein formuliert

> „... wie ein übergreifender Wertzusammenhang beschaffen sein kann, der einerseits durch neue Formen der gesellschaftlichen Solidarität den destruktiven Tendenzen einer weiteren Individualisierung entgegenwirkt, ohne andererseits dem radikalen Pluralismus liberaler Gesellschaften zuwiderzulaufen" (Honneth 1992a, S. 23).

Werden im Diskurs um die Postmoderne die positiven Seiten der „Befreiung des Selbst" und der Individualisierung mit ihren Potentialen der Gestaltbarkeit herausgestellt, so betrachten Kommunitaristen diese Entwicklungen mit Sorge und befürchten eine „uneingeschränkte Freiheitsentfaltung" (Albers 1992), die die Solidarität und den Gemeinsinn als Grundlage unseres sozialen Zusammenlebens in Frage stellt und potentiell auflöst. Das Leitbild des Kommunitarismus kann insofern mit der „Rettung des Sozialen" in einer von einem weitgehend instrumentellen Individualismus beherrschten Gesellschaft bezeichnet werden. Die Erfahrung der Gemeinschaft

„…ist die Erfahrung von Menschen, denen es gelingt, gegen ein Klima von Entfremdung oder gar Repression eine Bewegung zu mobilisieren, mittels derer sie ihre Interessen in Angelegenheiten einbringen können, die sie selbst betreffen. Wenn Bürger sich gegen eine Diktatur organisieren oder Mieter sich gegen den Abbruch eines Hauses zur Wehr setzen, machen sie die Erfahrung eines starken Gemeinschaftsgefühls: Sie verfolgen ein gemeinsames Ziel, empfinden ihre Stärke bei dessen Durchsetzung und achten sich als Menschen, die ihr Schicksal selbst in die Hand nehmen" (Taylor 1993, S. 11).

Für eine lebendige Demokratie sind – nach Meinung der Kommunitaristen – gemeinsam geteilte, einheitsstiftende „kommunitäre Werte" notwendig, die Heiner Keupp (1994) in Anlehnung an Charles Taylor wie folgt formuliert:

„(1) Solidarität ist unteilbar und insofern ein einheitsstiftender Wert. Die Gesellschaftsmitglieder definieren sich als ‚Beteiligte am gemeinsamen Unternehmen der Wahrung ihrer Bürgerrechte'. Der Antrieb dafür ‚kann nur aus einem Gefühl von Solidarität kommen, das die allgemeine Verpflichtung zur Demokratie übersteigt und mich mit jenen anderen, meinen Mitbürgern, verbindet' (Taylor 1993, S. 14).
(2) Partizipation ist die zweite Grundbedingung für Demokratie. Wichtig sind hier soziale ‚Bewegungen, in denen sich Bürger selbst organisieren, um auf den politischen Prozeß einzuwirken. … Diese Bewegungen erzeugen einen Sinn für zivile Macht, ein Gemeinschaftsgefühl bei der Verfolgung von Zielen' (Taylor 1993, S. 16). Taylor plädiert für eine ‚weitgespannte Vielfalt von Formen direkter Partizipation' und für die Schaffung dezentraler politischer Einheiten, die ‚eine Beziehung zu lebendigen Identifikationsgemeinschaften haben (müssen)' (Taylor 1993, S. 17).
(3) Sinn für gegenseitigen Respekt ist die dritte zentrale Bedingung. ‚Ohne diesen Respekt bliebe es unverständlich, warum das Gemeinwesen die Bürgerrechte gemeinschaftlich verteidigt. Wenn auch nur eine regional, ethnisch, sprachlich oder wie immer bestimmte Gruppe von Bürgern Anlaß zu der Annahme hat, daß ihre Interessen übergangen werden oder daß sie diskriminiert wird, ist die Demokratie in Frage gestellt.' Besonders die Erfahrungen sozialer Ungleichheit bedrohen die demokratischen Grundwerte und deshalb kommt den ‚Einrichtungen des Wohlfahrtsstaates' eine so zentrale Bedeutung zu: ‚Er hat entscheidend dazu beigetragen, daß sich die Bürger gegenseitig eine gewisse Achtung bezeugen.' (Taylor 1993, S. 18)." (Keupp 1994, S. 8)

Unter der Flagge der Kommunitaristen versammeln sich – kein Wunder bei einer begrifflichen Spannbreite von „gemeinschaftlichen Werten" und „Sinngebung" bis hin zu „Solidarität" – GesellschaftstheoretikerInnen und SozialphilosophInnen von links bis rechts, von Neokonservativen bis zu alternativen „grass-roots"-Apologeten. Oberflächlich betrachtet haben sie eine Gemeinsamkeit: die mit unterschiedlicher Diktion vorgetragene Forderung nach solidarischen Normen, die den Wert der Gemeinschaft wie auch die individuelle Wertebasis bestimmen müssen, um der Vorstellung autonomer, selbstbestimmter Individuen einen sozialen Rahmen zu geben, der für die Identitätsentwicklung des/der einzelnen und für ein soziales Zusammenleben in einer modernen Gesellschaft unabdingbar erscheint. Natürlich finden sich bei genauerer Betrachtung zwischen den eher konservativen Auslegungen der Forderung nach moralischen Grundwerten und den liberalen Vorstellungen gemeinschaftlicher Solidarität entscheidende Unterschiede. Der einfache Rückbezug auf die Werte der Gemeinschaft läuft Gefahr „... zur ideologischen Begleittheorie einer rückwärtsgewandten Modernitätskritik zu werden" (Honneth 1992b, S. 118). Dies ist dann der Fall, wenn die positiven Folgen der Freisetzungsprozesse von sozialen Zwängen, Normen und sozialer Kontrolle, die prinzipiellen Gestaltungsmöglichkeiten individuellen und sozialen Lebens, zugunsten abstrakter und wiederum normativer gemeinsamer Werte (z. B. Nationalgefühl, Primat der traditionellen Familienstrukturen) aufgegeben werden sollen (etwa McIntyre 1987). Individuell sinnstiftende gemeinsame Werte können jedoch nur unter liberalen Bedingungen hergestellt werden; benötigt werden daher breitgestreute und vielfältige Möglichkeiten der Partizipation und sozialen Teilhabe für alle Bevölkerungsgruppen, durch die die Zustimmung und Identifikation der einzelnen zu gemeinschaftlich geteilten Werten und dem Gemeinwesen entwickelt und immer wieder erneuert werden kann (Walzer 1992; Dubiel 1994).

Die idealtypischen Werte einer Kultur der Kohärenz sind zwar leicht zu fordern, aber nur schwer in der Praxis einzulösen, nimmt man die oben beschriebene Diagnose der Postmoderne ernst. Helmut Dubiel (1994) formuliert daher auch sein Mißtrauen gegenüber den kommunitären Ansätzen, die allzu leicht totalitär anmuten und insofern auch vom konservativen Spektrum bevorzugt werden:

> „In Gesellschaften, in denen die Pluralität der Lebensformen und die soziale Relativität der eigenen Meinung und des eigenen Interesses nicht nur Gegenstand intellektueller Reflexion, sondern alltägliche Erfahrung geworden sind, müssen jene Quellen identitärer Gemeinschaftlichkeit versiegen, die der von den Kommunitaristen so gelobten ‚Kultur der Kohärenz' (Bellah) entspringen. Es sind nicht mehr Ähnlichkeiten des religiösen Bekenntnisses, ethnischer Merkmale oder nationaler Traditionen, die moderne Gesellschaften integrieren, sondern einzig ihr historisches Kapital ertragener Divergenz." (Dubiel 1994, S. 114)

Die im kommunitaristischen Diskurs zu Recht geforderte Entwicklung kollektiver Identitäten und der Bildung von Gemeinschaften benötigt daher die Erfahrung durchgestandener Konflikte und Divergenzen. Damit wird gesellschaftliche Konfliktfähigkeit zu einem notwendigen Merkmal des modernen Menschen:

> „Dieses in fundamentalen Konflikten sich herausbildende gemeinschaftliche Band stellt zugleich so etwas wie ein Potential gesellschaftlicher Reflexibilität dar. Freilich eine Reflexibilität, die unmittelbar mit keinem Bewußtsein mehr

assoziiert ist. Denn kein Individuum, keine Gruppe und keine staatliche Agentur hat mehr das Monopol auf sie, weil sie sich zwischen den Individuen ereignet. Unbewußt ist diese Reflexibilität auch deshalb, weil die Akteure, die sich in den Konflikten über die politische Selbsteinwirkung der Gesellschaft organisieren, allenfalls in exzeptionellen Situationen ein Bewußtsein davon haben, daß ihr Antagonismus zur Schaffung eines gemeinsamen Raumes beiträgt. Eines Raumes, der die Partikularität einzelner Gruppeninteressen überschreitet und sie zugleich mit anderen konfligierenden Interessen zusammenschließt." (Dubiel 1994, S. 115f.)

Als Medium für diese Prozesse „ertragener Divergenz" dienen die erzählten und überlieferten Geschichten einer Gesellschaft, also auch hier keineswegs die großen Meta-Erzählungen, sondern die Überlieferungen und Uminterpretationen einzelner und divergenter Bedeutungen:

> „Ihre Kraft gewinnen universalistische Prinzipien in der Gesellschaftskritik daher stets nur als ‚interne Kritik' konkreter Gesellschaften, d. h. vor dem Hintergrund einer gemeinsamen Geschichte, mit ihren vielfältigen Konflikten und Erwartungen – aus ihren ‚Gesprächsnetzen' von Legitimation und Protest." (Kallscheuer 1993, S. 155)

Hier zeigt sich bereits in der soziologischen Analyse die Notwendigkeit, kommunitäre Ansätze vor dem Hintergrund der Pluralität der Postmoderne zu verorten, also die Politik der Divergenz mit der Politik der Kohärenz zu vereinen. Der Katalysator kann dabei allerdings nicht die Herstellung von Harmonie sein, sondern die Auseinandersetzung mit divergenten Lösungen und die Lebbarkeit von Konflikten.

Auf der Handlungsebene müssen sich diese gesellschaftstheoretischen Forderungen allerdings mit der Psychologie und den sozialen Rahmenbedingungen der Individuen und Gruppen beschäftigen. Da sich die Fähigkeiten zur aktiven Auseinandersetzung mit Konflikten und unterschiedlichen Interessen gerade in unserer Gesellschaft nicht von selbst herausbilden, ist es notwendig, zu analysieren, wie Prozesse dieser Art ablaufen und welche Rollen Professionelle im psychosozialen Feld dabei spielen können. In einem Essay zu den zukünftigen Aufgaben der sozialen Arbeit hat Eckart Pankoke bereits 1986 in Rückbezug auf die Tönniesschen Kategorien „Gesellschaft" und „Gemeinschaft" formuliert: „Vielleicht braucht der Mensch heute nicht nur Hilfen zur Kontrolle seiner ‚gesellschaftlichen' Normalität, sondern auch zur Stärkung und Entwicklung der ‚gemeinschaftlichen' Solidarität" (Pankoke 1986, S. 37). Die Widersprüchlichkeit zwischen den individuellen Interessen und Konflikten und der Notwendigkeit gemeinschaftlicher, identitätsbildender Werte läßt sich dabei nicht normativ lösen, sondern nur in konkreten Handlungsoptionen, die eine gesellschaftliche Konfliktfähigkeit von Individuen, Gruppen und Strukturen ermöglichen.

2.1.3. Empowerment und gesellschaftliche Konfliktfähigkeit

Das Konzept „Empowerment" beschreibt auf der Handlungsebene das Verständnis von individuellen und gemeinschaftlichen Prozessen hin zu einer gesellschaftlichen Konflikt- und Gestaltungsfähigkeit. Dies bezieht sich auf die Pflege und den Aufbau struktureller Rahmenbedingungen oder sozialer Kontexte, sowie auf die Entwicklung einer professionellen Haltung mit dem Ziel, für Menschen die Möglichkeiten zu erweitern, ihr Leben zu bestimmen. Konkret geschieht dies in Zusammenhängen, in denen Individuen und Gruppen Erfahrungen von selbstorganisierter Gestaltungsfähigkeit in der Gemeinschaft machen können. Empowerment beruft sich dabei auf Werte, die die Gestaltungsmöglichkeiten einer postmodernen Gesellschaft mit der Erweiterung der Potentiale von Individuen und Gruppen hervorheben, wie auch die identitätsstiftenden Prozesse der Gemeinschaft.

Betrachtet man die oben skizzierte Debatte aus einer Handlungsperspektive psychosozialer Professionen, so zeigen sowohl der postmoderne Diskurs, als auch die meisten Spielarten des Kommunitarismus in der Art ihrer Argumentation und den anzunehmenden Folgen einseitige Aspekte:

(a) Die im Zusammenhang mit dem Diskurs der Postmoderne gestellte Frage nach der „dezentralisierten Identität des Subjekts" (Keupp 1989) sieht das Individuum als „Baumeister des Sozialen" und als „aktives Gestaltungs- und Organisationszentrum seiner sozialen Beziehungen und Lebenspläne". Die dahinterliegende Ethik ist der Glaube in die Macht des freien Willens und der individuellen Verantwortlichkeit, eine „libertäre Ethik" (Yeo 1993). Für die praktische psychosoziale Arbeit kann dies negative und positive Konsequenzen mit den entsprechenden Komplikationen haben: Einerseits wird damit angenommen, daß – wenn mit ausreichenden Informationen und Ressourcen ausgestattet – der/die einzelne die richtigen Entscheidungen für das eigene psychosoziale und gesundheitliche Wohlergehen selbst und eigenständig treffen kann; für diese Entscheidungen aber letztlich auch selbst verantwortlich ist. Andererseits bedeutet subjektive Freiheit und Verantwortung aber auch das Recht, die Wahl individueller Lebensstile, gesundheitsförderlicher Handlungsweisen o. ä. für sich selbst zu treffen, ohne sich nach Vorschriften und Regeln des Staates oder der Gemeinschaft richten zu müssen. Beide Schlußfolgerungen erweisen sich jedoch in der Realität als wenig praktikabel, da Wahl- und Handlungsfreiheiten auch in einer „postmodernen" Gesellschaft durch soziale Ungleichheiten mehr oder weniger empfindlich eingeschränkt sind und damit die individuelle Verantwortlichkeit für die eigene soziale Situation allzuleicht zu einer zynischen, weil modernisierten und verdeckten, Variante des „blaming the victim" verkommen kann.

Zudem kann diese Sichtweise durchaus als Entschuldigung für eine Reduzierung sozialstaatlicher Aktivitäten herhalten.

(b) Die Forderung nach gemeinschaftlichen Werten und Solidarität im Sinne des Kommunitarismus setzt tendenziell die Interessen der Gemeinschaft über die des Individuums. Aus dem Blickwinkel des/der einzelnen liest sich „Solidarität" schnell als moralische Pflicht gegenüber der Gemeinschaft und damit als potentielle Einschränkung individueller Freiheit. Mit dieser Haltung verbunden ist ein systemorientierter Blickwinkel psychosozialer und gesundheitlicher Interventionen. Die konsequente Argumentation einer kommunitaristischen Haltung auf der Handlungsebene psychosozialer Arbeit bedeutet, daß Einschränkungen individueller Freiheiten gerechtfertigt sind, wenn (a) negative Auswirkungen für andere Mitglieder der Gemeinschaft zu erwarten sind, (b) diese Einschränkungen oder Vorschriften der Gesundheit oder dem Wohlbefinden des Individuums zugutekommen, oder (c) die Gemeinschaft als Ganzes davon profitiert oder von ihr Schaden abgewendet werden muß. Eine rein „kommunitäre Ethik" (Yeo 1993) hat daher tendenziell totalitäre Züge (Dubiel 1994), die die Gefahr beinhalten, einem sonst allgemein geteilten Ziel (z. B. Gesundheitsförderung) vereinseitigte moralische Wertvorstellungen überzustülpen.

Es ist offensichtlich, daß für beide Denkansätze und Werthaltungen wichtige Argumente angeführt werden können, sich beide Ansätze aber teilweise auch widersprechen. Entscheidet man sich jedoch für eine der beiden Haltungen, kommt es zu vereinseitigten, teilweise sogar totalitären Lösungen. Für eine psychosoziale Handlungsperspektive ist daher eine gegenseitige Ergänzung einer „Politik der Differenz (Postmoderne)" und der „Politik der Kohärenz (Kommunitarismus)" nötig.

In seinem grundlegenden Artikel zum Empowermentkonzept hat Julian Rappaport (1985) bereits auf die Gefahr der Vereinseitigung von Arbeitsansätzen durch konvergentes Denken in der psychosozialen Arbeit hingewiesen. Konvergentes Denken besagt, daß eine ursprünglich große Anzahl von Lösungen für ein Problem in Richtung der „richtigen" Antwort konvergieren, d. h. eine Lösung stellt sich mit der Zeit als „stabil" als die als richtig anerkannte heraus. Diese eindeutig „richtigen" Lösungen oder Herangehensweisen mögen in einigen Fällen in der materiellen Welt vorhanden sein, im sozialen Bereich existieren sie praktisch nicht. Soziale Systeme sind ihrem Wesen nach paradox (Rappaport 1985, S. 258 f.), d. h. sie erscheinen nicht nur widersprüchlich, sondern sind tatsächlich paradox, weil sie zwei oder mehrere gleichwertige und praktikable Sichtweisen ermöglichen, die sich, werden sie für sich betrachtet, gegenseitig widersprechen und einschränken. Nach Rappaport bestehen die meisten sozialen Fragen aus dem zentralen Gegensatz von zwei oder mehreren gültigen, d.h. moralisch gleichwertigen Prinzipien. Deshalb haben die meisten sozialen Fragen auch zwei oder mehrere „richtige" Lösungen. Daher besteht nach Rappaport (1985) eine der wichtigsten Herausforderungen psychosozialer Professionen darin, die Widersprüchlichkeit und die paradoxe Natur sozialer Probleme, und damit die Vielfalt möglicher Lösungen zu erkennen (divergentes Denken):

> „Wenn die ökologische Sicht des Menschen ein Mittel gegen professionelle Arroganz darstellt, dann ist die Medizin gegen die Mittelmäßigkeit im psychosozialen Handeln die Suche nach Widersprüchlichkeit." (Rappaport 1985, S. 264)

Die beiden Diskurse um Postmoderne und Kommunitarismus sind ein gutes Beispiel für die Widersprüchlichkeit und Paradoxie zweier Werte: individuelle Freiheit versus Werte der Gemeinschaft. Beides sind Forderungen bzw. Vorstellungen auf der sozialphilosophischen Ebene. Beim Versuch der Umsetzung auf der handlungsorientierten Ebene stellt man fest, daß beide Werte als Idealtypen in der Realität nicht als a priori existieren. Beides, individuelle Freiheit und Gestaltbarkeit und ein Leben nach den Werten der Gemeinschaft, ist nicht einfach vorhanden und läßt sich auch durch die einfache Zuschreibung dieser Merkmale nicht herstellen. Die Herausforderung besteht viel eher darin, den Gemeinschaftsgeist herauszubilden, individuelle Gestaltungsfreiheit nicht zu vernachlässigen und dafür entsprechende soziale Zusammenhänge zu ermöglichen und Ressourcen bereitzustellen.

Nach Michael Yeo (1993) birgt das Empowermentkonzept die Möglichkeit, die Kluft zwischen den kommunitären Werten und der Annahme individueller Freiheit und Verantwortung auf der Handlungsebene zu überbrücken. Verantwortung wird dabei nicht – im Gegensatz zu „blaming the victim" – dem einzelnen Individuum zugeschrieben, sondern der Gemeinschaft und dem/der einzelnen im sozialen Kontext – in Familien, am Arbeitsplatz, in der Nachbarschaft oder BürgerInnengruppen.[14] Da die Bearbeitung vieler sozialer und gesundheitlicher Probleme gemeinsame und kooperative Aktivitäten erfordert, bietet eben die Gemeinschaft die Möglichkeit für Individuen, ihre Fähigkeiten und Handlungsmöglichkeiten zu entdecken und weiterzuentwickeln (siehe Abbildung 1).

---

[14] Hier ist mit Brickman (1982) die Unterscheidung zu treffen zwischen der Verantwortung für das Problem (blaming) und der Verantwortung für die Lösung. Der Bürgerrechtler Jessie Jackson hat diese Unterscheidung mit dem griffigen Motto illustriert: „You are not responsible for being down, but you are responsible for getting up!"

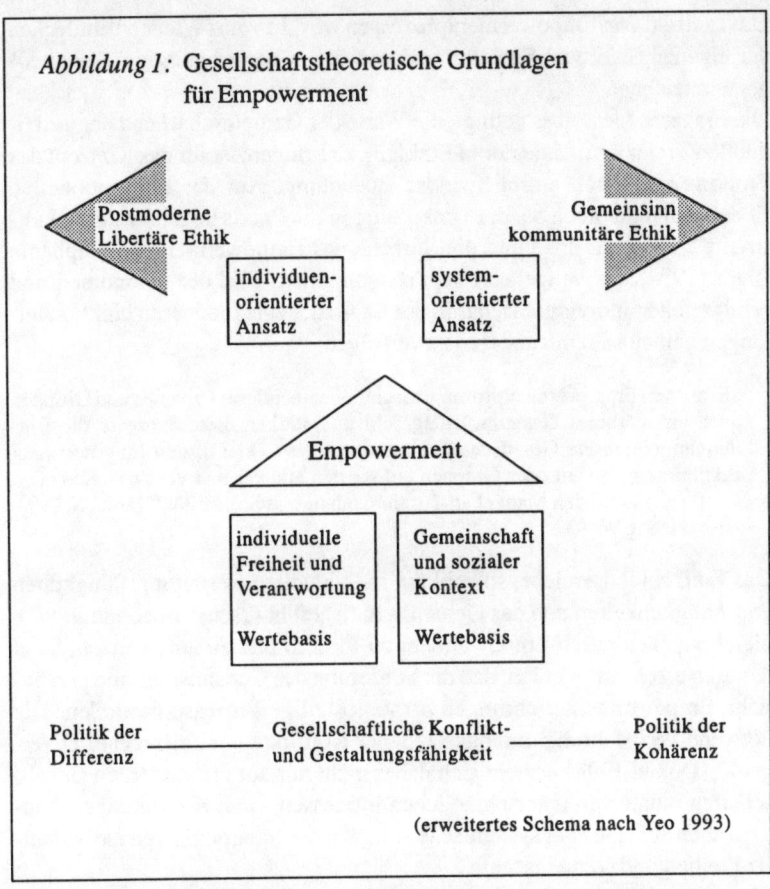

Abbildung 1: Gesellschaftstheoretische Grundlagen
für Empowerment

Postmoderne
Libertäre Ethik

Gemeinsinn
kommunitäre Ethik

individuen-
orientierter
Ansatz

system-
orientierter
Ansatz

Empowerment

individuelle
Freiheit und
Verantwortung

Gemeinschaft
und sozialer
Kontext

Wertebasis

Wertebasis

Politik der
Differenz

Gesellschaftliche Konflikt-
und Gestaltungsfähigkeit

Politik der
Kohärenz

(erweitertes Schema nach Yeo 1993)

Entscheidend für den Ansatz des Empowerment ist daher die Aneignung eines „divergenten Denkens", das die Entdeckung von Ressourcen auf allen Ebenen und damit auch die Möglichkeit überraschender Lösungen offenläßt.

„Wenn ein Problem von Natur aus divergent ist, muß es viele Lösungen haben. Dies erfordert verschiedene Menschen mit unterschiedlichen Erfahrungen, die die Lösungen ausarbeiten. Empowerment ermöglicht eine Vielfalt regionaler statt zentralisierter Lösungsmöglichkeiten, die ihrerseits Lösungen fördern, die die verschiedenen Gegebenheiten in verschiedenen Orten, Kontexten und Nachbarschaften berücksichtigen. Das Augenmerk verschiebt sich dabei von einer einseitigen Betrachtung von Kompetenzen und Normen zur Anerkennung der Tatsache, daß soziale Probleme ebenso viele Antworten wie Definitionen haben können." (Rappaport 1985, S. 271)

Das Leitbild von Empowermentprozessen wird so vom (Wieder-)Entdecken der eigenen Stärke im Sozialen und von der „Überraschung im Gestalten" gekennzeichnet.

Die Frage, inwieweit es gelingt, die Werte der Gemeinschaft und der individuellen Freiheit miteinander in Einklang zu bringen, ist für das Konzept des Empowerment von entscheidender Bedeutung. Auf der konzeptionellen Ebene und mehr noch bei der Umsetzung in die Praxis liegen hier die „Fallstricke". Denn die Idee und die Sprache des Empowerment, so Stephanie Riger (1994), ist weitgehend geprägt von einem Bild des autonomen und erfolgreichen Individuums, das in der Lage ist, seine Interessen und Vorstellungen gemeinsam mit anderen zu verfolgen.

> „Erreichen Empowermentprozesse macht- oder rechtloser Personen und Gruppen auch ein stärkeres Gemeinschaftsgefühl und stärken diese Prozesse die Bindungen, die unsere Gesellschaft zusammenhalten? Oder fördert Empowerment bestimmte Personen oder Gruppen auf Kosten anderer und verstärkt dabei den Wettbewerb und den Mangel an Zusammenhalt und Solidarität?" (ebd., S. 290 – Übersetzung W. S.)

Das Ziel, beide Bereiche, sowohl die individuellen Gestaltungsfähigkeiten und -möglichkeiten und das Gemeinschaftsgefühl („sense of community"), gleichermaßen durch Empowerment zu fördern und zu unterstützen, kann dadurch erschwert werden, daß die Förderung des Gemeinsinns und persönliche Empowermenterfahrungen oft gegenteilige Prozesse darstellen. Die notwendige Erfahrung durchgestandener Konflikte und „ertragener Divergenz" (Dubiel 1994) bezieht sich daher nicht nur auf die modernen Gesellschaften inhärenten unterschiedlichen Interessens- und Konfliktlagen, sondern auch auf eine eher systemische Aufgabe der Integration von individueller Freiheit und Gemeinschaft.

2.1.4. Demokratischer Populismus

Obgleich Empowermentprozesse vor allem auf der Ebene der Gemeinschaft und in eher lokalen Bezügen stattfinden, ist die Botschaft des Empowermentkonzepts implizit auf der politisch-gesellschaftstheoretischen Ebene angesiedelt: Es geht darum, die Teilhabe an den sozialen Entscheidungen in unserer Gesellschaft zu egalisieren und zu demokratisieren. Der Begriff „Entscheidungen" beschränkt sich hier nicht nur auf das offensichtliche politische Feld, sondern bezieht sich auch und gerade auf soziales Handeln. Individuen wie soziale Gemeinschaften müssen in einer pluralen Welt reflexive Entscheidungen treffen können, die zu persönlichem Wachstum und einer Verbesserung ihrer Lebensqualität führen können. Die gesellschaftspolitische Aufgabe besteht darin, solche sozialen Entscheidungen überhaupt zu ermöglichen und die dazu notwendigen Grundlagen zu sichern.[15] Empowerment beschreibt und initiiert spezifische Prozesse der Selbstorganisation und gegenseitigen Unterstützung, die über soziale Aktion implizit politisches Bewußtsein schärfen und eine kollektive Teilhabe an sozialen und politischen Entscheidungen jenseits parlamentarischer Strukturen ermöglichen.

Die heute erhobenen Forderungen nach Teilhabe und das Interesse für Konzepte, die diese Forderungen unterstützen, machen ein zunehmendes Mißtrauen gegenüber sozialtechnologischen Ansätzen deutlich. Darin enthalten sind eindeutig eine kritische Haltung gegenüber den ExpertInnen einer sozialen Dienstleistungsgesellschaft (Olk 1986), die nur oberflächlich die negativen Auswirkungen eines kapitalistischen Wirtschaftssystems mildern können. Die Frage stellt sich allerdings, welcher Weg hier zu wählen ist, wenn die bewährten Mittel wohlfahrtsstaatlicher Sozialtechnologie als nicht mehr erfolgreich erlebt werden können.

Peter L. Berger und Richard Neuhaus haben in ihrem 1977 veröffentlichten Essay „To empower people" die Grundstrukturen unserer wohlfahrtsstaatlichen Sozialpolitik und der damit verbundenen fürsorgenden Institutionen und ihre Konsequenzen für das Individuum analysiert. Sie problematisieren die Auswirkungen immer weiter wachsender Bürokratien und anderer „megastructures" (Medien, Wirtschafts- und Wohlfahrtskonzerne), die für das Individuum, trotz ihrer Aufgabe, zu helfen und zu unterstützen, zum größten Teil entfremdend und undurchschaubar wirken. Diese Strukturen geben dem/der einzelnen nur wenig Halt für die Entwicklung einer eigenen Identität im gesellschaftlichen Raum. Diese Unterstützung ist aber auch in der privaten Sphäre immer weniger zu finden: die traditionellen sozialen Strukturen der Familie oder der Nachbarschaft sind erodiert; das Individuum, befreit von den Schranken und Halteschlaufen herkunfts- oder klassenorientierter Identität, sieht sich genötigt, sein eigenes Dasein in verschiedenen sozialen Situationen immer wieder neu auszuhandeln (Beck 1985; Keupp 1988).

Für Berger und Neuhaus (1977) erzeugen solche Entwicklungen eine „doppelte Krise": Individuell entsteht die Notwendigkeit, zwischen den „harten"

---

15 Einer der Slogans gesundheitsfördernder Politik der Weltgesundheitsorganisation (WHO) greift den Begriff „Entscheidungen" direkt auf: „Make the healthier choice the easier choice" steht für ein Programm, das im Rahmen von Gesundheitsförderung gezielt gemeinschaftliche Empowermentprozesse fördern will (WHO 1991).

Anforderungen gesellschaftlicher Strukturen und der aufgeweichten privaten Sphäre mit dem Zwang, sich beständig neu zu orientieren, einen Balanceakt zu vollführen. Politisch verlieren die sozialen, helfenden Institutionen und Strukturen wegen ihrer entfremdenden Art immer mehr an Bedeutung und werden als überkontrollierend und als nicht adäquat reagierend angesehen.

Empowerment ist für Berger und Neuhaus (1977) der notwendige Schritt, die negativen Auswirkungen der Modernisierung der Gesellschaft, die Gefühle der Machtlosigkeit und und des Kontrollverlusts über seine eigenen Belange angesichts der übermächtigen und anonymen Institutionen zu mindern. Grundlage für diese Position ist das Vertrauen, daß die Menschen in den allermeisten Fällen ihr Wohl selbst und/oder innerhalb ihrer direkten sozialen Umwelt bestimmen können. Zwischen dieser Alltagsfähigkeit und den nach wie vor notwendigen wohlfahrtsstaatlichen Strukturen – so Berger und Neuhaus (1977) – ist die Etablierung und Förderung „vermittelnder Strukturen", die Empowermentprozesse von Personen und sozialen Zusammenhängen fördern, unerläßlich. Im Zusammenhang mit dem Konzept „Empowerment" stellt sich daher die weitergehende Frage, inwieweit der relativ beschränkte Bereich der sozialen Arbeit respektive einer gemeindeorientierten Perspektive zu einer größeren Teilhabe der Menschen beitragen können und welche Begrenzungen hier zu konstatieren sind. – Damit läßt sich der Begriff „Empowerment" mit den „demokratisch-populistischen Strömungen" der letzten Jahre in Zusammenhang bringen, d. h. mit den Versuchen, sich gegen die Vorherrschaft des Staates oder der großen Konzerne „von unten" zu wehren und hierzu Sammelbewegungen oder lokale Initiativen zu organsieren.

Die Wurzeln moderner populistischer Bewegungen des 20. Jahrhunderts liegen nach Frank Riessman (1986) in den Farmer-Protesten der 30er Jahren im Süden und Westen der USA, die sich gegen den Einfluß und die Kontrolle des Staates richteten, gleichzeitig aber auch konservative und teilweise rassistische Züge hatten. Weitere Elemente sind die Betonung traditioneller Werte wie Familie, Nachbarschaft, Religion oder Patriotismus. Eine dritte Schiene repräsentieren populistische Ideologien der Basisbewegungen (grass roots), die die Idee der politischen Partizipation und der kooperativen, gemeinschaftlichen Aktion betonen. Der Rückgriff auf traditionelle Werte macht es leicht für eine konservative Politik, die populistischen Strömungen für ihre Zwecke einzusetzen (siehe auch Dubiel 1986). Das hat sich in vielen Kampagnen – in den USA wie auch in Europa – gezeigt (weniger Steuern, weniger Bevormundung durch staatliche Kontrolle usw.), in denen von konservativen Politikern „die Meinung des Volkes" aufgegriffen und instrumentalisiert wurde, und ist auch heute – siehe Ausländerhaß – wieder oder nach wie vor sehr einflußreich (ein Abriß der historischen Wurzeln populistischer Strömungen und Versuche der gesellschaftspolitischen Einordnung finden sich bei Puhle [1986] und Dubiel [1986]).

Riessman (1986) und auch Dubiel (1986) weisen jedoch zurecht darauf hin, daß populistische Bewegungen immer auch progressive Elemente beinhalten. Antonio Gramsci etwa sah in der Alltagskultur und im Alltagsverstand (senso comune) eine wichtige, demokratische Ergänzung zu einer fortschrittlichen Hochkultur – die notwendige Verschmelzung

> „... vom Wissen zum Verstehen, zum Fühlen und umgekehrt, vom Fühlen zum Verstehen, zum Wissen. Das volkstümliche Element ‚fühlt‘, aber versteht und weiß nicht immer, das intellektuelle Element ‚weiß‘, aber versteht und insbesondere ‚fühlt‘ nicht immer ... Der Irrtum des Intellektuellen besteht darin (zu glauben), daß man wissen kann, ohne zu verstehen und insbesondere zu fühlen ...“ (Gramsci 1975, 1377 ff.)

Riessman (1986) sieht vor allem im sich immer weiter verbreiternden Wunsch nach mehr Kontrolle über die eigenen Lebensumstände ein zentrales Kennzeichen eines demokratischen Populismus. Dieser äußert sich vor allem in lokalen Strukturen und in einer Vielfalt von Initiativen, deren Ziele von der gemeinsam Begrünung des Hinterhofs eines Mietshauses, über die Forderung nach Verkehrsberuhigung eines Wohnviertels bis hin zu einer verbesserten Aufklärung von Verbrauchern und einer Mitsprache der Nutzer an sozialen Diensten, stadtübergreifenden Sanierungsplänen oder an spezifischen Bereichen kommunaler Politik (unter vielen anderen z. B. Verkehrs-, Behinderten-, Kinderpolitik) führen. Der vermeintliche Rückzug engagierter BürgerInnen auf „kleine“ Themen oder „Ein-Punkt-Interessen“ ist nach Riessman (1986) mit der Hilflosigkeit der einzelnen in Bezug auf übergreifende Themen wie Außenpolitik oder Wirtschaftspolitik erklärbar. In einer Zeit globaler Verflechtung fast aller makropolitischer Themen werden diese oft genug grob vereinfacht oder mystifiziert wahrgenommen[16], was bei vielen Menschen schnell zu Frustration oder Abwehr führen kann. Ein Gefühl der Stärke, etwas bewirken zu können, und die Entwicklung damit zusammenhängender Kompetenzen muß daher zunächst in kleineren, überschaubaren Einheiten (wieder)gewonnen werden.

Der Begriff „Populistisches Moment“ (Goodwyn 1978; siehe auch Dubiel 1986) zeigt, daß demokratisch-populistische Strömungen und Empower-

---

16 Verfolgt man die aktuellen Diskussionen übergreifender oder weltpolitischer Themen in den Medien, so ist bezeichnend, wie sehr auch gewählte oder selbsternannte PolitikerInnen dieser Tendenz zur Vereinfachung komplizierter Sachverhalte erliegen.

ment nicht nur eine Reihe inhaltlicher Ziele teilen, sondern auch im Prozeß (im Ablauf) Ähnlichkeiten aufweisen:

> „Populistische Momente sind dadurch gekennzeichnet, daß den affektiven Bindungen betroffener Bevölkerungsgruppen an die überkommene soziale Ordnung abrupt der Boden entzogen wird. Ihre herkömmlichen Orientierungen verlieren schlagartig nicht nur ihre ökonomische Basis, sondern auch ihren kulturellen Ort in der gesellschaftlichen Rationalität." (Dubiel 1986, S. 47)

In lokalen Zusammenhängen sind solche „populistischen Momente" die Auslöser von individuellen und kollektiven Empowermentprozessen, die im Rahmen sozialer Aktionen zu politischen Bewußtseinsprozessen führen können. Diese Momente münden nach Dubiel jedoch nur dann in demokratisch-progressive Entwicklungen ein, „... wenn die Träger politischer Willensbildung nicht nur als staatliche Autorität in die Gesellschaft hineinwirken, sondern in nichtstrategischen Absichten Gelegenheiten schaffen für herrschaftsfreie Diskurse" (ebd., S. 47).

Gesellschaftspolitisch befinden wir uns also in einer Phase, in der eine Erneuerung überkommener Machtstrukturen (und ihrer Auswüchse) der parlamentarischen Demokratie und ihrer wohlfahrtsstaatlichen Strukturen in der Auseinandersetzung mit Forderungen nach mehr Mitbestimmung und den Einmischungsstrategien sozialer und ökologischer Basisbewegungen nicht nur erlaubt, sondern gezielt gefördert werden muß. Dies im Sinne eines demokratischen Populismus, der dem vielfach desavouierten „Gespenst des Populismus", von vielen PolitikerInnen mißbraucht und instrumentalisiert, eine politische Kultur entgegensetzt, die

> „... den anderen ernst nimmt, und ihn, statt zu verführen, ihn zu führen und ihm ein Gemeinschaftserlebnis, eine Gemeinschaftserkenntnis oder – erfahrung zu vermitteln sucht. Führen nicht im Sinne eines Meinungs- oder Geschmacksdiktats, sondern im Sinne eines produktiven Dialogs, der Kräfte freisetzt, anstatt sie zu binden oder zu stauen" (Friedrich 1992, S. 173).

Empowermentprozesse, ihre Analyse, und ihre Förderung können hier ein wichtiges Bindeglied zwischen übergreifenden gesellschaftstheoretischen Themen und Strategien und den gemeinschaftlich aufs Kleine hin orientierten individuellen und kollektiven Bedürfnissen darstellen (Puhle 1986). Insofern bietet die aktuelle gesellschaftspolitische Situation Anschlußstellen für ein Konzept des Empowerment, das dem Ziel größerer sozialer Teilhabe zuarbeitet und die synergetischen Effekte der Gemeinschaft nutzt. Diesem Ziel näherzukommen erfordert jedoch, sich mit den Voraussetzungen partizipatorischer Prozesse auseinanderzusetzen.

2.2. Partizipation – oder: über die Schwierigkeit, sich einzumischen[17]

Es gibt nur wenige Begriffe oder Konzepte, die über Jahrzehnte hinweg so kontinuierlich mißverstanden und mißbraucht wurden und werden, wie die Begriffe „Partizipation" oder „BürgerInnenbeteiligung". Das „offizielle" Verständnis von BürgerInnenbeteiligung spannt sich von einer rein rhetorischen Figur, die politisch opportun vor allem in Wahlkampf- oder Krisenzeiten immer wieder benutzt wird, bis zu gesetzlich festgelegten Verordnungen, die BürgerInnenbeteiligung bei Sanierungs- und Stadtplanungsmaßnahmen zwar vorschreibt, deren Ausführung sich jedoch meistens in der amtlichen Bekanntmachung der Planungen erschöpft. Wird der Begriff „BürgerInnenbeteiligung" in Deutschland von offizieller Seite benutzt, so muß man ihn meist mit „Akzeptanzförderung" übersetzen. Tatsächliche Teilhabe an Entscheidungen ist nur in seltenen Fällen gewollt und wird eher auf verschiedenen Ebenen behindert (vgl. Bobzien u. a. 1991).[18]

Dabei hängt die Frage nach einer Teilhabe am gesellschaftlichen Leben und der Einmischung in (politische) Entscheidungen vom Ausgangspunkt ab: Ist die freie Wahl des Wohnens für die einen selbstverständlich und „nur" von ökonomischen Bedingungen abhängig, so wird dieses Recht z. B. für körperlich behinderte Mitmenschen oft durch paternalistische Entscheidungen massiv eingeschränkt, wenn es etwa darum geht, die zuständigen Behörden davon zu überzeugen, daß die sonst übliche Wohnform Ein-Personen-Haushalt im Gegensatz zu Heim oder Wohngemeinschaft bei Behinderten gleichwertig zu finanzieren ist. Der Bogen der Teilhabe oder Partizipation beginnt daher für manche betroffenen Gruppen an einem Punkt, der existentielle Fragen der Lebensführung berührt, und spannt sich weiter zu der Frage, weshalb es nicht möglich sein soll, daß BürgerInnen darüber selbst entscheiden, wie die Straße, an der sie wohnen, gestaltet werden soll, welche Form der Ener-

---

17 Für dieses Kapitel stütze ich mich zum größten Teil auf die Ergebnisse der Untersuchung „Von der Schwierigkeit, sich einzumischen. Über Partizipationsprozesse in der Gesundheitsförderung", die ich mit KollegInnen 1991 im Auftrag der Bundeszentrale für gesundheitliche Aufklärung durchgeführt habe (Bobzien/Geislinger/Hillenbrand/Stark 1991).

18 Deutschland erscheint hier gegenüber anderen westlichen Ländern wie den USA, den Niederlanden oder Großbritannien als Entwicklungsland. Gesetzliche Vorgaben über „consumer participation" finden sich in den genannten Ländern in weit detaillierterer Form, auch wenn dies nur wenig über die tatsächliche Effektivität von Beteiligungsformen aussagt (Trojan 1985).

gieversorgung sie bevorzugen oder wie Art und Qualität der Gesundheits-
versorgung für sie und ihre Kinder aussehen soll.

Neuere Standortbestimmungen und empirische Untersuchungen (Kranich
1990; Bobzien u. a. 1991) zeigen, daß BürgerInnenbeteiligung bei den BürgerInnen selbst längst mehr als ein „Teilnehmen" an von ExpertInnen ausgearbeiteten Programmen sei es im Gesundheits-, Sozial- oder Stadtplanungs-
bereich bedeutet. Im Rahmen neuer sozialer Bewegungen, der Selbsthilfe-
Bewegung und von BürgerInnen-Initiativen hat sich eine neue Form der Partizipation entwickelt, in der sich BürgerInnen nicht mehr nur als Individuen
oder über etablierte Organisationen (Verbände, Parteien) aktiv einmischen,
sondern in selbstorganisierten Gruppierungen gemeinsam ihre Interessen
„von unten" vertreten, wie dies Christoph Kranich (1990) in der Abbildung 2
veranschaulicht.

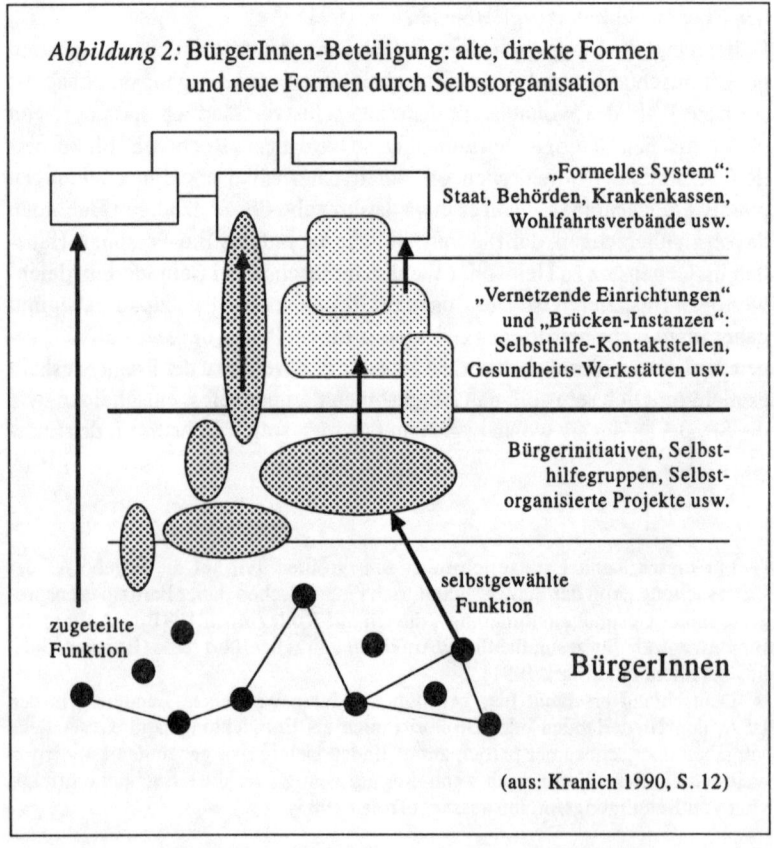

Abbildung 2: BürgerInnen-Beteiligung: alte, direkte Formen
und neue Formen durch Selbstorganisation

„Formelles System":
Staat, Behörden, Krankenkassen,
Wohlfahrtsverbände usw.

„Vernetzende Einrichtungen"
und „Brücken-Instanzen":
Selbsthilfe-Kontaktstellen,
Gesundheits-Werkstätten usw.

Bürgerinitiativen, Selbsthilfegruppen, Selbst-
organisierte Projekte usw.

selbstgewählte
Funktion

zugeteilte
Funktion

BürgerInnen

(aus: Kranich 1990, S. 12)

82

Eine nähere Betrachtung von Beispielen der BürgerInnenbeteiligung und Einmischung (vgl. Bobzien u. a. 1991) zeigt grundsätzlich drei Seiten partizipativer Prozesse:

(1) Ein zentraler Aspekt partizipativer Prozesse besteht darin, die Vorstellungen und Visionen der Menschen über ihr eigenes Leben und ihre soziale Umwelt in unterschiedlichen Situationen ernstzunehmen. Hier heißt partizipative Arbeit das Entwickeln von Phantasie und Utopien, Gestaltung von Lebensräumen. Dies ist nicht zu verwechseln mit der Teilnahme an oder Akzeptanz von expertenorientierten Programmen und Interventionen. Das aktiv gestaltende Element dieser Form der Partizipation bedarf

(a) eine Förderung sozialer Phantasie, die unter anderem mit Hilfe speziell dafür entwickelter Methoden (z. B. Zukunftswerkstatt, Szenario-Werkstatt u. ä) geschehen kann. Hier geht es zunächst darum, überhaupt Vorstellungen zur Gestaltung der eigenen sozialen Umwelt und des eigenen Lebens zu entwickeln. Diese werden in vielen Fällen noch weitgehend traditionell ausfallen. Sie stellen aber bereits den ersten Schritt einer aktiven Auseinandersetzung mit der eigenen Situation dar, erwecken den Wunsch nach mehr Information und eröffnen die Möglichkeit zu ungewöhnlichen Ideen, die oft schon verschüttet in den Köpfen der Menschen vorhanden sind;

(b) eine Situation der Fülle (Luxus), um Erfindungen machen zu können, um Ein-Fälle zu haben (siehe Abschnitt 1.3.). Diese Fülle kann verschiedene Formen annehmen. Sie geht von der „luxuriösen" Ausstattung der Umgebung (z. B. möglichst angenehme Arbeitsbedingungen, Tagungshaus oder sonstige Umgebung – nicht zu verwechseln mit „Verschwendung"), über den Luxus an Zeit oder vielfältigen Informations- und Produktionsressourcen (Bibliothek, Zeitschriften, Bildarchiv oder Pinnwände, Stifte, Wandzeitungen, Video etc.) bis hin zur Fülle der Themen; Fülle in diesem Sinn heißt auch, nicht bestimmte „störende" oder „angstmachende" Themen auszugrenzen (keine Tabuthemen);

(c) die Entwicklung der Fähigkeit des „Querdenkens", mit dem vermeintlich nicht zusammenpassende Elemente verknüpft werden. Hierfür ist Voraussetzung, sich für ein bestimmtes Thema viele verschiedenen Elemente zusammenzuholen, ihre Wirkung entfalten lassen und sie als Ressourcen zu nutzen und in unüblicher Weise zu verknüpfen (cognitive linkage). Ein Teil dieses Prozesses wird mit der Phantasiephase in den Zukunftswerkstätten angestoßen, für andere Teile eignet sich die Methode des „visioneering" (Parnes 1988). Gerade hier sind noch viele Fragen offen; die Kreativitätsforschung liefert nur wenig Hinweise darauf, unter welchen Bedingungen ein solches Querdenken zustandekommt und welche Bedingungen dieses fördern.

(2) Partizipation als Einmischung in traditionelle Felder der Gestaltung unserer Lebenswelt, d. h. auch in die Felder der Macht, bezeichnet das demokratische Element von Partizipation. Dieser Aspekt bedeutet ebenfalls eine Abkehr von den bisher verbreiteten offensichtlichen „Teilnahme-Strategien", in denen BürgerInnen bei der Verwirklichung verschiedener Aufgaben der Sozial- oder Umweltplanung „mit-machen" dürfen. Für die traditionelle Form der „Mitwirkung" werden den BürgerInnen häufig von Planern Leerräume zugestanden, die für die Realisierung des Gesamtprojekts von untergeordneter Bedeutung sind. Beispiele hierfür sind die in den 70er Jahren so gern mit sozialreformerischem Impetus realisierten Schlafstädte, in denen von (oft bekannten) SozialwissenschaftlerInnen (z. B. Alexander Mitscherlich als Berater bei der Planung von Neuperlach [München] oder Emmertsgrund [Heidelberg]) Kommunikationselemente oder gar -zentren baulich oder sozialplanerisch eingeplant[19] wurden. Sollte die Nutzung dieser „Kommunikation nach Plan" in kommunikationsfeindlichen Räumen tatsächlich einmal selbstständig von den BewohnerInnen aufgegriffen worden sein, so geschah das oft gegen den erbitterten Widerstand der offiziellen Planer und der Sozialbürokratien. So „wildwüchsig" hatte man sich das denn doch wieder nicht gedacht (zur ausführlichen Diskussion von „Teilnahme-" versus „Teilhabe-Strategien" siehe Sachs Pfeiffer 1989). Einmischung als demokratisches Element von Partizipation bedeutet dagegen die aktive Mitgestaltung grundlegender Planungen und Zielsetzungen etwa der Gesundheits- und Sozialpolitik einer Kommune oder anderer öffentlicher Körperschaften (siehe auch Mielenz 1985).

(a) Konkret geschehen kann dies von außen, etwa durch Berichte über Mißstände in verschiedenen Versorgungsbereichen oder über skandalisierende Falldarstellungen, die dann Veränderungen in der oft ausgrenzenden Alltagsroutine der Behörden nach sich ziehen können. Notwendig ist hier vor allem ein breiter öffentlicher Druck über Medien und/oder PolitikerInnen. Die Vorarbeit für Einmischungen von außen besteht daher in der entsprechenden Kontaktpflege zu Medien oder Meinungsführern, die unabhängig von konkreten Ereignissen aufgebaut werden muß, um dann zur rechten Zeit aktiviert werden zu können. Wichtig ist hier auch ein gutes informelles Netz verschiedener unabhängiger Einrichtungen, Gruppen und Personen, die durch kluge Zusammenarbeit den sozialen und öffentlichen Stellenwert

---

19 Dieser Begriff weckt schon die richtigen Assoziationen: „eingeplant" hat eigentlich nichts mit der eigentlichen Planung zu tun, ist ein Anhängsel mit geringem Stellenwert, aber mit hohem Legitimationswert.

kritischer „Einmischungen" wesentlich erhöhen können. Obwohl Proteste und Skandalberichte ausschließlich reaktive partizipative Aktionsformen darstellen, sind sie nach wie vor weit effektiver als proaktive Formen von außen, wie etwa die Präsentation von Plänen für Gesundheitsförderung in einer Kommune, die – weder bestellt noch erwünscht – auch kaum Pressevertreter auf den Plan rufen und bei den AdressatInnen so gut wie nicht zur Kenntnis genommen werden. Erfolgversprechend sind solche Partizipationsversuche von außen nur, wenn sie im Rahmen vorhandener oder hierfür aufbereiteter Skandalisierungskampagnen eingebracht werden. Denn einen reißerischen Aufmacher brauchen solche Versuche der Partizipation allemal.

b) Anders ist dies bei Versuchen der Einmischung, deren Ziel darin besteht, als Mitglied der gestalterischen oder planenden Gemeinschaft eingebunden und anerkannt zu werden. Diese Einmischung durch Assimilation bedeutet, darauf hinzuarbeiten, Sitz und Stimme in beratenden oder entscheidenden Gremien etwa kommunaler gesundheits- oder Sozialpolitik zu erlangen, um auf diese Weise Zielsetzungen und konkrete Projekte mit zu beeinflussen und zu gestalten. Dies geschieht zunehmend – häufig über den Einfluß von BürgerInnengruppen und Selbsthilfeinitiativen – in verschiedensten Formen von Beiräten (Psychosoziale Arbeitsgemeinschaften, Gesundheitsbeiräte o. ä.). Mit ähnlicher Zielsetzung werden gemeinsame (Politik – Bürger – Verwaltung) Anhörungen oder Projekte initiiert und durchgeführt (siehe z. B. das Healthy Cities Projekt der WHO in München und anderswo). Verstärkt wird in letzter Zeit auch die fachliche Kompetenz verschiedener Bürgergruppen genutzt, indem ihnen spezifische Aufträge für Fachgutachten oder ähnliches von Verwaltungen und PolitikerInnen gegeben werden. Bislang beschränkt sich diese Form der Teilhabe jedoch weitgehend auf das öffentlich-rechtliche System. Bedenkt man die zunehmende gestaltende Kraft von Industrie, Forschungseinrichtungen oder Verbänden, so wird deutlich, daß Partizipationsmöglichkeiten im politisch-administrativen System nur eine – vielleicht die zukünftig unwesentlichere – Seite von Einwirkungs- und Gestaltungsmöglichkeiten ist (Fuß/Stark 1988).

(3) Partizipation als Kontrolle von ExpertInnen, Verwaltung und PolitikerInnen ist ein weitgehend reaktives Element partizipativer Möglichkeiten, das jedoch nichtsdestoweniger eine wesentliche Grundlage für andere Einwirkungs- und Gestaltungsmöglichkeiten darstellt. Diese Form stützt sich auf das Protestpotential einer Gemeinschaft, die sich immer weniger von ExpertInnen oder Verwaltungsmenschen bevormunden lassen möchte. Unter Stichworten wie „NutzerInnenkontrolle" (Rerrich 1982) oder „Kritische BürgerInnen beobachten…" sind unzählige Initiativen – vor allem im Ökologiebereich – entstanden, die aus der Sicht von direkt oder indirekt Betrof-

fenen Technik- und Planungsfolgenabschätzung betreiben. Solche Initiativen sind, sei es in den Bereichen klassischer Medizin (vor allem Elterninitiativen), in der Psychiatrie oder auf Stadtteilebene, meist nicht mehr als das schlechte Gewissen der PlanerInnen, ExpertInnen und PolitikerInnen, die über die Köpfe der Betroffenen hinweg Machbares durchsetzen wollen. Sie erkämpfen sich immer neue Bereiche; so tauchen in den letzten Jahren vermehrt kritische BürgerInnen als Kleinaktionäre in den Aktionärsversammlungen der multinationalen Konzerne auf und versuchen dort, noch mit bescheidenem Erfolg, die Interessen von BürgerInnen und -gruppen zu vertreten. Betrachtet man die in den letzten Jahrzehnten weitgehend ungestört verlaufenden Entwicklungen in den relevanten Feldern außerhalb der offiziellen Politik (Wirtschaftsunternehmen, Forschungsinstitute, Wohlfahrtsverbände), so ist in diesem Sinne noch viel Arbeit zu leisten.

Nicht selten werden diese Formen der NutzerInnenkontrolle dann offiziell in Beiräten oder Gremien institutionalisiert und oft auch domestiziert. Oder aber, das Protestpotential verwandelt sich in ein Gestaltungspotential und legt eigene Vorstellungen und Pläne für eine menschliche Gestaltung der sozialen und ökologischen Umwelt vor.

Die letzten Bemerkungen zeigen schon, daß bei allen Formen der Partizipation, mögen sie auch noch so tiefgreifende Empowermentprozesse von Personen oder Gruppen wiederspiegeln, Skepsis und Vorsicht vor Vereinnahmung und Domestizierung durchaus anggebracht ist. Marianne Gronemeyer (1988) hält Partizipationsprozesse auch ähnlich wie Klaus Offe (1972) für Frühwarnsysteme, die zwar einer herrschenden Macht Zugeständnisse abringen, dennoch aber die Definitionsmacht der Verhältnisse nicht in Frage stellen:

> „Was würde also aus einer borniert und selbstvergessen gegen ihre eigenen mittel- und langfristigen Interessen agierenden Macht ohne die korrigierende Hilfe der Vordenker aus den Reihen der protestierenden sozialen Bewegungen? Der Macht wird von ihren Gegnern buchstäblich aus der Patsche geholfen …" (Gronemeyer 1988, S. 65)

Denn, so Gronemeyer,

> „… wenn der Widerstand Erfolg hat, werden der Macht Zugeständnisse abgerungen. Dies geschieht zum Vorteil beider, der Protestanten, von denen akuter Schaden abgewendet wird dadurch, daß die Macht weniger grozügig verfahren kann mit dem, was sie in Kauf nimmt; und zum Vorteil der Macht, die in einer bedrohlichen Legitimationskrise den drohenden Machtverlust nicht nur abwenden, sondern die Krise in Gewinn ummünzen kann, indem ihr ein notwendiges Zurückweichen aus Fehlentwicklungen nicht zu Eingeständnis eigenen Versagens gerät, sondern zum Erweis funktionierender Demokratie: ein besonderer Zuwachs an Eleganz." (ebd., S. 65 f.)

Partizipationsforderungen bekehren also die Macht zu ihren eigenen Interessen, jedoch nicht zu politischer Moral. Partizipation kontrolliert quasi die Auswüchse der Macht, schwächt sie jedoch nicht, sondern stärkt sie im Gegenteil: durch die bislang angerichteten und von kritischen BürgerInnen angeprangerten Schäden lassen sich ja neue Wachstumsbranchen (z. B. „ökologische Technik") entwickeln, damit wieder bislang Randständige eingebunden werden.

So wichtig diese Kritik ist, so sehr verkennt sie neuere Entwicklungen im Bereich unterschiedlicher sozialer Bewegungen; geht sie doch von zwei statisch polarisierten Blöcken aus: herrschende Macht und Protestpotential. Diese Polarisierung ist durchaus in Begriffen wie „partizipieren" oder „einmischen", also bei etwas bereits Vorhandenem mehr oder weniger willkommen mitmachen, angelegt. Vorausgesetzt wird bei beiden Begriffen – wiederum konstituiert Sprache in wesentlichem Maße Wirklichkeit – die Normalität des Faktischen.

Die neue Qualität von Partizipationsprozessen besteht jedoch über das mitmachen, mitgestalten und einmischen hinaus in Versuchen, eine beiderseits gleichverteilte Basis für Kooperationen, eine gemeinsame Gestaltung von Lebenswelten zu entwickeln. Dabei werden die jeweilig unterschiedlichen Kompetenzen (etwa von Initiativen oder Verwaltung) weder verwischt noch gleichgemacht. Unterschiedliche Kompetenzen werden als Ressourcen für einen Entwicklungsprozeß mit temporär gleichen Zielen anerkannt.[20]

Die Idealform partizipatorischer Interventionen im Gesundheits- und Sozialbereich läßt sich – ausgehend von vielen konzeptionellen Arbeiten (Alemann 1975; Kelly 1989 u. v. a.) – relativ einfach beschreiben und ließe sich auch, oberflächlich betrachtet, entsprechend einfach durchführen: Bei allen Planungs- und Forschungsvorhaben mit der Absicht einer praktischen Implementation in den sozialen Alltag sollten von Anfang an Mitglieder der jeweiligen Zielgruppen an der Planung beteiligt sein. BürgerInnen nehmen also eine aktive Rolle nicht nur im Sinne der Akzeptanz verschiedener, bereits vorher erprobter Programme ein. Sie sind stattdessen von vornherein bei den ersten Überlegungen bereits dabei, werden nach ihren Erfahrungen und Wünschen und um ihre Meinung befragt und bilden so einen zentralen Bestandteil der Planungsgruppe des jeweiligen Vorhabens. Darüber hinaus

---

20 Die Tatsache, daß es notwendig erscheint, viele der hier verwendeten Begriffe (z. B. Luxus, Querdenken, Partizipation, Gestaltung) vor ihrer Verwechslung mit negativ besetzten Konnotationen zu bewahren, zeigt m. E., daß diese Elemente tabuisiert und nicht als Elemente einer „seriösen" Beschäftigung mit Problemen angesehen werden. Vielleicht ist gerade dies ein Test oder Qualitätsmerkmal für „Querdenken".

sind sie auch an der Datensammlung und Situationsanalyse, der Interpretation der Daten, der praktischen Durchführung sowie auch an der Evaluation der einzelnen Schritte des Projekts aktiv beteiligt. In der Praxis hat sich hier die Einrichtung von BürgerInnen-Forschungsgruppen und aus Personen der Zielgruppe bestehenden Beiräten und Begleitgremien bewährt, die die Implementation der kooperativ entwickelten Programme überwachen (Dienel 1991; Stark 1980).

Natürlich gestaltet sich dadurch der jeweilige Planungsprozeß ein wenig langsamer, vieles muß ausführlicher erklärt werden, manche Entscheidungen werden erst dann getroffen werden können, wenn die unvermeintlichen Interessenskonflikte in beiderseitigen Einverständnis ausgeräumt sind. Eine Reihe von Erfahrungen mit diesem Vorgehen zeigen jedoch, daß die oft umständlichen und manchmal qualvollen Prozesse partizipatorischer Planung und Entscheidungsfindung sich auszahlen: Gemeinsam erarbeitete Entscheidungen können zu einem kooperativen Engagement von Zielgruppen und Professionellen für die gemeinsame Sache. Implementationsschritte sind dann viel schneller und leichter durchzuführen, große Teile der Zielgruppe werden besser erreicht, und die Auswertung der einzelnen Schritte erfolgt kritisch und realitätsnah.

Um diesen Idealzustand einer solchen kooperativen und partizipatorischen Planung zu erreichen sind jedoch noch eine Reihe von Klippen zu umschiffen:

(a) der Umgang mit unterschiedlichen Kulturen, Handlungslogiken und Sprachgewohnheiten,
(b) verschiedene Interessenlagen und Verantwortlichkeiten (vor allem bei den Professionellen gegenüber vorgesetzten Stellen),
(c) gegenseitige Scheu und Befürchtungen der jeweiligen Kooptation als psychologische Probleme.

Jedoch ist auch ein anderer Gesichtspunkt der Entwicklung moderner Gesellschaften zu berücksichtigen: Immer häufiger warten BürgerInnen nicht mehr auf eine Einladung zur Teilnahme von Professionellen in den psychosozialen Einrichtungen oder von Planern in den Verwaltungen. Vor allem in den neuen sozialen Bewegungen beginnen sie, ihr Schicksal und die Gestaltung ihres Lebensraumes selbst in die Hand zu nehmen, bilden Aktionsgemeinschaften oder selbstorganisierte Projekte, formulieren ihre Wünsche und stellen Forderungen. Hier sind BürgerInnen bereits zu einer eigenen Planung übergegangen, die sich nicht selten als konfrontativ zu den Vorhaben der offiziellen Stellen herausstellt. Konfliktpotentiale sind hier bereits zu Beginn vorgezeichnet, ein langsamer und gemeinsamer Prozeß der gegenseitigen Verständigung nur noch mit großen Schwierigkeiten möglich.

Aus dieser Situation heraus ist es notwendig, die vorhandenen Ansätze möglicher „Partizipationsgeschäfte" aufzugreifen und weiterzuentwickeln. Dabei ist der Versuch zu unternehmen, gegenstandsbezogene Konflikte und unterschiedliche Ansätze (z. B. seitens der BürgerInnengruppen und seitens der offiziellen Stellen) zu verstehen oder zumindest den jeweiligen Wert und die damit verbundenen Absichten anzuerkennen, um so in Teilen zu kooperativen Schritten zu gelangen. Die Gruppe um Heiner Legewie (1993) hat dazu die Entwicklung von gegenstandsbezogenen Konfliktmodellen vorgeschlagen, in die Informationen, Einschätzungen, unterschiedliche Wahrnehmungen, Interessen, Sachzwänge und andere relevante und erhebbare Informationen über den Gegenstand einfließen können. Die dazu entwickelte Methodik der Diskursanalyse

> „… beinhaltet in ihrer Berücksichtigung der am Planungsprozeß beteiligten Akteure eine Abkehr von der expertenorientierten ‚Abwurfplanung' zugunsten partizipativer Planungsmodelle, wie sie sich auch aus dem Demokratieverständnis gesellschaftlicher Entscheidungsfindung ableiten läßt. Zugleich werden mit der Diskursperspektive der ‚Verplanbarkeit' von Lebenswelten im Sinne einer ausschließlich systemtheoretischen Sichtweise Grenzen gesetzt (‚berechenbare' Unberechenbarkeit von Planungsprozessen!)" (Legewie 1993, S. 291).

Ihr Forschungsprojekt „Bürgerbeteiligung in der gesundheitsorientierten Stadtentwicklung Berlins" im Rahmen des Berliner Forschungsverbunds Public Health stellt den ersten Versuch dar, Bausteine einer „grounded theory" der BürgerInnenbeteiligung zu erarbeiten (Legewie u. a. o. D.). Anhand konkreter Fallanalysen werden die Diskurse verschiedener beteiligter und betroffener Akteure einer gesundheitsförderlichen Stadtentwicklung beleuchtet und damit die Grenzen und Möglichkeiten von BürgerInnenbeteiligungen aufgezeigt. Ziel ist dabei die Entwicklung und Erprobung einer Aushandlungsplanung, die verschiedene Akteursgruppen an städtischen Entwicklungsprozessen teilhaben läßt, „… um die Stadt durch Teilhabe zu einem Ort werden zu lassen, an dem man sich wohlfühlen kann. Je besser dies gelingt, umso eher und umso leichter wird die ausgehandelte Stadt zu einer ‚Gesunden Stadt'" (Legewie u. a. o. D., S. 20).

Von professioneller Seite sind vor allem die fördernden pädagogisch-psychologischen Bedingungen für Partizipationsprozesse und Einmischung zu erarbeiten und die Anregung solcher Entwicklungen als ein Ziel professionellen Handelns zu begreifen. Die Entwicklung eines Empowermentkonzeptes kann hier auf verschiedenen Ebenen (individuell, gruppenbezogen und strukturell) wichtige Hinweise für ein verändertes Selbstverständnis professionellen Handelns – nicht nur im Bereich Sozialer Arbeit, sondern in vielen Bereichen öffentlicher Dienstleistungen – aufzeigen und entsprechendes Handlungswissen und methodische Ansätze bereitstellen.

2.3. Neue soziale Bewegungen

Neue soziale Bewegungen werden häufig als Beispiele typischer Konsequenzen gesellschaftlicher Veränderungen, eines neuen, linken Populismus oder einer Demokratisierung der Gesellschaft bezeichnet. Sie repräsentieren potentiell diejenigen gesellschaftlichen Orte, die Empowermentprozesse erleichtern und ermöglichen.

David West (1990, S. 73) erklärt, weshalb die neuen sozialen Bewegungen in der Lage sind, emanzipatorische Momente mit den unterstützenden und stärkenden Werten von Gemeinschaft zu Empowermentprozessen zu verbinden. Nach West (1990) repräsentieren sie, zumindest in ihrer Anfangsphase, radikale Kulturen, die sich von den sie umgebenden gesellschaftlichen Normen und Kulturmustern in zentralen Fragen absetzen. Die existierende Kultur ist für die Mitglieder neuer sozialer Bewegungen frustrierend und hat nach ihren Maßstäben geringen Wert. Gegenüber ihrer Alternative wirkt diese soziale Kultur unterdrückend. Daher haben die potentiellen Mitglieder neuer sozialer Bewegungen allen Grund sich zusammenzuschließen; das eigene Engagement für eine Alternative zu bestimmten Aspekten der „alten" Gesellschaft erscheint lohnenswert und wird – aufgrund gemeinsamer Erfolge und gegenseitiger Unterstützung – durch ein gestärktes Selbstbewußtsein und die Möglichkeit, eigene Wünsche, Emotionen und auch Ärger gegenüber dem „Alten" zu äußern, dann auch belohnt. Zudem besteht kaum eine Alternative zum aktiven Zusammenschluß und zur Kooperation: da die neue Teilkultur noch im Entstehen ist, können potentielle „Trittbrettfahrer" von den möglichen Ressourcen dieser neuen Kultur noch gar nicht profitieren, sondern haben nur die Möglichkeit, in ihrer für sie frustrierenden Situation auszuharren. Neue soziale Bewegungen haben daher weniger das Ziel der Umverteilung materieller und sozialer Ressourcen, sondern das der kulturellen Veränderungen, des anderern Umgangs mit den Ressourcen in die gesellschaftliche Entwicklung eingebracht (Touraine 1972).

Eine der umfassendsten Untersuchungen zu den neuen sozialen Bewegungen wurde von Karl-Werner Brand u.a. (1984) vorgelegt. In ihrer Analyse verschiedener Ausformungen der neuen sozialen Bewegungen (Frauenbewegung, Bürgerinitiativ- und Ökologiebewegung, Alternativbewegung, Jugendprotest und Friedensbewegung) versuchen sie die Frage nach deren Spezifikum im Vergleich zu traditionellen sozialen Bewegungen (Gewerkschaft, politische Parteien) zu beantworten. Sie kommen zu dem Ergebnis, daß der Erfolg sozialer Bewegungen weniger in der Erreichung ihrer selbstgesteckten Ziele zu sehen ist (siehe z.B. die durchwegs hochgesteckten und nur teilweise – wenn überhaupt – erreichten Ziele der Aufhebung der Geschlechterungleichheit, einer ökologisch-sozial orientierten Gesellschaft, oder neuer Formen des sozialen Zusammenlebens; Brand u.a. 1984, S.241ff.). Vielmehr liegt er in einer strukturellen Wandlung des Selbstverständnisses von einzelnen und Gruppen, die weit über den neuen sozialen Bewegungen sich zugehörig fühlenden Menschen hinausreicht. Aktionen und Projekte neuer sozialer Bewegungen hatten insofern Signalwirkung, als sie nicht nur den vermeintlichen Automatismus industriellen Fortschritts und seiner bis in die kleinsten sozialen Einheiten spürbaren Auswirkungen grundsätzlich in Frage stellten. Sie zeigten auch – wenn auch vielfach noch unvollkommen und experimentell – mögliche alternative Formen für den Umgang mit gesellschaftlichen Problemen auf, die sich nicht selten mittlerweile institutionalisiert und professionalisiert haben und fester Bestandteil gesellschaftlicher Institutionen – wie etwa sozialer Infrastrukturen – geworden sind. Einige Jahre nach dem Höhepunkt der eigentlichen Bewegungen kann man feststellen, daß viele der internen organisatorischen Prinzipien neuer sozialer Bewegungen (partizipative Strukturen, Selbstorganisation, Abkehr von klassischen Hierarchien) tendenziell auch in traditionelle Institutionen übernommen wurden und werden (Engelhardt 1991).

Da sich soziale Bewegungen neben ihren inhaltlich-gesellschaftskritischen Themen vor allem mit den Fragen des Umgangs mit diesen Themen (Formen der Problemlösung oder Organisation) beschäftigen, ist natürlich interessant, mit Hilfe welcher organisatorischer Strukturen es in diesen Zusammenhängen gelingt, emanzipative Aspekte und Gemeinschaftserleben miteinander zu verknüpfen. Joyce Rothschild-Whitt (1976) vergleicht in ihrer Analyse mehrere alternative Projekte und legt dar, welche Faktoren die Entwicklung und Aufrechterhaltung partizipatorisch-demokratische Organisationen erleichtern. Sie unterscheidet dabei zwischen internen und externen Faktoren. Zu den internen Faktoren zählt sie die folgenden vier:

(a) Die transitorische Orientierung dieser Einrichtungen: Damit ist die Erwartung gemeint, daß die Organisationen vergänglich sind und die Aufrechterhaltung der Einrichtung nicht zum Selbstzweck wird. Alle Aktivitäten werden unter einem experimentellen Blickwinkel ausgeführt und dienen dem Versuch, auf immer wieder unterschiedlichen Wegen die selbstgesetzten Ziele zu erreichen. Diesem eher experimentellen Charakter der Aktivitäten entspricht auch die oft relativ kurze Zeitdauer von Projekten und des diesbezüglichen Engagements einzelner Mitglieder, die zudem die Entwicklung von Machtpositionen und Oligarchien erschwert.

(b) Die Selbstbegrenzung bezüglich der Größe und Expansion der Organisationen: Sie verhindert die Entwicklung eines bürokratischen Modells mit sich verselbstständigenden, starren Regeln und Strukturen, die den inhaltlichen Zielen zuwiderlaufen könnten. Selbstbegrenzung läßt sich nach Rothschild-Whitt (1976) ebenfalls bei den persönlichen Karriereaussichten erkennen. Das Engagement der MitarbeiterInnen orientiert sich an den übergreifenden (nicht selten politischen) Zielen der Organisation und weniger an den Wünschen nach einem sicheren und gut bezahlten Arbeitsplatz mit Aufstiegsmöglichkeiten. Dieser Faktor – und die meist damit korrespondierende vergleichsweise geringe Bezahlung – erleichtert zwar die ideelle Bindung an die Ziele der Organisation, kann jedoch bei entsprechendem materiellen Erfolg ein nicht zu unterschätzendes Konfliktpotential beinhalten. So berichtet die Autorin von einigen Kollektiven, die aufgrund ihres Erfolges lukrative Übernahmeangebote von traditionellen Institutionen erhielten und die Auflösung respektive den Verkauf des Betriebs zur Folge hatten. Die zusätzlichen Vorteile dieser Arbeit (Selbstbestimmung, Vielfalt der Arbeit, Zusammenhalt) erreichen hier einen Grenznutzen, der individuell (und je nach Lebenslage) unterschiedlich bewertet wird. Wird jedoch der individuelle Nutzen in Form von Bezahlung oder Karrieremöglichkeiten zu groß, dann besteht die Gefahr, daß die individuellen Interessen vor die Belange der Gemeinschaft gestellt werden.

(c) Die Abhängigkeit von internen oder externen Hilfsquellen: Sind Organisationen vor allem von den Ressourcen ihrer Mitglieder (der Nutzniesser) abhängig, z. B. freie Schulen oder Lebensmittelkooperativen, so legen die MitarbeiterInnen wesentlich mehr Wert auf die Beachtung und Erfüllung der Wünsche dieser Kunden und orientieren sich an deren Zielen. Organisationen, die in geringerem Maße von solchen internen Hilfsquellen abhängen und im wesentlichen durch öffentliche Zuschüsse oder private Subventionen finanziert werden, tendieren dazu, den Kriterien, die diese „Kunden" an sie stellen (z. B. eine verantwortliche Leitung o. ä.) mehr Bedeutung zuzumessen und die Wünsche ihrer Mitglieder oder NutzerInnen zu vernachlässigen.

(d) Die gleichmäßige Verteilung des für die Erfüllung ihrer Aufgaben erforderlichen Wissens: Ein großer Teil der Energie wird für die Pflege des allgemeinen Wissens und seiner Anwendung innerhalb der Organisation aufgewendet. „Wenn das für die Tätigkeit einer Organisation relevante Wissen verbreitet wird, nimmt die Möglichkeit, daß einige Mitglieder ein unentbehrliches und ausschließliches Wissen mit allen Folgen, die das im Hinblick auf Macht und Oligarchie hat, merklich ab" (Rothschild-Whitt 1976, S. 82 f.). Interne Schulung oder eine wechselnde Verteilung von Aufgaben sind wichtige Hilfsmittel zur Verteilung von Wissen und damit auch von Verantwortung.

Zusätzlich zu diesen internen Faktoren, die nach Rothschild-Whitt (1976) die Entwicklung und Aufrechterhaltung einer demokratisch-partizipatorischen Struktur von Organisationen erleichtern und damit Empowermentprozesse fördern, identifizierte die Autorin im Rahmen ihrer Untersuchung drei externe Faktoren, die die Fähigkeit der Organisationen, eine partizipatorische Form zu erreichen, entscheidend beeinflussen:

(a) Eine oppositionelle Haltung gegenüber traditionellen, „normalen" Institutionen rechtfertigt die Existenz der alternativen Organisationen und das Engagement ihrer Mitglieder und trägt dazu bei, diese Gruppen in sich zu festigen. Der innovative Charakter der Aktivitäten und Angebote muß daher gepflegt und immer wieder erneuert werden. Der Erfolg der alternativen Arbeit in dem Sinne, daß Reformen in traditionellen Einrichtungen eingeführt werden und sich so die oppositionelle Orientierung schrittweise durchsetzt, untergräbt daher entweder die Daseinsberechtigung der alternativen Institution und führt zu geringeren öffentlichen Subventionen oder Marktanteilen, oder die ursprünglich oppositionelle Organisation mit ihren nicht-bürokatischen wird als Teil der öffentlichen Infrastruktur anerkannt und läuft Gefahr, durch eine damit einhergehende Verbürokratisierung ihre partizipativen Anteile und demokratischen Grundüberzeugungen zu verlieren. Umgekehrt rechtfertigt eine stabile konservative Färbung traditioneller Einrichtungen das Bestehen alternativer Organisationen bei KundInnen und Geldgebern.
(b) Eine ausreichende Basis von gleichgesinnten Professionellen im sozialen Umfeld partizipatorischer Organisationen trägt zur Erhaltung vieler Alternativen bei. Aus diesem Umfeld werden nicht nur immer wieder KundInnen/KlientInnen generiert, es dient auch als Ressource für vielfältige Formen von sozialer Unterstützung (z. B. die Weitergabe von Informationen über diese Einrichtung). Zusätzlich bietet dieses Umfeld ein sich erneuerndes Reservoir von Mitgliedern und potentiellen freien oder festen MitarbeiterInnen. Rothschild-Whitt (1976) schließt daraus, „... das für die Entwicklung alternativer, partizipatorisch-demokratischer Organisationen günstigste lokale Milieu vereint eine möglichst rückschrittliche Ziel-Institution mit einem großen und hilfsbereiten professionellen Bevölkerungsanteil" (ebd., S. 84).
(c) Die andauernde Eingebundenheit in eine übergreifende soziale Bewegung hält die partizipatorische Struktur alternativer Organisationen aufrecht und stabilisiert sie. Dadurch wird verhindert, daß sich die MitarbeiterInnen und Mitglieder ausschließlich auf den Erfolg der eigenen Organisation konzentrieren und ihre Erhaltung als Selbstzweck verfolgen. Obwohl eine starke Orientierung an der eigenen Organisation und ihren alternativen Zielen im Vergleich zu traditionellen Einrichtungen zu einer ständigen Verbesserung der Qualität der Dienstleistungen führen kann, besteht auch die Gefahr des Verlusts einer größeren Vision (z. B. Selbsthilfebewegung oder Direktver-

marktung gesunder Lebensmittel), aus der heraus die Organisation geboren wurde.

Neue soziale Bewegungen stellen eine mögliche Folie für Empowerment-prozesse dar, vor deren Hintergrund – relativ geschützt durch gesellschaftliche Machtverhältnisse und kulturelle Traditionen – gleichsam ein Experimentierfeld für die Entdeckung und die Erprobung individueller und kollektiver Ressourcen gewachsen ist. Gelungene Erfahrungen werden dann nicht selten – so zeigt die Entwicklungen der letzten 15 Jahre – in etabliertere Bereiche gesellschaftlicher Institutionen eingebracht (Engelhardt 1991). Sie stellen damit gleichzeitig ein Lernfeld für Professionelle in Theorie und Praxis dar und bieten damit die Chance, mehr über den Beginn, den Ablauf und die Übertragbarkeit, aber auch über Fehlschläge und Grenzen von Empowermentprozessen zu erfahren.

2.4. SOZIALPSYCHOLOGISCHE GRUNDLAGEN

2.4.1. Gestaltung und Bewältigung: Empowerment als gestaltende Bewältigung von Lebensereignissen und sozialen Situationen

In den letzten zwei Jahrzehnten wurde sehr viel Energie darauf verwandt, die Frage zu beantworten, wie es denn zu psychischen Störungen in den heute vielfältigen Ausprägungen (siehe ICD, DSM-III) kommt. Es lassen sich unzählige Untersuchungen unterschiedlichster Art finden, die die Ursachen und Entwicklungsbedingungen psychischer Störungen in den Genen oder sonstigen biologisch-physiologischen Voraussetzungen sehen, in sozialen Bedingungen (Dohrenwend 1980), in ökonomischen Zusammenhängen (Dooley/Catalano 1980), in belastenden Lebensereignissen und ihrer jeweils individuellen Bedeutung (Faltermaier 1987) u.v.m. Trotz all dieser – teilweise mit methodischer Brillanz – betriebenen Studien ist bisher kein Ergebnis in Sicht, das die Alltagsweisheit der „vielfältigen Abhängigkeit" von pathogenen Entwicklungen ersetzt oder klärt. Man hat den Eindruck, der immer weiter betriebene wissenschaftliche Suchprozess läuft lediglich auf ein „mehr desselben" im Watzlawickschen Sinne hinaus.

Im Rahmen der Coping-Forschung haben WissenschaftlerInnen (z.B. Cowen/Work 1988; Tress 1986) verstärkt dafür plädiert, diese schier unerschöpfliche Fragestellung gegen den Strich zu bürsten und zu fragen, weshalb denn Menschen unter „schlechten" Voraussetzungen, mit einer Vielzahl belastender Lebensereignisse, wenig vielversprechender Schichtzugehörigkeit oder unter miesen ökonomischen Bedingungen ihr Leben „meistern" können oder dies lernen. Wie geschehen solche positiven Bewältigungsprozesse, die als solche ja gar nicht bewußt erlebt werden. Was sind die Bedingungen dafür? Emory Cowen und William C. Work (1988) stellten sich diese Frage explizit bezüglich der Sozialisationsbedingungen von Kindern. Sie halten es gerade unter den Bedingungen eines Versorgungssystems, das bezüglich der Menge und Vielfalt psychosozialer Probleme von Kindern und Jugendlichen letztlich immer zu spät kommt und relativ gesehen zu wenig zu bieten hat, für einen wichtigen Schritt für die Entwicklung präventiver Handlungsmöglichkeiten, die genauen Bedingungen für die „Invulnerabilität" von Kindern herauszufinden oder, wie sie es im übertragenen Sinn ausdrücken: Warum lernen manche Kinder, in unserer Gesellschaft zu „schwimmen", obwohl alle (sozialen, schichtspezifischen oder familiären) Faktoren dafür sprechen, daß sie untergehen? Eine ähnliche Frage formuliert Don Jackson (1989) bei seiner Analyse der psychosozialen Lebenssituation der schwarzen Bevölkerung Amerikas: Wie kommt es, daß unter den nach wie vor allseitig – wenn auch inzwischen subtiler – diskriminierenden Voraussetzungen eines Lebens in einer „weißen Gesellschaft" manche farbige BürgerInnen überleben, gesund bleiben oder gar erfolgreich sind?

Obwohl sich die psychologische und soziologische Forschung m. E. bislang noch zu wenig mit dem Phänomen von „positiven Veränderungen" im Leben von Menschen befaßt hat, geben einige Forschungstraditionen doch Hinweise für die Beschäftigung mit diesen Fragen:

(a) Die Life-Event-Forschung (siehe Faltermaier 1982, 1987) kann z. B. wichtige Hinweise für Details der Initialzündung oder des „Auslösers" für einen Empowermentprozeß liefern: Wichtig ist hierbei offensichtlich, daß solche auslösenden Ereignisse als eine qualitative Veränderung in der Lebenswelt einer Person zu sehen sind, die relativ abrupt, d. h. räumlich-zeitlich lokalisierbar geschieht und subjektiv bedeutsam von starker emotionaler Beteiligung geprägt ist (Faltermaier 1987, S. 35ff.). Um diese Ereignisse, ihre Bedeutung und die dazugehörigen Konsequenzen einordnen zu können, ist der lebensweltliche und soziale Kontext sowie auch der biographische Kontext genauer zu betrachten.

(b) Vielversprechend scheint auch die Literatur zum Thema „Bewältigungsverhalten" (und -strategien) zu sein: Arnold Lazarus und Stephen Folkman (1984) bezeichnen Bewältigung (coping) als den Oberbegriff für verschiedene Formen der Auseinandersetzung mit externen und/oder internen Anforderungen. Diese unterscheiden sich nach Anlaß und der spezifischen Zielgerichtetheit (Braukman/Filipp 1984; Trautmann-Sponsel 1988). Die Bewältigung kann problembezogen vor sich gehen, und mündet dann in verschiedene Formen von Problemlöseverhalten oder der Informationsbeschaffung; sie kann auch emotionsbezogen sein und mündet dann meistens in eine Form des Akzeptierens. Nach Leonard Pearlin und Chris Schooler (1978) besteht das Coping aus einem System der hierfür notwendigen Ressourcen (psychologisch und sozial) und dem eigentlichen Bewältigungsverhalten. Als Ressourcen nennen sie: (a) Soziale Ressourcen: soziale Beziehungen, soziale Netzwerke und Stützsysteme; (b) Psychologische Ressourcen: Selbstwertgefühl (self-esteem), Kontrollbewusstsein (mastery), geringe Selbstabwertungstendenz (self-denigration); (c) Bewältigungsverhalten: Situationen verändern (objektiv), die Bedeutung des Problems verändern (kognitiv), Kontrolle der emotionalen Belastung (emotional).

Erstaunlich erscheint bei der Rezeption der Bewältigungsliteratur jedoch, daß Bewältigung in ihren verschiedenen Formen (Abwehr, Meisterung, Adaptation oder Anpassung) meist als zielgerichtet im Sinne der (Wieder-)Herstellung eines inneren/äußeren Gleichgewichtszustands gefaßt wird. Lediglich das bereits etwas ältere Konzept der Daseinstechniken (Thomae 1968) geht ein wenig über die Ideologie des Reparierens hinaus:

> „Daseins- und Lebenstechniken beziehen sich auf die Art und Weise, wie jemand seine Adaptation (in Sinne von White 1974) bewerkstelligt. Daseinstechniken beschreiben einen grösseren Verhaltensbereich als Bewältigungstechniken, insofern sie nicht nur in Stressituationen eingesetzt werden, und sie sind jeweils mit bestimmten Daseinsthemen verbunden. Bewältigungstechniken können zwar auch einen engen Bezug zu Daseinsthemen haben, werden aber auch in Situationen eingesetzt, die aus anderen Gründen als der Bedrohung von momentan wichtigen Lebenszielen (commitments) stressreich sind." (Trautmann-Sponsel 1988, S. 23)

Erfolgreiches Bewältigungsverhalten ist sicher nicht in allen Fällen möglich. In der Bewältigungsforschung wird daher von einem „Übersteigen der Adaptationsressourcen" und damit einhergehendem Verlust der Handlungsfähigkeit gesprochen (Braukmann/Filipp 1984; Ulich 1982). Hier wird der Unterschied zwischen Streß und Krise gesehen.

Eine konzeptionelle Grundlage für den erfolgreichen Umgang mit alltäglichen Stressoren liefert das Modell der *Salutogenese*, das der Streßforscher Aaron Antonovsky (1991) als Grundlage einer „Theorie der Gesundheit" formuliert hat. Er erweitert den in der Sozialepidemiologie bislang üblichen Blickwinkel, der sich vor allem um die Entstehung von Krankheiten dreht und fragt nach den sozial-ökologischen Rahmenbedingungen und persönlichen Voraussetzungen für eine Bewahrung der Gesundheit (Antonovsky 1987). Gesundheit und Krankheit sind dabei nach seiner Auffassung nicht einander ausschließende oder alternative Zustände, sondern Endpunkte eines Kontinuums; d. h. das jeweilige Gesundheitsniveau eines Menschen ergibt sich aus dem dynamischen Zusammenspiel zwischen belastenden (z. B.

physische oder psychosoziale Stressoren) und schützenden Faktoren (Bewältigungsressourcen). Um mit den vielfältigen Belastungen unserer physikalischen und sozialen Umwelt fertigzuwerden, benötigt das Individuum nach Antonovsky sogenannte „generaliserte Widerstandsressourcen", die dafür sorgen, daß Belastungen nicht zu (Vor-)Bedingungen für Krankheit werden. Diese sind z. B.

„– ausreichende Immunpotentiale des Körpers gegen Krankheitserreger und Stressoren;
– die aktive Vermeidung von Stressoren (‚ihnen aus dem Weg gehen können‘ durch präventives Gesundheits- und Vorsorgeverhalten);
– Intelligenz und geistige Flexibilität, um sich an Lebensbedingungen anpassen zu können oder sie gegenebenfalls aktiv zu verändern;
– die Verfügung über materielle Ressourcen zur Sicherung von Schutz, Ernährung, Wohnung etc.;
– soziale Unterstützung in vielfältigen sozialen Netzwerken;
– soziale Integration und aktive Teilnahme an Entscheidungs- und Kontrollprozessen, die die eigene Lebensgestaltung betreffen;
– ‚Sinnfälligkeit‘ des eigenen Handelns, d. h. weitestmögliche Kontrolle über die Ziele, Ausführung und Konsequenzen persönlichen Handelns." (Franzkowiak 1996, S. 134)

Als zentrale Kraft zur erfolgreichen Bewältigung von Spannungen und Stressoren durch den integrierenden Einsatz von „generalisierten Widerstandsressourcen" postuliert Antonovsky (1987) den „sense of coherence" (frei übersetzt mit „Kohärenzsinn"): „ein positives, aktives Selbstbild der Handlungs- und Bewältigungsfähigkeit …, das einhergeht mit der Gewißheit, sich selbst und die eigenen Lebensbedingungen steuern und gestalten zu können" (Franzkowiak 1996, S. 135). Antonovsky (1987) nimmt an, daß eine hohe Ausprägung des „sense of coherence" bei einem Individuum die Wahrscheinlichkeit erhöht, mit Stressoren erfolgreich umzugehen und so seine Gesundheit positiv zu beeinflussen, und beschreibt dafür drei zentrale Komponenten:

(a) die Fähigkeit, Reize und Situationen, mit denen man täglich konfrontiert wird, kognitiv als klare, geordnete Information zu verstehen und in einen Sinnzusammenhang einzuordnen („comprehensibility");
(b) die Gewißheit, die Anforderungen des Alltags mit den verfügbaren Ressourcen bewältigen zu können („manageability").
(c) die Anforderungen und Probleme des Lebens als Herausforderung begreifen zu können, für die es sich lohnt, sich einzusetzen und zu engagieren („meaningfulness").

Das Modell der Salutogenese stellt sicherlich in der aktuellen Diskussion das weitestgehende *Verständnis von Bewältigungsverhalten* im Sinne einer positiven Konzeption von physischer und psychosozialer Gesundheit dar. Die Komponenten des „sense of coherence" weisen wichtige Schnittstellen zu den von Charles Kieffer (1984) entwickelten Dimensionen von Empowerment auf (siehe Abschnitt 3.2.). Allerdings trifft die salutogenetische Perspektive noch zu wenig Aussagen darüber, wie das Gefühl der Kohärenz und der damit einhergehende konstruktive Einsatz generalisierter Widerstandsressourcen in der sozialen Interaktion erreicht wird. Nach den Untersuchungen von Toni Faltermaier (1994) bildet das biopsychosoziale Modell der Salutogenese die Basis für subjektives Gesundheitsbewußtsein und ein proaktives Gesundheitshandeln im Alltag. Für eine Perspektive des Empowerment wären hier Grenzüberschreitungen über die individuelle Ebene hinaus wichtig, die erklären helfen, unter welchen Bedingungen Formen gemeinschaftlicher Selbstorganisation und kollektiver sozialer Aktion entstehen.

Zur Erhellung des Konzepts „Empowerment" finden sich in den relevant erscheinenden und mittlerweile etablierten Forschungsfeldern der Life-Event-Forschung und der Bewältigungsforschung *wichtige Ansatzpunkte*, allerdings eher *hinsichtlich einer individuo-zentrierten positiven Bestimmung von Gesundheit* und eines aktiven Bewältigungshandelns.

Obwohl die Frage nach der Handlungsfähigkeit von Personen oder Gruppen eine für die Untersuchung und das Verstehen von Empowermentprozessen zentrale Frage darstellt, kann die diesbezügliche Literatur aus der Bewältigungsforschung nur wenig weiterhelfen. Auch hier geht die bisherige Konzeption zu sehr von einer Re-Aktion auf belastende Situationen aus und vernachlässigt individuelle oder kollektive Gestaltungsmöglichkeiten, die sich als Fähigkeit zur Selbstorganisation oder „Daseinsmächtigkeit" (Gronemeyer 1988) bezeichnen lassen.

Zur Erhellung des Konzepts „Empowerment" wird man also in den relevant erscheinenden und mittlerweile etablierten Forschungsfeldern der Life-Event-Forschung und der Bewältigungsforschung nur begrenzt fündig. Betrachtet man Empowerment als eine besondere und interaktiv angelegte Form der Bewältigung von Lebenssituationen (eher in Erweiterung des bereits erwähnten Konzepts der „Daseinstechniken"), so müssen die bisherigen reaktiv-orientierten Konzepte des Coping um Fragestellung erweitert werden, wie sie in der Abbildung 3 (S. 99) dargestellt sind.

Empowerment würde in diesem Konzept dann sowohl auf der kognitiven wie auch auf der behavioralen/handlungsorientierten Ebene Formen der Bewältigung beschreiben, die sich nicht nur auf einen negativen Gleichgewichtszustand beziehen. Die präventive Funktion von Bewältigungsverhalten wäre damit gleichzeitig und notwendig eine gestaltende Funktion, die sowohl individuell als auch kollektiv geschehen könnte. An ein solches Ver-

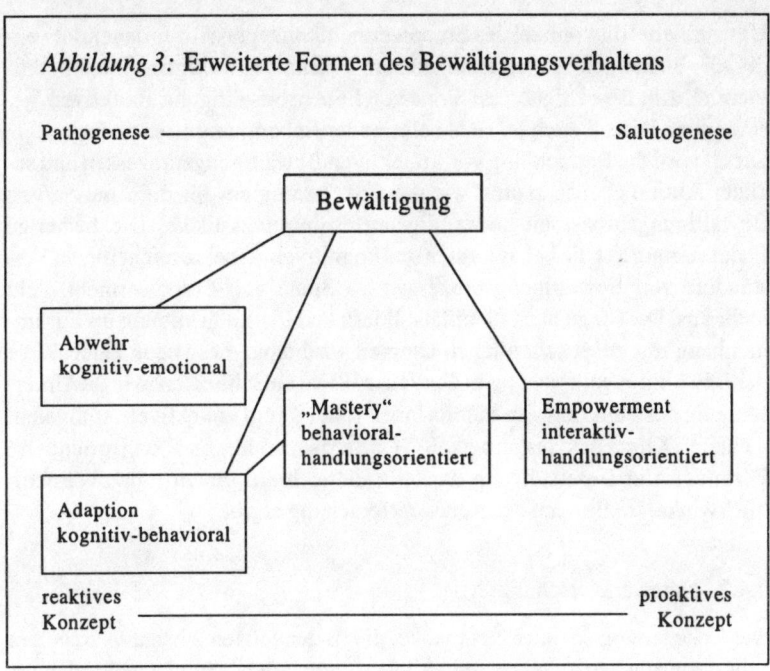

Abbildung 3: Erweiterte Formen des Bewältigungsverhaltens

Pathogenese ———————————————————— Salutogenese

Bewältigung

Abwehr
kognitiv-emotional

„Mastery"
behavioral-
handlungsorientiert

Empowerment
interaktiv-
handlungsorientiert

Adaption
kognitiv-behavioral

reaktives
Konzept ———————————————————— proaktives
Konzept

ständnis von Bewältigung und Bewältigungsverhalten wären zur Begründung von wissenschaftlichen und praktischen Fragestellungen folgende Fragen zu stellen (Hobfoll 1989):

(a) Wie können Situationen genutzt werden, in denen kognitiv und emotional nicht nur der status quo ante im Sinne eines Gleichgewichtszustandes herzustellen ist, sondern eine grössere Stärke/Handlungsfähigkeit erreicht wird?

(b) Wie werden solche Bewältigungsformen unterstützt? Worin bestehen hierzu notwendige soziale und psychologische Ressourcen?

(c) Wie sehen die (sozialen und gesellschaftlichen) Folgen eines solchen „positiven" erfolgreichen Bewältigungsverhaltens aus?

(d) Ist eine bestimmte Form eines gemeinschaftlich orientierten Selbst-Konzeptes, etwa im Sinne eines „ensembled individualism" (Sampson 1985) die Voraussetzung oder die Folge von solchen Empowermentprozessen?

(e) Besteht ein Zusammenhang zwischen diesen positiven Bewältigungsprozessen im Sinne von Empowerment und der Ausbildung/Entwicklung von individuellen und/oder kollektiven Zukunftsvorstellungen und Utopien?

Unter einem Blickwinkel des Empowermentkonzepts wird es daher notwendig, die bisherigen Fragestellungen zum Thema „Bewältigung" zu „re-aktivieren", d. h. Bewältigung im Sinne von Lebensbewältigung als aktiven, gestaltenden Prozeß auch jenseits belastender Lebensereignisse zu begreifen.

Damit wird die Betrachtung von kollektiven Bewältigungsprozessen und sozialer Aktion ebenso zentral wie die Erweiterung der für die Analyse von Bewältigungsprozessen notwendigen Bestimmungsstücke: Die bisherige Focussierung auf die behavioralen und kognitiven Aspekte reicht für ein Verständnis von Bewältigungsprozessen im Sinne von Empowerment nicht mehr aus. Die Frage nach Identitätsbildern und Identitätsbildung im Zusammenhang mit gesellschaftlichen Utopien wird dann diese neue Perspektive der Bewältigungsforschung in ähnlicher Weise aufschliessen, wie die Untersuchung der Funktion von MentorInnen (oder ihrem kollektiven Äquivalent – einem „Klima der Gestaltbarkeit") eine ergänzende, gestaltungsorientierte Form sozialer Unterstützung darstellt, die sich aus einem Empowermentblickwinkel im Bereich der Netzwerkforschung ergibt.

2.4.2. Netzwerkforschung

Die Erforschung sozialer Netzwerke, die in den letzten 20 Jahren zu einem „shooting star" sozialwissenschaftlicher Forschungsbereiche geworden ist, hat sich vor allem auf zwei Bereiche konzentriert: soziale Netzwerke als Kontaktnetze (informal social networks), die sich vor allem als Ressourcenquelle und Informationsaustausch betrachten lassen, und soziale Netzwerke unter dem Blickwinkel sozialer Unterstützung, ein Bereich, der natürlich vor allem im psychosozialen Bereich weitergehende Beachtung gefunden hat.

Ohne hier die umfangreiche Netzwerkforschung der letzten Jahrzehnte ausführlich nachzeichnen und analysieren zu können (siehe hierzu Keupp/ Röhrle 1987; Kardorff/Stark/Rohner/Wiedemann 1989; vor allem die detaillierte Übersicht von Röhrle 1994), sind einige Erkenntnisse über soziale Netzwerke für das Konzept „Empowerment" zentral; andererseits kann auch hier der Empowermentblickwinkel Fragestellungen der Netzwerkforschung erweitern oder präzisieren.

Der weitaus überwiegende Teil der Netzwerkforschung beschäftigt sich mit der Frage, welchen unterstützenden Anteil informelle soziale Netze bei psychosozialen oder gesundheitlichen Krisen haben (Sarason/Sarason 1985). Die Resultate der Untersuchungen zur salutogenen Wirkung sozialer Unterstützung verweisen auf einen engen Zusammenhang zwischen erfolgreicher Krisen- und Krankheitsbewältigung und stabilen sozialen Netzwerken. Darüber hinaus zeigen funktionierende soziale Netzwerke unspezifische positive Wirkungen auf das allgemeine Gesundheitsverhalten (Faltermaier 1994;

Röhrle 1994). Im einzelnen kann nach den Ergebnissen der social-support-Forschung allgemein als gesichert gelten, daß

(a) funktionierende soziale Netze die negativen Auswirkungen individueller Belastungs- und Krisensituationen vermindern (positive Bewältigungseffekte) und damit Krankheiten oder psychosoziale Belastungen schneller oder leichter überwunden werden,
(b) soziale Netzwerke – unter der Perspektive der „buffering-Hypothese" – durch die Mobilisierung sozialer Unterstützung vor den schädigenden Auswirkungen gegebener akuter oder chronischer Belastungen schützen,
(c) durch die Schutzfunktion vorhandener sozialer Netze soziale oder gesundheitliche Belastungen vermieden werden können (gesundheitsfördernde Effekte).

Diese verallgemeinerten Wirkungen sozialer Netzwerke lassen sich auf folgende Funktionen von sozialen Netzwerken zurückführen, die dort – nicht unbedingt alle und parallel – zum Tragen kommen können (Keupp 1988):

(a) Soziale Netzwerke vermitteln potentiell eine hohe emotionale Unterstützung für ihre Mitglieder – insbesondere, wenn sich die Mitglieder gut kennen und ähnliche Einstellungen/Herkünfte aufweisen.
(b) Praktische Hilfen und Dienstleistungen im Alltag (oder auch in Krisensituationen) werden wahrscheinlicher, je größer und dichter das soziale Netzwerk ist (instrumentelle Unterstützung)
(c) Die kognitive Unterstützung in sozialen Netzwerken besteht aus der Vermittlung von Informationen, Tips, und Erfahrungswissen. Dies tritt besonders in heterogenen Netzwerken auf, in denen die Mitglieder mit anderen Netzen in aktiver Verbindung stehen.
(d) Soziale Netzwerke sind „Identitätswerkstätten", sie gestalten die Entwicklung persönlicher Identitätsmuster und sorgen für die Aufrechterhaltung sozialer Identität in Krisenzeiten.
(e) Soziale Netzwerke mit geringerer Intensität, deren Mitglieder dadurch eine stärkere Außenorientierung aufweisen, vermitteln auch soziale Kontakte über die Netzwerkgrenzen hinaus und unterstützen so den Aufbau weitergehender Ressourcen.

Trotz einer schier unübersichtlichen Fülle von Einzelergebnissen können nur wenig präzise verallgemeinerbare Aussagen darüber getroffen werden, unter welchen Bedingungen (Zeitpunkte, Persönlichkeitseigenschaften, situative Bedingungen usw.) diese Unterstützungsformen zum Tragen kommen oder von den Netzwerkmitgliedern angenommen werden. Die salutogenen Effekte von sozialen Netzwerken scheinen jedoch klar zu sein und werden auch kaum bezweifelt. Allerdings sollten hier die potentiellen negativen Auswirkungen sozialer Netzwerke (soziale Kontrolle, emotionale und soziale Belastungen) ebenfalls berücksichtigt werden (Tolsdorf 1976). Obwohl angenommen werden kann, daß die genannten Netzwerk-Funktionen sich in Formen gegenseitiger Hilfeleistung äußern, wissen wir jedoch noch zu wenig über die Reziprozität sozialer Netzwerke und ihre Einbettung in das Gefüge der sozialen Umwelt (Röhrle 1994).

Die strukturellen und unterstützenden Merkmale sozialer Netzwerke sind für Empowermentprozesse von entscheidender Bedeutung, da sie die Infrastruktur, den stabilisierenden Hintergrund für Empowermentprozesse abgeben. Empowermentprozesse beruhen auf dem Prinzip gegenseitiger sozialer Unterstützung und können nur auf dieser Basis leben. Sie gehen jedoch noch einen Schritt weiter, indem sie den aktiven und aktivierenden Aspekt von informellen Netzwerken zusätzlich zur Schutz- oder Pufferfunktion betonen.

Über die gestaltungsorientierte Funktion sozialer Netzwerke ist jedoch in den empirischen Untersuchungen zu sozialer Unterstützung und den Strukturmerkmalen sozialer Netzwerke nur wenig zu finden. Dies mag an zwei miteinander korrespondierenden Gründen liegen:

(a) an der klinisch-psychologischen Tradition der Forschung zu sozialer Unterstützung, die vor allem ihr Interesse an den „helfenden" oder präventiven Wirkungen entwickelt, soziale Gestaltungspotentiale jedoch zu wenig beachtet,
(b) an der weitgehend am Individuum ausgerichteten Orientierung der Untersuchungen, die damit transindividuelle oder strukturelle Merkmale sozialer Netzwerke vernachlässigt.

Unter dem Blickwinkel des Empowerment sind gerade diese transindividuellen Merkmale interessant, die die Frage nach den gemeinschaftlichen, kollektiven Gestaltungspotentialen sozialer Netzwerke erhellen könnten. Jim Kelly (1977) hat in diesem Zusammenhang die Vorstellung der sozialökologischen Natur von sozialen Unterstützungssystemen eingebracht. Nach Kelly (1977, 1989) besitzen informelle Netze ein sich gegenseitig beeinflussendes Set von sozialen Ressourcen. Dieses Ressourcenbündel bringt je nach normativer Orientierung („Systemerhaltung" oder „neue Ziele erreichen"), Machtorientierung (Kontrolle versus Integration) und der Orientierung auf das System oder auf das Individuum unterschiedliche Formen sozialer Unterstützung und/oder Gestaltungsorientierung hervor. Genauere empirische Untersuchungen über die sozialökologische Natur sozialer Unterstützung könnten hier u. U. die Frage beantworten, wie soziale Netze in ihrer Binnenstruktur und in ihrem Außenverhältnis gestaltet sein müssen, damit Empowermentprozesse ihrer Mitglieder gefördert werden.

Die Untersuchung der fördernden Bedingungen von Empowermentprozessen (mentorship) wäre unter drei Aspekten sinnvoll:

(a) individuelle Merkmale und Verhaltensweisen der Mitglieder untereinander respektive spezielle fördernde Verhaltensweisen/Einstellungen einzelner „Meinungsführer" können Hinweise auf die spezifischen Bestimmungsstücke einer reziproken sozialen Unterstützung liefern, die unter dem Begriff „gegenseitige Hilfe" zu einem Schlagwort der Selbsthilfebewegung geworden ist.
(b) Merkmale des Gruppenklimas (Kohäsion, Grad der sozialen Kontrolle o. ä.), die die gegenseitige Nutzung von Ressourcen fördern oder behindern können, können wichtige Faktoren für die Förderung eines „sense of community" darstellen, die verhindern, daß Empowermentprozesse lediglich als Erhöhung persönlicher Durchsetzungsfähigkeit begriffen werden.
(c) Merkmale eines übergreifenden sozialpolitischen oder sozialen Klimas, die Ansätze oder Versuche von Empowermentprozessen auf der sozialstrukturellen Ebene unterstützen oder behindern, können Klarheit darüber verschaffen, unter welchen Bedingungen Empowerment zu einer tatsächliche Teilhabe an sozialen und politischen Entscheidungen führen kann.

Unter eher sozial- oder gesundheitspolitischen Vorzeichen steht das Konzept der „Netzwerkförderung" (Trojan/Hildebrandt 1989), das einige Fragestellungen aus der Empowermentperspektive aufgreift. Netzwerkförderung wird von den Autoren einerseits als aktivierendes Instrument in der Gesundheitsförderung betrachtet, andererseits bietet dieses Konzept einen zusätzlichen Blickwinkel zu den „klassischen" Forschungsansätzen im Bereich soziale Netzwerke und soziale Unterstützung: Alf Trojan und Helmut Hildebrandt (1989) betrachten nicht die üblicherweise in der Netzwerkforschung identifizierten personenzentrierten Netzwerke, sondern interessieren sich für organisierte Netzwerke eines Gemeinwesens (freie Einrichtungen und Initiativen). Damit steht nicht eine Person im Zentrum des Beziehungsnetzes, sondern ein gemeinsames Interesse, ein Anlaß oder eine Aufgabe. Zusätzlich sind hier nicht nur die Binnenwirkungen sozialer Unterstützung interessant, sondern vor allem die außenorientierten Aktivitäten der informellen Hilfenetze. Das Programm für den umsetzungsorientierten Teil von Netzwerkförderung ist bereits ein Programm zur Initiierung von Empowermentprozessen:

„Soziale Netzwerke können sowohl durch soziale Unterstützungsleistungen als auch durch gesundheitsrelevante soziale Aktionen für die Prävention von Krankheiten beziehungsweise für die allgemeine Förderung von Gesundheit bedeutsam sein.

Gemeindebezogene Netzwerkförderung versucht daher ganz allgemein, persönliche Netzwerke und solidarische Gruppen anzuregen, zu unterstützen, zu stärken: Gemeindeclubs, Lerngruppen, Nachbarschaftsinitiativen, Selbsthilfegruppen und viele ähnliche kleine Netze sind entscheidend dafür, daß jemand informell, zwischen Familie und Staat, vorbeugende Hilfen finden kann. Bürgerinitiativen, alternative Projekte, Stadtteilzentren, Gesundheitsläden und zahlreiche ähnliche außenorientierte Gruppen sind die Infrastruktur für gesundheitsrelevante soziale Reformen und Innovationen" (Trojan/Hildebrandt 1989, S. 112 f.; Hervorhebungen im Original).

2.5. VERBINDUNGSLINIEN

Lassen sich die in diesem Kapitel aus verschiedenen Bereichen und Diskursen der Sozialwissenschaften aufgegriffenen Fäden und Knüpfstellen zu einem Gewebe verbinden? Ergeben die hier benannten gesellschafts- und sozialwissenschaftlichen Diskurse der letzten Jahre bereits ein Muster oder eine einheitliche Textur?

Empowerment erscheint im Lichte der sozialphilosophischen Debatten um die Postmoderne und den Kommunitarismus als ein handlungsorientierter Ansatz, der die Lernerfahrungen aus aktuellen gesellschaftspolitischen Phänomenen (soziale Bewegungen; Individualismus) aufgreift und widerspiegelt. Anhand der sozialphilosophischen Debatten der Postmoderne und des Kommunitarismus wird die aktuell sinnfällige Verknüpfung zwischen individueller Freiheit und dem Bezug auf die Werte sozialer Gemeinschaften deutlich. Denn eine soziale Gesellschaft, die „nur" aus autonomen Individuen besteht, deren gemeinsames Interesse instrumentell in der Abwicklung und Verfolgung gemeinsamer Geschäfte und ökonomischer Interessen besteht, begeht den Fehler, fördernde und hinsichtlich möglicher sozialer Krisen präventive gemeinsame Aktionen zu sehr außer acht zu lassen und nur noch reaktiv im Sinne eines permanenten Krisenmanagements handlungsfähig zu bleiben. Betrachtet man die Kehrseite der beiden in dieser Debatte grundsätzlichen Wertorientierungen, so wird diese Argumentation noch augenfälliger: Je höher der Wert der individuellen Freiheit, der Freisetzung von gesellschaftlichen Zwängen und Normen, desto größer auch die singuläre Verantwortlichkeit für das eigene Tun, d. h. letztlich eine moralische und reale Einsamkeit, deren möglichen Abgründe nur durch den unmittelbaren und gesellschaftlichen sozialen Kontext aufgefangen werden können. Die sozialpsychologischen Ansätze sozialer Unterstützung haben diese Funktion sozialer Netzwerke seit langem ausführlich beschrieben.

Das Konzept „Empowerment" übersetzt die Idee einer positiven Bestimmung von physischer und psychosozialer Gesundheit und sozialen Gestaltungsfähigkeit, wie im Modell der Salutogenese zugrundegelegt, in praktisches Handeln über die Ebene des/der einzelnen hinaus und bindet die individuelle „freie" Gestaltungsfähigkeit an die gemeinsame Erfahrung kollektiver sozialer Aktion und durchstandener Konflikte. Beispiele aus der Partizipationsforschung und der Praxis der BürgerInnenbeteiligung zeigen ebenso wie historische und aktuelle soziale Bewegungen das gestalterische Potential, das hinter diesen Erfahrungen steht und die sich auf der individuellen, interaktiven und strukturellen Ebene ausdrückt.

Die aus dem sozialwissenschaftlichen Diskurs aufgegriffenen Fäden lassen sich zu einer Grundstruktur eines Gewebes verknüpfen, das noch Textur und Farbe bekommen muß. Dies soll im folgenden Kapitel durch die Analyse verschiedener Beispiele und „Empowermentgeschichten" geschehen, die zeigen soll, wie sich die Dynamik von Empowermentprozessen auf den verschiedenen Ebenen entfaltet.

3. Empowermentprozesse: Individuelle und gemeinschaftliche Kräfte entdecken und nutzen

Die in diesem Buch bislang angelegten Argumentationslinien beschäftigten sich zum einen mit den ideengeschichtlichen Hintergründen (Kapitel 1.) und zum anderen mit den sozialwissenschaftlichen Grundlagen von Empowerment (Kapitel 2.). Dabei wurde deutlich, daß Empowermentprozesse als Lernfelder und Entwicklungsprozesse in alltäglichen Zusammenhängen aufzufinden sind, daß aber gleichzeitig das Konzept „Empowerment" auch als professionelle Haltung vor dem Hintergrund fachlicher und gesellschaftlicher Entwicklungen an Bedeutung gewinnt.

In dem folgenden Kapitel sollen beide Seiten dieses Konzepts ausführlich beschrieben und anhand von empirischem Material, Empowermentgeschichten und Untersuchungen zum Thema analysiert werden. Im Anschluß an die Beschreibung der beiden Schauplätze von Empowerment (Alltag und professionelle Unterstützung, Abschnitt 3.1.) wird die Dynamik von Empowermentprozessen im Sinne eines Entwicklungsverlaufs ausführlicher beschrieben (Abschnitt 3.2.). Hier geht es vor allem darum, Empowermentprozesse als Transformationsprozesse zu begreifen, die sowohl individuelle Entwicklungen mit den daraus folgenden psychologischen Veränderungen als auch Veränderungen und Wandlungen auf der organisatorischen und strukturellen Ebene auslösen. Das für erfolgreiche Empowermentprozesse notwendige Zusammenspiel von individueller, organisatorischer und struktureller Ebene, d. h. die Verbindung zwischen Personen, Gruppen und übergreifenden sozialen Systemen ist Gegenstand der zweiten Analyseebene, mit deren Hilfe die Bedingungen und Wirkungen von Empowermentprozessen auf diesen verschiedenen Ebenen und in ihren Verbindungen dargestellt werden (Abschnitt 3.3.). Beide Analyseebenen erbringen die Grundlagen für veränderte Blickwinkel für die Soziale Arbeit, in denen die Bedeutung kompetenzorientierten Handelns in der psychosozialen Praxis herausgestellt werden soll.

3.1. Zwei Schauplätze von Empowerment: Alltag und professionelle Unterstützung

3.1.1. Empowerment als Selbstorganisation im Alltag

Empowermentprozesse erzählen Geschichten von Menschen und ihren Zusammenschlüssen, denen es gelungen ist, ihre eigenen Ressourcen und Stärken zu erkennen und diese in soziale Handlungen umzusetzen. Empowerment ist also als ein Prozeß zu betrachten, in dem Menschen, Organisationen oder Gemeinschaften ihren ökologischen und sozialen Lebensraum gestalten und so mit einschränkenden Bedingungen und problematischen Situationen kreativ und ihren Bedürfnissen gemäß umgehen lernen. Der Blickwinkel richtet sich hier gezielt auf die *Ressourcen und Stärken der Menschen, auf ihre Potentiale zur Lebensbewältigung und -gestaltung* – auch unter den eingeschränkten Bedingungen des Mangels oder vor dem Hintergrund vielfältiger persönlicher und sozialer Defizite.

Beispiele hierzu können viele Menschen aus ihrem näheren oder weiteren Lebensumfeld mehr oder weniger staunend anführen: Wer kennt etwa nicht Personen, die es trotz widrigster Umstände (z. B. schwierige Familienverhältnisse oder schlechte sozioökonomische Startbedingungen) geschafft haben, sich – alleine oder mit Hilfe anderer – aus dem „Sumpf" zu ziehen und ein für sie befriedigendes und lohnenswertes Leben aufzubauen? Gibt es nicht immer wieder Menschen, die nach einschneidenden belastenden Lebensereignissen (Arbeitslosigkeit, Tod eines Partners, schwere Krankheiten oder Behinderungen o. ä.) quasi aus eigener Kraft wieder auf die Füße kommen, ihr Leben nicht nur wieder meistern, sondern ihm sogar einen neuen Sinn geben können? Die sozialwissenschaftliche Erforschung der Bewältigung von Krankheit, belastenden Lebensereignissen und psychosozialen Krisen (siehe zur Übersicht Brüderl 1987; Faltermaier 1987) hat eine Reihe von Parametern herausgefunden, die für einen erfolgreichen Umgang mit einschneidenden Veränderungen im Leben von Individuen wichtig sind. Dabei spielt die soziale Unterstützung durch den Familien- oder Freundeskreis – so die Ergebnisse der umfangreichen Netzwerkforschung in den letzten Jahrzehnten – eine zentrale Rolle (siehe Abschnitt 2.4.).

Beispiele erfolgreicher Bewältigungs- und Veränderungsprozesse im Alltag werden jedoch – vielleicht auch wegen des spezifischen Blickwinkels der psychosozialen Zunft auf Probleme und Defizite – weitgehend als selbstverständlicher Teil einer Persönlichkeitsentwicklung angesehen: „Im sozialen Leben gilt im allgemeinen die Norm, daß Individuen als selbstständige Wesen zu betrachten sind, die ihre Angelegenheiten (mit tolerierten Abstrichen und Schwankungen) ohne fremde Hilfe regeln und ihre ‚Rechte' wahrnehmen können" (Stark/Bobzien 1988, S. 197). Weit mehr Beachtung findet dagegen die wachsende Zahl von *Gruppen und Initiativen*, die – stadtteilbezogen oder mit übergreifenden Zielsetzungen – versuchen, *ihre eigenen Anliegen und Wünsche selbst in die Hand zu nehmen, ihr soziales Umfeld nach ihren Bedürfnissen zu gestalten oder eigene Unterstützungsnetzwerke zur Bewältigung ihrer Situation aufbauen.* Die von Fritz Vilmar und Brigitte Runge im Jahre 1986 genannte Zahl von 40.000 Selbsthilfeinitiativen in der

BRD wurde damals von Insiderkreisen noch für weit überzogen gehalten. Heute dürfte die tatsächliche Zahl der Gesprächsselbsthilfegruppen, Gesundheitsinitiativen, selbstorganisierten Projekte im Sozialbereich, Ökologiegruppen, Stadtteilinitiativen, BürgerInneninitiativen, Frauenprojekten u. v. m. diese Schätzung um einiges übersteigen. Das Phänomen „Selbsthilfebewegung" ist mittlerweile fester Bestandteil sozialwissenschaftlicher Diskurse geworden; Selbsthilfeinitiativen und die Selbstorganisation der Betroffenen sind ein sozialpolitischer Faktor in praktisch allen Feldern moderner Sozialarbeit. Die gemeinsame Bewältigung von Problemen durch Gleichbetroffene scheint in einer gesellschaftlichen Epoche der Individualisierung eher den Aspekt des Besonderen zu haben und deshalb sozialpolitisch stärker wahrgenommen zu werden – nicht zuletzt auch wegen der erhofften Spareffekte bezüglich professioneller Dienstleistungen.

Mit dem Phänomen der Eigeninitiative und Mobilisierung eigener Stärken und nicht-professioneller Hilfsressourcen beschäftigt sich auch das Konzept „Empowerment", das im Rahmen einer kritischen Bestandsaufnahme und Weiterentwicklung psychosozialer Praxis der letzten Jahre vor allem in den anglo-amerikanischen Ländern populär geworden ist. Damit wird versucht, sich ein Verständnis alltäglicher sozialer Hilfeprozesse und kollektiver sozialer Aktion als Lernfeld für innovative Ansätze psychosozialen Handelns zu erarbeiten, die das Arbeiten mit den Stärken und Ressourcen der Menschen, anstelle einer Hilfe bei Defiziten oder Problemen, zum Ziel erklären (Rappaport 1977). Das *Verständnis von Empowerment* geht dabei über eine professionelle Einbindung von Selbsthilfegruppen in die psychosoziale Praxis hinaus und versucht, selbstorganisierte Prozesse und soziale Aktionen im allgemeineren Sinn zu analysieren und daraus Konsequenzen für professionelles Handeln zu ziehen.

Ein Beispiel aus einer Fundgrube von Empowerment-Geschichten, aus den Arbeiten des amerikanischen Journalisten und Publizisten Studs Terkel, soll den Prozeß des Empowerment, der sich meist auf verschiedenen Ebenen wechselseitig vollzieht, illustrieren.[21] In seinem Buch „Der amerikani-

---

21 Terkel (1981, 1988) versucht seit Jahrzehnten, alltägliche und gleichzeitig besondere Geschichten seiner Mitmenschen aufzuzeichnen. Er gibt sie wieder, ohne sie mit wissenschaftlich-analytischen Kommentaren zu versehen oder sie nach sozialwissenschaftlichen Regeln auszuwerten. Das ist vielleicht das Geheimnis der „Frische" dieser Geschichten, der Bewahrung ihres anregenden Charakters. Terkels Arbeit ist dabei mit den behutsamen Eingriffen in das Material beim Schneiden eines Dokumentarfilms vergleichbar. Damit behalten nicht nur die Inhalte der Erzählungen ihren anregenden Charakter, sondern auch die Form, die Geschichte, wird unmittelbar bedeutsam (Stark 1992).

sche Traum" erinnert sich Dora Rosenzweig, zum Zeitpunkt des Interviews 94 Jahre alt, an die Bedeutung von Selbstorganisation in ihrer eigenen Geschichte. Sie verdiente mit zwölf Jahren ihren Lebensunterhalt in einer Zigarrenfabrik, einem Ausgangspunkt der organisierten Arbeiterbewegung im vorigen Jahrhundert:

> „Die Werkstatt war fast einen Häuserblock lang. Sie hatte zwei Räume, einen kleineren und einen grossen. Ich arbeitete lieber in dem kleineren Raum, in dem etwa dreißig, vierzig Leute Platz hatten. Sie wählten mich zum Vorleser. Ich hatte fünfzig Zigarren in der Stunde gerollt. Das war mein Akkord-Limit. Wenn ich also eine Stunde vorlas, brachten die anderen die fünfzig Zigarren zusammen. Las ich zwei Stunden vor, gaben sie mir hundert. Ich saß auf einem Stuhl und las vor, während sie arbeiteten. Ich las ihnen über aktuelle Ereignisse vor, ein Buch, oder auch ein Stück. Die Bücher suchte ich aus. Hat schon einer gehört von einem zwölfjährigen Mädchen, das Flauberts ‚Salambò‘ liest? Alles, was mich beeindruckte, las ich den anderen vor. Tolstoi, einfach alles." (1981, S. 79)

Diese kurze Geschichte ist eine Geschichte der Stärke in einer Situation des Mangels: ArbeiterInnen nehmen einen Teil ihres fremdbestimmten Alltags selbst in die Hand und gestalten ihre Arbeitssituation; sie organisieren sich selbst und ergreifen die Möglichkeiten, die sich in dieser Situation bieten. In dieser kurzen Episode kann sicher nicht davon die Rede sein, daß eine unterprivilegierte Gruppe reale Machtverhältnisse verändert. Eine Verbesserung der Arbeitsbedingungen dient natürlich, vom Blickwinkel der Unternehmer aus gesehen, immer auch der Effektivität der Produktion.[22] Dennoch läßt sich das Potential der Nutzung und des sozialen Einflusses von Selbstorganisation und damit verbundener sozialer Unterstützung erahnen. Es ist anzunehmen, daß sozialer Wandel in den meisten Fällen mit kleinen Episoden dieser Art begonnen hat (Moscovici 1979). In einer historischen Situation, in der Wissen und Bildung noch weitgehend den privilegierten Schichten vorbehalten war, nutzen die ArbeiterInnen die Chancen ihrer routinisierten manuellen Arbeitsabläufe und erweitern ihre Bildung und damit ihr Bewußtsein. Sie legen damit ein Fundament für die Möglichkeit, sich individuell und als Gruppe aus ihrer unterprivilegierten Situation herauszuarbeiten. Gleichzeitig entdecken sie das Potential gegenseitiger Unterstützung und der Förderung der Ressourcen einzelner – in diesem Fall der literarischen Interessen einer Zwölfjährigen.

Aus dieser Geschichte lassen sich einige der *grundlegenden Fragestellungen* ableiten, die *Empowermentprozesse* interessant machen:

---

22 In Cuba ist es beispielsweise üblich, daß in den Zigarrenfabriken, in denen die cubanischen Zigarren auch heute noch mit der Hand gerollt werden, jede Arbeitsgruppe ihre(n) VorleserIn hat.

(a) Unter welchen Bedingungen gelingt es Menschen, sich aus einer machtlosen und demoralisierten Situation herauszuentwickeln, die eigene Stärke zusammen mit anderen zu erkennen, und in ihrem Handeln ihre soziale Umgebung und ihre Lebensbedingungen zumindest teilweise nach ihren Vorstellungen zu gestalten?
(b) Wie werden solche und ähnliche Formen der Selbstorganisation gefördert?
(c) Welche Auswirkungen hat dies auf die beteiligten Menschen und Organisationen?

Empowermentprozesse, so zeigt das oben genannte Beispiel, erfordern Gemeinschaft, finden also *im sozialen Kontext* statt und sind nicht rein individuell bezogen, obwohl sie durchaus psychologische Auswirkungen auf Einzelpersonen haben (Zimmerman 1990). Sie erfordern eine besondere Form der Wahrnehmung: das Erkennen eigener und gemeinschaftlicher Stärke, und eine daraus resultierende soziale Aktion, die sich oft als „kreativ" bezeichnen läßt.
Empowerment hat nicht bestimmte Ergebnisse oder die Erreichung von (expliziten oder impliziten) Normen zum Ziel. Vielmehr kann der Prozeß beispielsweise für eine alte Frau, die sich gegen eine Heimeinweisung wehrt, vollkommen anders verlaufen als für eine junge, alleinerziehende Mutter, die sich durchs Leben schlägt, für Mitglieder einer Selbsthilfegruppe chronisch Kranker oder für eine BürgerInnengruppe, in der sich Menschen, um ihre Wohnungen zu schützen, gegen die Sanierung ihres Viertels wehren. Ziel von Empowerment ist, von welchem Ausgangspunkt auch immer, einen Prozeß der Gestaltung und Gestaltbarkeit sozialer Lebensräume zu beginnen. Empowermentprozesse werden dabei nicht automatisch durch Fachleute durchgeführt oder kontrolliert. Sie geschehen täglich mit allen Arten von Personen, Gruppen oder Strukturen. Dennoch – und das muß uns hier aus einem professionellen und sozialpolitischen Blickwinkel heraus interessieren – gibt es Situationen oder Bedingungen, die diese Prozesse entweder fördern oder behindern.

3.1.2. Begriffsklärung: Prozesse

Wenn hier und im Folgenden im Zusammenhang mit dem Empowermentkonzept von Prozessen die Rede ist, so bedarf diese Begriffswahl einer Erklärung. Prozesse sollen hier nicht lediglich als eine zeitliche Abfolge von Ereignissen verstanden werden. Sie konstituieren sich aus intraindividuellen (emotionalen, kognitiven) und sozial interaktiven Abläufen, die zusätzlich in ihrer Interdependenz von Umweltereignissen beeinflußt werden oder diese selbst beeinflussen. Die Rede von Empowerment*prozessen* bedeutet daher, daß damit *Veränderungspotentiale auf der emotionalen, der kognitiven und der interaktiven Ebene freigesetzt* werden. Wichtiges Lernfeld und zentraler Bestandteil dieser Veränderungen sind die aktive Gestaltung und Beeinflussung der unmittelbaren sozialen Umwelt und/oder die Einmischung in sozialpolitische Zielsetzungen. Das Wachstum persönlicher und kollektiver Kompetenzen, emotionaler und kognitiver Komponenten des Selbstbewußtseins im Rahmen sozialer Aktion stellt das Besondere von Empowermentprozessen dar. Allgemeiner gesagt, bedeuten Prozesse im Sinne von Empowerment eine *Transformation einer gegebenen Situation* in eine neue Gestalt (Lewin 1963). Der Kontext einer Situation und das Bewußtsein dieses Kontextes, d. h. die historische Entwicklung einer Person oder Gruppe, deren status quo, die Indikatoren und Einflüsse der physikalischen und sozialen Umgebung und die Beziehung dieser Parameter zueinander spielen eine wichtige Rolle bei der Erfahrung dieses Transformationsprozesses. Dazu gehört auch die Veränderung der Wahrnehmung in Bezug auf vermeintlich unabänderliche Gegebenheiten und eigene oder fremde Rollenzuweisungen.

Klaus Hartung (1988) beschreibt in seiner Reportage über die sozialen Unternehmen der Triestiner Psychiatrie Beispiele solcher Transformationsprozesse, die oft der Routine der eigenen Wahrnehmung entgegenstehen:

> In diesen Beispielen sozialer Unternehmen geht es nicht darum, „… Verrückten eine Nische am Rande des Marktes zu verschaffen. In der Schreiner-Kooperative ‚Hill' (auf dem hügeligen Gelände der alten Klinik) arbeiten ehemalige Drogenabhängige und Psychotiker. Sie haben einen Spitzendesigner eingestellt, der mit ihnen Möbelmodelle entwirft. Die Produktionslizenz wird je nach Angebot vergeben. Die Preislage: keines der Einzelstücke unter 2.500 Mark. Das heißt: Dieser Ansatz hat nichts zu tun etwa mit sozialtherapeutischen Behindertenprojekten, die grobe Hochbetten für die alternative Kundschaft zimmern" (Hartung 1988, S. 11).

Hier wird gegenüber den herkömmlichen fürsorgerischen Strukturen psychiatrischer und sozialer Versorgung ein anderer Standpunkt eingenommen, ein neuer Blickwinkel gesetzt. Die allzu selbstverständliche Sichtweise, daß psychisch Kranke oder Behinderte nur eben dazu in der Lage sind, Produkte herzustellen, die geringeren Ansprüchen genügen und die sich auf dem Markt nicht behaupten können, führt nur selten zu innovativer Weiterentwicklung: weder der Individuen, noch der Versorgungsstrukturen. Menschen, Organisationen und Gemeinschaften können nur die Fähigkeiten und Potentiale entfalten, die wir ihnen auch zutrauen. Eine wesentliche Grundlage von Empowermentprozessen ist daher jene Transformation traditioneller Wahrnehmung: ein „gegen den Strich bürsten" alltäglicher Routinen.

3.1.3. Empowerment als professionelle Haltung

Empowermentprozesse haben wir zwar in ihren Ergebnissen täglich vor Augen, im Alltag werden sie jedoch nur selten bewußt wahrgenommen oder allzuoft als „selbstverständlich" abgetan. Obwohl der Bereich der psychosozialen Arbeit ein „sich wieder aus dem Sumpf ziehen" unter dem Etikett „Hilfe zur Selbsthilfe" zum Programm gemacht hat, werden sie auch dort *erstaunlicherweise bislang nur am Rande registriert.* Erst in jüngster Zeit werden vereinzelt nachahmenswerte Beispiele für erfolgreiche Selbsthilfeaktivitäten als Empowermentprozesse beschrieben (Bobzien 1993; Lobnig 1992); sie ändern jedoch nur wenig an einem defizitorientierten Blickwinkel auf die Zielgruppen professionellen Handelns (Bobzien/Stark 1991). In der Routine psychosozialer Praxis sind trotz vieler gegenteiliger programmatischer Äußerungen Prozesse subtiler Entmündigung der KlientInnen an der Tagesordnung (Bittner 1981; Olk 1986; Wolff 1983; siehe auch Kapitel 1). Das in der Sozialen Arbeit immer wieder hochgehaltene Prinzip der „Hilfe zur Selbsthilfe" verfolgt dabei lediglich die Illusion einer größeren Autonomie. Nico Diemer und Wolfgang Völker (1981) formulieren ihre Einschätzung zu diesem Prinzip so:

> „Hilfe zur Selbsthilfe geht es nicht um die Herstellung von Selbstbewußtsein – im Sinne eines Wissens um die eigene Geschichte, den eigenen gesellschaftlichen Ort und um die Verbesserung der eigenen Lage –, sondern um die Herstellung arbeitsfähiger und arbeitswilliger Subjekte. Und wer nicht funktionieren kann und will, für den heißt Hilfe gleich Ausgrenzung und Einschließung." (ebd., S. 72).

Das Erkennen der eigenen Stärke im Sinne des Bewußtseins um die eigene Situation geschieht im sozialen Alltag bereits so selten, daß gelungene Beispiele von Empowermentprozessen als Ausnahmen gesondert vermerkt werden. Die fürsorgerischen Strukturen unserer professionellen Hilfsangebote sorgen darüberhinaus dafür, daß es oft trotz aller guten Absichten der professionellen HelferInnen zusätzlicher Energie und Kraft bedarf, um sich den nicht selten in dieser Hinsicht behindernden professionellen Interventionen zu erwehren. Im Bereich der psychosozialen Arbeit bekommt deshalb Empowerment als Prinzip professioneller Arbeit einen besonderen Stellenwert.

In der defizitorientierten professionellen Welt der Sozialen Arbeit läßt sich *Empowerment* daher am besten *durch sein Gegenteil erklären*: durch die Situation der Machtlosigkeit und des subjektiv empfundenen Verlusts von Kontrolle über wesentliche Aspekte des individuellen und sozialen Lebens. Dies wird als Hintergrund vieler psychologischer und sozialer Krisen gesehen. In Konzepten wie dem der „gelernten Hilflosigkeit" (Seligman 1979), eine der theoretischen Grundlagen moderner Depressionsforschung, sind

solche Beschreibungen ebenso wiederzufinden wie in den sozialepidemio-
logischen Studien Bruce Dohrenwends (1980), der damit das Syndrom der
„Demoralisierung" illustriert, das er im Rahmen repräsentativer Studien
zum Status psychischer Gesundheit in den USA identifizierte. Mit Demoralisierung wird ein Verzicht auf Bewältigungsversuche belastender Lebensereignisse bezeichnet: die betreffenden Ereignisse werden als schick-
salhaft erlebt; das Individuum hat das Gefühl, nicht mehr in der Lage zu sein,
wirksam etwas zur Veränderung seiner Situation unternehmen zu können.
Nach Dohrenwends Untersuchungen (1980) können mehr als 15 % der US-
amerikanischen Bevölkerung als „demoralisiert" bezeichnet werden. Studi-
en im Zusammenhang mit atomaren und anderen technologischen Katastro-
phen haben in der betroffenen Bevölkerung einen weit höheren Demoralisie-
rungsgrad festgestellt (Keupp 1988, S. 49 f.). Solche Reaktionen mögen sich
in einer als weitgehend fremdbestimmt erlebten Gesellschaftsordnung auch
als „realistisch" herausstellen, so daß die Frage berechtigt erscheint, inwieweit das Ziel einer Kontrolle über die eigenen Lebensumstände in einer modernen Industriegesellschaft überhaupt möglich ist (Osterkamp 1987).
Der Sachverhalt der Machtlosigkeit und des Kontrollverlusts läßt sich jedoch auch von der anderen Seite her betrachten: Wie wichtig sind das Gefühl
eigener Stärke und die Möglichkeiten, über sein eigenes Leben bestimmen
und sich aktiv an der Gestaltung sozialer Gegebenheiten zu beteiligen zu
können, für das Wohlbefinden und die Gesundheit von Personen? Leonard
Sagan (1987) z.B. hat als Ergebnis einer epidemiologischen Längs-
schnittstudie betont, daß Menschen dann für Krankheiten weniger anfällig
sind und sich die Chance einer längeren Lebensdauer erhöht, wenn sie Kontrolle und Einfluß auf ihr Leben ausüben, ihr Schicksal also beeinflussen
können, und wenn das Gefühl der Anerkennung, Bestätigung und Zuneigung
durch die Gemeinschaft oder die Familie vorhanden ist. Blair Justice stellt
dazu in ihrem Artikel über die psychischen Einflüsse auf das Immunsystem
fest:

> „Wenn Menschen nur wenig über ihr Leben bestimmen können, oder wenn die
> Umstände ihren Grundbedürfnissen nach Liebe und Bindung entgegenstehen,
> werden sie erfahrungsgemäß anfälliger für Erkrankungen. Weil sie geringere Ein-
> flußmöglichkeiten haben und weniger Unterstützung erfahren, bewerten sie die
> Ereignisse in ihrem Leben negativer." (Justice 1991, S. 51)

Eine Reihe von Studien in den USA und Europa haben gezeigt, daß die *(Wie-
der-)Gewinnung von Kontrollbewußtsein und Kontrolle über die eigenen
Lebensumstände* eine wesentliche Voraussetzung für die Entwicklung psychosozialer Gesundheit sind (Hoff/Hohner 1982; Kieffer 1984). Nach anderen Untersuchungen scheint dabei nicht unbedingt die tatsächliche Kontrolle
über Situationen oder Entscheidungen einen stressreduzierenden und ge-

sundheitsfördernden Effekt zu haben, sondern schon bereits das Gefühl der Kontrolle und Kontrollierbarkeit von Situationen oder sozialen Umständen (Revicki/May 1985; Krantz/Schultz 1986). Die Bedeutung der Kontrollmöglichkeiten und der Gestaltbarkeit des eigenen Lebens und der sozialen Umgebung für eine gesunde Entwicklung liefert Indikatoren dafür, daß Prozesse des Empowerment eine wichtige Ergänzung zu den streßreduzierenden und „schützenden" Funktionen verschiedener Formen sozialer Unterstützung darstellen können (Röhrle 1987; Stark 1989b).

Bei der professionellen Förderung von Empowermentprozessen geht es nach Julian Rappaport (1985, 1986, 1987) darum, sowohl die Rechte und Stärken der BürgerInnen zu fördern, als auch ihre Schwächen und Bedürfnisse angemessen, d.h. nicht entmündigend zu berücksichtigen:

> „Mit dem Konzept Empowerment können wir nicht länger Menschen einfach als ‚Kinder in Not' oder als ‚Bürger mit Rechten' sehen, sondern müssen sie vielmehr als vollwertige menschliche Wesen, die sowohl Rechte, als auch Bedürfnisse haben, anerkennen. Wir müssen uns mit dem Widerspruch auseinandersetzen, daß selbst Menschen mit wenigen Fähigkeiten oder in extremen Krisensituationen, genauso wie jeder von uns, eher mehr als weniger soziale Kontrolle über ihr eigenes Leben brauchen." (Rappaport 1985, S. 269)

Empowerment, so der programmatische Anspruch, beschränkt sich nicht auf die Befriedigung von Bedürfnissen, die, wie an der Entwicklung der psychosozialen Dienstleistungen in den letzten Jahrzehnten nachvollziehbar, weitgehend zu einem paternalistischen Verhältnis zwischen Professionellen und KlientInnen und einem damit verbundenen Blick vor allem auf Schwächen, Defizite und Mängel geführt hat (siehe Abschnitt 1.2.). Gleichzeitig reicht es jedoch nicht aus, den Menschen einfach als Träger unveräußerlicher Rechte zu sehen, die er, von historischen, ökonomischen oder sozialen Gegebenheiten eingeschränkt, sich nur einfach zu nehmen bräuchte. Dies hieße, einem sozialen Darwinismus das Wort zu reden, der zynisch nach wie vor vorhandene und immer wieder erzeugte Hilfsbedürftigkeiten und die daraus folgende Notwendigkeit solidarischer Hilfe ignoriert.

Empowerment fordert daher beides: die *Berücksichtigung sowohl der Bedürfnisse als auch der Rechte der Menschen.* Diese Grundlage werden zwar SozialpolitikerInnen und/oder PraktikerInnen im psychosozialen Bereich kaum verneinen; programmatisch findet man diese Forderung immer wieder niedergeschrieben. Jedoch die Konkretisierung der vielfältigen „sozialen Hilfen", die heute von einer ganzen Wohlfahrtsindustrie angeboten wird, zeigt uns, daß in der Theorie wie auch noch stärker in der Praxis die Rechte der KlientInnen mehr oder weniger weitgehend zugunsten der Bedürfnisse im Sinne von Hilfsbedürftigkeit vernachlässigt werden. Dieser Prozeß ist verläuft durchaus zweiseitig: das Angebot von professionellen Hilfen und

Dienstleistungen und damit der Defizitblickwinkel auf den Menschen zieht korrespondierende Nachfragesituationen bei den KlientInnen und eine entsprechende Haltung der Schwäche und Hilfsbedürftigkeit nach sich – oder legt sie nahe. Dies führt auch zu den allseits bekannten Extremformen: totale Entmündigung der KlientInnen etwa in psychiatrischen Anstalten oder als SozialhilfeempfängerInnen oder, auf der anderen Seite, die von Professionellen häufig beklagte Überansprüchlichkeit oder Distanzlosigkeit der KlientInnen. Stutzig oder mißtrauisch machen sollte uns die darin vermeintlich angelegte Dialektik von Angebot und Nachfrage.

Sicherlich geschieht die Vernachlässigung der Rechte und Stärken von NutzerInnen psychosozialer Hilfeleistungen im allgemeinen nicht absichtlich. Durch den *einseitigen Blickwinkel auf die Schwächen und Defizite* jedoch wird die andere, *kompetente und gestalterische Seite von Individuen oder sozialen Systemen eher unterbewertet und weniger gefördert.* Durch dieses Ungleichgewicht verkümmert die kompetente Seite, die Identität der KlientInnen als „hilfsbedürftig und defizitär" wird unbeabsichtigt und strukturell gestärkt.

Betrachten wir Empowerment als eine der Grundlagen unseres professionellen Handelns im psychosozialen Bereich (Rappaport 1987), d. h. ist unser Ziel, die Möglichkeiten der Menschen zu erweitern und die Kontrolle über ihr Leben und ihre Lebensumstände zu erlangen, so werden wir notwendigerweise auch das bestehende Verhältnis zwischen psychosozialen Professionellen und KlientInnen und die dahinterliegende Sozialpolitik in Frage stellen müssen. Empowerment bedeutet daher die *Reformulierung der klassischen Ziele und Konzepte psychosozialer Versorgung*: der Focus liegt nicht länger auf den Defiziten von Personen oder Umständen, die behoben oder verhindert werden sollten, sondern darauf, die *Stärken der Menschen zu entdecken und zu entwickeln.* Dies bedeutet die Entwicklung von Menschenkräften für Personen, Gruppen und Strukturen: die (Zurück-)Gewinnung einer Form der Selbstbestimmung in der sozialen Lebenswelt.

Mittlerweile wird Empowerment auch in Deutschland mit großen Erwartungen und Hoffnungen belegt und als „Fortschrittsprogramm der sozialen Arbeit" verkauft (Herriger 1991). Das Konzept „Empowerment" als mögliche Grundlage psychosozialer Arbeit beansprucht jedoch gerade nicht, eine integrative Lösung der Dilemmata des psychosozialen Bereichs vorzuschlagen. Wie in Abschnitt 2.1.3. bereits ausgeführt, beruht eine der Grundannahmen von Empowerment darauf, daß soziale Probleme ihrem Wesen nach paradox und widersprüchlich sind und deshalb auch keine konvergenten, eindeutigen Lösungen erwartet werden können (Rappaport 1985). Viel eher wird es für ein und dieselbe Problemlage verschiedene, sich teilweise widersprechende, nichtsdestoweniger aber gleichwertige Lösungsmöglichkeiten geben. Professionelles Handeln im Sinne von Empowerment muß sich daher der Herausforderung stellen, mit divergenten Situationen umzugehen und die Fähigkeit der Menschen in diesen Kontexten, ihre Sache mit ihren Prioritäten und Handlungsmustern selbst in die Hand zu nehmen, zu entdecken und weiterzuentwickeln. Demzufolge läßt sich Empowerment nicht als eine Methode (psycho-)sozialer Arbeit vorschlagen, sondern als Grundhaltung oder professionelle Identität, die sich auf Versorgungsstrukturen, Institutionstypen und konkrete professionelle Tätigkeit in diesem Bereich auswirken kann.

3.1.4. Hoffnungen und Befürchtungen

Empowermentprozesse finden also grundsätzlich auf *zwei Schauplätzen* statt: als selbstorganisierte Prozesse im Alltag und als Philosophie professioneller Unterstützungsarbeit. Beide sind gleichermaßen mit Hoffnungen und Befürchtungen verbunden:

(1) *Empowerment als Prozeß im Alltag:* Dieser Prozeß beschreibt eine Entwicklung für Individuen, Gruppen, Organisationen oder Strukturen, durch die die eigenen Stärken entdeckt und die soziale Lebenswelt nach den eigenen Zielen (mit-)gestaltet werden kann. Empowerment wird damit verstanden als Prozeß der „Bemächtigung" von einzelnen oder Gruppen, denen es gelingt, die Kontrolle über die Gestaltung der eigenen sozialen Lebenswelt (wieder) zu erobern, d. h. als Phänomen, das im Alltag des sozialen Zusammenlebens immer wieder beobachtbar ist. Die Entwicklung vieler (neuer und alter) sozialer Bewegungen geben den empirischen Hintergrund für diese Prozesse ab. Diese Entwicklung geschieht dabei aus einer Position der Schwäche und Marginalisierung heraus und hat die Wahrnehmung und Analyse dieser Ausgangssituation zur Voraussetzung. Untersuchungen (Kieffer 1984; Biegel 1984) belegen, daß die distanzierte gesellschaftstheoretische Analyse offensichtlich nicht ausreicht, um einen solchen Prozeß anzustoßen. Ein *emotional erlebter Bruch mit den Routinen des Alltags* scheint immer am Anfang von Empowermentprozessen von Individuen zu stehen (siehe auch West 1990). Zur Stabilisierung und Weiterentwicklung dieser Bewußtwerdung scheint eine zweite Voraussetzung wichtig zu sein: eine *spezifische Form sozialer Unterstützung*, eine fördernde Haltung, durch Personen, eine Gruppe oder ein soziales Klima, die Charles Kieffer (1984) mit „mentorship" umschreibt. Die Beschreibung von Empowermentprozessen bedeutet also immer die Berücksichtigung verschiedener Ebenen. Die hier mitschwingenden einzelnen Ebenen sind nicht unbedingt neu („Bewußtwerdung" und Abbruch von Routinen, „soziale Unterstützung", „Politisie-

rung"); die Verbindung dieser Ebenen beschreibt jedoch den Prozeß des Empowerment vielleicht am besten.

Hier taucht die Verunsicherung vor allem in der *Frage der moralischen Kategorie* von Empowermentprozessen auf: Kann denn eine „Bemächtigung" für alle Gruppierungen oder Personen, unabhängig von ihren jeweiligen Absichten, das Ziel von Empowerment sein? Kann die Stärkung von z. B. rechtsradikalen Gruppierungen ein Ergebnis von Empowerment sein?[23] Können wir uns leisten, einen Ansatz zu unterstützen, der keine eindeutigen moralischen Kategorien beinhaltet? Die Rückbesinnung auf den Begriff „Emanzipation" als Alternative hilft da nur teilweise: Zwar werden hier eindeutige moralische Kriterien zugrundegelegt, das scheint aber auch genau eines der Probleme des Anspruchs „Emanzipation" zu sein. Verkörpert er nicht einen verdeckten moralischer Zwang und eine Normierung des Weges, die mit dem Ziel „Befreiung von Unterdrückung" eben jene Unterdrückung in subtiler Form gleich wieder einführt? Der Begriff „Empowerment" spielt da eher mit Veränderungsmöglichkeiten im Kleinen, läßt Verschiedenheiten zu und möchte befähigen, läßt aber auch viele Fragen offen und verführt zu Widersprüchlichkeiten im Denken.

(2) *Empowerment als Focus professioneller Bemühungen im psychosozialen Bereich:* Die Ausrichtung am Empowermentkonzept kann die Richtung der Fragestellungen und damit die Absicht oder die Haltung professionellen Handelns bestimmen. Damit stellen wir uns der Frage nach unserer professionellen Identität und den Zielen, aber auch den Methoden unseres Handelns. Die Eindeutigkeit der helfenden Beziehung mit ihren entsprechenden Rollenzuweisungen (etwa ExpertIn – KlientIn) wird nicht mehr nur ideologiekritisch hinterfragt (etwa im Diskurs um „soziale Kontrolle"). Empowerment als professionelle Haltung kann als Versuch bezeichnet werden, die sozialtechnologische „Reparaturmetapher" der helfenden Berufe zu überwinden, indem die Aufgabe der Professionellen darin besteht, einen Prozeß zu ermöglichen und anzustoßen, durch den KlientInnen (persönliche, organisatorische und gemeinschaftliche) Ressourcen erhalten, die sie befähigen,

---

23 Wenn bereits demoralisierte, rechtsradikale Gruppen andere diskriminieren und Gewalt gegen sie ausüben, ist dies allerdings eher ein Zeichen ihrer Schwäche und Orientierungslosigkeit und kaum ein Zeichen eigener Stärke. Die Verwirrung kommt in diesem Fall vermutlich auch aus der vereinfachten deutschen Übersetzung des Begriffs „power" mit „Macht" oder „Gewalt". „Power" im sozialen Sinn hat aber im englischen genauso die Bedeutungen von Überzeugungskraft, Durchsetzungsvermögen, Vermögen („... alles in seinen/ihren Kräften stehende..."), Befugnis, Autorität, Wirkung, Energie (Collins English-German Dictionary 1983).

größere Kontrolle über ihr eigenes Leben (und nicht über das anderer Menschen) auszuüben und gemeinschaftliche Ziele zu erreichen.

Auch hier erzeugt das Konzept zunächst *Verunsicherung*: die konkrete Tätigkeit der Förderung von Empowermentprozessen geht weit über die erworbene Fähigkeit der Fachleute hinaus, Kompetenzen zu vermitteln. Wichtiger ist hier die Pflege vorhandener Ressourcen (Hobfoll 1988) und das Aufspüren noch unerkannter Möglichkeiten. Dies erfordert eine Sensibilität für die Stärken von Menschen und ihren Zusammenschlüssen; die Fähigkeit, die Möglichkeiten in den jeweiligen Situationen jenseits sozialpolitischer Routinen und Regelungen zu erkennen. Die zunehmende Kraft der „Laien" geht einher mit einer wachsenden Skepsis gegenüber den „ExpertInnen". Deren Macht wird nicht nur von den KlientInnen hinterfragt (Herriger 1989); auch ihr Status der Erfüllung sozialpolitischer Funktionen gerät mit der Übernahme einer Empowermentperspektive ins Wanken und zieht die Gefahr der Kritik von übergeordneten Stellen nach sich. Eine Empowermentperspektive verändert also nicht nur das Verhältnis zwischen den Akteuren (HelferIn – KlientIn) im psychosozialen Bereich, sondern die Professionellen ganz direkt in ihrem Selbstverständnis. Sie geben damit ihre „Allzuständigkeit" für soziale Hilfen auf und stoßen Prozesse an, deren Ausgang sie nicht kontrollieren können. Verständlich sind also Fragen wie: „Ist eine Haltung des Empowerment nicht eine Überforderung für beide Seiten?" oder „Braucht es nicht eine privilegierte Stellung in der Berufspraxis, um so arbeiten zu können?" (Trojan 1993)

3.2. Dimensionen, Ebenen und Dynamik von Empowerment

Charles Kieffer, ein US-amerikanischer Gemeindepsychologe, hat in einer grundlegenden qualitativen Untersuchung einige Empowerment-Geschichten aufgezeichnet und ausgewertet (Kieffer 1984). Im Rahmen von Langzeitbeobachtungen und Interviews mit 15 in ihrer lokalen Umgebung sozial engagierten Personen hat er folgende gemeinsame Dimensionen herausgefunden, die sich auch in anderen Untersuchungen von Empowermentprozessen bestätigten (siehe Rappaport u. a. 1986; Florin/Wandersman 1990):

> (1) Es entwickelt sich ein positives und aktives Gefühl des „In-der-Welt-Seins";
> (2) es entwickeln sich Fähigkeiten, Strategien und Ressourcen, um aktiv und gezielt individuelle und gemeinschaftliche Ziele zu erreichen;
> (3) es wird Wissen und Können erworben, die zu einem kritischen Verständnis der sozialen und politischen Verhältnisse und der eigenen sozialen Umwelt führen (Kieffer 1984).

Auch wenn die Kieffersche Untersuchung auf Geschichten von Empower-mentprozessen, die einzelne Personen berichten, focussiert ist, wird schon in diesen Erzählungen und ihrer Auswertung deutlich, daß wir es hier mit *zwei Dynamiken* zu tun haben:

(a) Die Entwicklung der oben genannten Dimensionen geschieht durch Pro-zesse, die die Veränderungen von Personen oder Gruppen, die sich in einer demoralisierenden Situation befinden, hin zum Erkennen und Nutzen eige-ner Stärken charakterisieren (Abschnitt 3.2.1.).
(2) Möglich werden solche Prozesse jedoch erst durch die gegenseitigen Be-einflussungen verschiedener Ebenen von Empowerment (das Zusammen-spiel von psychologischer, organisatorischer und struktureller Ebene – Ab-schnitt 3.2.2.).

Da die Entwicklungsprozesse vor allem den *Ablauf von Empowermentpro-zessen* illustrieren und da das Zusammenspiel der Ebenen besonders das *Ver-hältnis der essentials von Empowermentprozessen* deutlich machen kann, werden diese beiden Dynamiken aus analytischen Gründen im Folgenden zunächst getrennt behandelt.

3.2.1. Die Entwicklung gesellschaftlicher Konfliktfähigkeit

Empowerment folgt nach Charles Kieffer (1981, 1984) der Dynamik eines aktiven Entwicklungsprozesses, bei dem die Interaktion subjektiver Ziele mit den Einflüssen und Ereignissen der sozialen Umgebung eine zentrale Rolle spielt (Faltermaier/Mayring/Saup/Strehmel 1992). Die *Transformati-on von einer Situation und einem Gefühl der Machtlosigkeit* (powerlessness) *zu einer partizipatorischen Kompetenz* vollzieht sich nach Kieffer in vier Abschnitten (siehe Abbildung 4, S. 126), die zwar aufeinander aufbauen, je-doch nicht immer als lineare Abfolge verstanden werden können. Kieffer (1984) beschreibt diese Veränderung idealtypisch als eine „… langfristige Entwicklung von einem soziopolitischen Analphabetismus oder Kindheits-stadium bis hin zum Stadium des soziopolitischen Erwachsenseins" (ebd., S. 18)[24].

(1) Mobilisierung

Der Bruch oder die Bedrohung einer als zentral erfahrenen Alltagsiden-tität kennzeichnet in den meisten Fällen den Beginn eines Empowerment-

---

[24] Die Übertragung aus dem Englischen dieses und aller folgenden Zitate aus Kieffers Untersuchung erfolgte durch den Autor.

prozesses, oder – um das Bild Kieffers noch einmal aufzugreifen – „die Geburt der Entstehung partizipatorischer Kompetenz" (ebd., S. 19). Erfahrungen dieser Art berichten Mitglieder von BürgerInneninitiativen oder Selbsthilfegruppen in vielfältigen Ausprägungen. Oft sind einschneidende und schmerzhafte Erlebnisse (schwere Krankheiten bei sich selbst oder bei Angehörigen), Brüche im normalen Alltag (Arbeitslosigkeit, Bedrohung oder Zerstörung der natürlichen Umgebung) die ersten Auslöser dafür, sich gegen sein vermeintliches „Schicksal" zu wehren und aktiv zu werden. Eine der Interviewpartnerinnen in Kieffers Studie beschreibt ihre Reaktion auf den geplanten Bau eines Stausees für ein Elektrizitätswerk, der ihr heimatliches Tal überfluten sollte, folgendermaßen: „Meine Seele, mein Herz, meine Lebensqualität, alles ist hier. Dieses Tal bin ich. Und nun wollen die einfach herkommen und alles zerstören? Nein! Ich werde hier bleiben und kämpfen, bis sie mich erschießen oder sonstwie wegbringen." (ebd., S. 18).

Kieffer (1984) betont, daß zur „Provokation von Empowermentprozessen" meist zwei Gegebenheiten zusammenkommen:

(a) Der lebensweltliche Kontext war vorher gekennzeichnet durch ein Gefühl von Integriertheit in alltägliche Lebenszusammenhänge, obwohl sich gleichzeitig alle InterviewpartnerInnen als „machtlos" im politischen Sinn bezeichnet hatten.

(b) Die objektive Veränderung ihrer Lebenszusammenhänge wurde als ein emotionaler Schock, als grundlegendes Infragestellen ihrer alltäglichen Routinen erlebt, die diese Personen weit über eine kognitive oder intellektuelle Bewußtwerdung hinaus aufrüttelte, sie emotional betraf.

Diese Phase des Einstiegs in einen Empowermentprozeß dauert nach den Beobachtungen Kieffers (1984) und der Studiengruppe um Julian Rappaport (Rappaport u. a. 1986) oft mehrere Monate bis über ein Jahr und ist gekennzeichnet durch Zeiten der Unsicherheit, des Erkundens der eigenen Möglichkeiten und der eigenen Fähigkeiten. Es muß erst wahrgenommen und akzeptiert werden, daß man/frau sich wehren oder überhaupt aktiv werden darf. Insbesondere werden dabei festgefügte Autoritäten oder entsprechende Symbole erstmals in Frage gestellt und entmystifiziert. So wird etwa erkannt, daß sogenannte „höhergestellte Persönlichkeiten" auch nicht die Antworten auf alle Fragen haben oder daß gesellschaftliche Titel und Ämter keinen qualitativen Unterschied zwischen Menschen bedeuten. Gleichzeitig werden (oft noch zögernd) eigene Stärken und Ressourcen entdeckt, z. B. vor anderen reden können oder überzeugen können. Diese erste *Veränderung der eigenen Wahrnehmung und Wirkung* stellt eine wichtige Voraussetzung für den Übergang in die kommende, weiterführende Phase eines Empowermentprozesses dar.

(2) Engagement und Förderung

Nach erfolgter Mobilisierung kommt der begonnene Empowermentprozeß in eine kritische Phase, in der die Anfangsbegeisterung und -wut abgeebbt ist. Spontane Aktivität oder Reaktion muß sich zu einem stabileren Engagement entwickeln; soll dies eine dauerhaftere Basis erhalten, so muß das Engagement auch zur Herstellung eines neuen Integritätsgefühls und persönlich-politischen Gleichgewichtszustands führen. Die drei wichtigsten Größen des Empowermentprozesses in dieser Phase lassen sich folgendermaßen beschreiben (Kieffer 1984, S. 20 f.):

(a) Besonders zentral scheint in dieser Phase die Rolle einer unterstützenden Person oder Gruppe, des *Mentors/der Mentorin*, zu sein. Gerade in Zeiten der Infragestellung alter Muster und autoritativer Symbole, des Wahrnehmens und Testens neuer persönlicher Werte und der Erfahrungen und Enttäuschungen der Wirkung persönlichen Engagements, sind Personen/ Gruppen mit einer spezifischen Form sozialer Unterstützung eine wichtige Hilfe. Sie fördern die Entdeckung verborgener Fähigkeiten und Kompetenzen, ermutigen zu selbstständigem sozialen und politischen Handeln und unterstützen explorative Erfahrungen in bislang unbekannten Handlungsfeldern. Diese MentorInnenrolle können verschiedene Menschen einnehmen: engagierte BürgerInnen, die bereits ähnliche Erfahrungen gemacht haben und auf dem kommunalpolitischen Parkett oder im jeweiligen Themenbereich geübt sind; Gruppen, die an ähnlichen Themenbereichen arbeiten; Personen aus entsprechenden Interessensverbänden, engagierte Professionelle oder – nicht selten – Pfarrer der jeweiligen Kirchengemeinde. Unabhängig von personifizierten Unterstützungsleistungen kann jedoch bereits ein förderndes soziales Klima eine wichtige Basis für Empowermentprozesse schaffen.

(b) Im mikrosozialen Bereich kann die *gemeinsame Erfahrung in einer Gruppe Gleichbetroffener oder Gleichgesinnter* nicht nur ein umgrenztes förderndes soziales Klima herstellen, sondern dient auch zur Ausbildung und Kultivierung grundlegender politischer Fähigkeiten und Kompetenzen. In diesem Schutzraum entwickelt sich ein Zusammengehörigkeitsgefühl und auch ein Gefühl zahlenmäßiger Stärke („ich stehe nicht allein da, wir sind mehr"). Diese Situation läßt es aber auch zu, mit den ersten Erfahrungen soziopolitischen Handelns zu experimentieren, Risiken einzugehen, Frustrationen und Ängste zu teilen und Erfolge zu feiern. Sowohl persönliche Kompetenzen als auch die Potentiale der Gruppenressourcen werden in dieser Phase ausgebildet. In dieser Hinsicht ähnelt der Gruppenprozeß und seine Wirkungen sehr stark der Dynamik von Selbsthilfegruppen, wobei im

Rahmen von Empowermentprozessen die Themen und Diskussionen in politische Zusammenhänge hinein erweitert sind.[25]

(c) Der *gegenseitige Austausch* und die Funktion des „mentorship" können, über die Kompetenzentwicklung hinaus, in besonderem Maße die Erkenntnis fördern, daß die Themen der Gruppe und die Motivationen der einzelnen (noch unzureichend) in (sozial-)politische und gesamtgesellschaftliche Zusammenhänge eingebettet sind, d. h. sie führen zur Ausbildung politischen Bewußtseins durch konkretes Handeln. Grundlage dafür sind weniger intellektuelle Bewußtwerdungsprozesse, sondern die Erfahrungen und Frustrationen aus den ersten Aktionsversuchen. So beschreibt z. B. Norbert Herriger (1991) die ersten Handlungsschritte einer Elterninitiative, die sich für die Verkehrsberuhigung einer vielbefahrenen Straße in ihrem Wohngebiet einsetzen, auf der zwei Kinder ihr Leben lassen mußten:

> „Familien, die vorher kein Wort miteinander gewechselt haben, treffen sich. Verabredet wird, daß einige auserwählte Stimmführer beim Leiter des Stadtbauamtes und beim Landtagsabgeordneten des Bezirks vorsprechen, um eine veränderte Verkehrsführung und geschützte Spielareale für die Kinder einzufordern. Die Ergebnisse dieser ersten Gespräche sind enttäuschend. Außer Vertröstungen bringen die ‚Delegierten' nichts nach Hause. Die Empörung auf Seiten der Bewohner, die jetzt ein Ziel kennt, ist groß …"
> Ein Mitglied der Initiative: „Für mich war das ein … Schlüsselerlebnis: Wir müssen uns wehren – jetzt erst recht – und die gewählten Vertreter, die mit unserer Stimme Politik machen, an ihre Verantwortung erinnern." (ebd., S. 30)

Felipe, ein Landarbeiter aus Kieffers oben genannter Untersuchung, drückt diese Erfahrung in seinen Worten aus: „Je mehr du dich mit diesen Machtspielen auseinandersetzt, desto mehr verändert sich dein Verständnis von Macht. Je länger ich hier kämpfe, umso mehr wird mir klar. Je mehr ich mich hier einsetze, desto mehr lerne ich." (Kieffer 1984, S. 22)

(3) Integration und Routine

Die ersten tastenden Versuche, selbst aktiv zu werden, sich selbst als aktives Mitglied einer Gemeinschaft zu verstehen und zu lernen, daß man fähig ist, sich in soziale und politische Zusammenhänge einzumischen und diese zu gestalten, erfahren nach einiger Zeit eine *Stabilisierung* und werden teilweise zur Routine. Die Einsicht und das Wissen um soziale und politische Zusammenhänge ist gereift; eine Reihe persönlicher und gruppenbezogener

---

25 Die Arbeit in Selbsthilfegruppen kann eine hervorragende Basis für Empowermentprozesse darstellen, ist jedoch nicht automatisch mit Empowerment gleichzusetzen. Zur Differenzierung und den Möglichkeiten der Förderung von Empowermentprozessen im Rahmen von Selbsthilfegruppen siehe Kapitel 4.

Kompetenzen in der Konzeptarbeit, in Diskussionen, im Umgang mit den Medien, der Öffentlichkeit und den Behörden haben sich herausgebildet und werden in den Alltag von Personen und Gruppen integriert. In dieser Phase müssen die Personen/Gruppen damit fertigwerden, daß sie sich geändert und weiterentwickelt haben, im soziopolitischen Sinne „erwachsen geworden sind" (Kieffer 1984, S. 23). Sie müssen mit der neuen Rolle umgehen lernen, ein wichtiger Faktor für die Gemeinschaft geworden zu sein – mit allen dazugehörigen Rollen*konflikten* innerhalb der Gruppe (Führungsansprüche usw.), aber auch im Rahmen des bisherigen sozialen Netzwerks. Die Familie, enge FreundInnen oder wichtige Bezugspersonen oder -gruppen sind oft nicht den gleichen Weg mitgegangen und stehen den Veränderungen manchmal verständnislos gegenüber. Persönliche oder gruppenbezogene Weiterentwicklung im Sinne von Empowerment heißt dann oft auch eine „Weg-Entwicklung" von vertrauten sozialen Bezügen und zieht, neben dem „Gewinn" dieses Prozesses, oft auch eine schmerzhafte Trauerarbeit und Verunsicherung nach sich. Die InterviewpartnerInnen in Kieffers Untersuchungen drücken dies in Formulierungen aus wie „ich habe mich radikal verändert... Ich werde nie wieder die Gleiche sein als am Anfang...". Martha, eine Hausfrau aus den Appalachen, sagt dazu: „Plötzlich wirst du ‚erwachsen' ... und du entwickelst dich unheimlich schnell. Deine Gedanken, deine Werte ..., wirklich alles verändert sich." (Kieffer 1984, S. 24)

(4) Überzeugung und „brennende Geduld"

Die vierte Phase des Empowermentprozesses läßt sich als eine entwickelte *Organisations- und Konfliktfähigkeit* beschreiben. Sie bedeutet keineswegs einen Abschluß, ein Gefühl des „Erreichten". Im Gegenteil: Die Integration neu erworbener Kompetenzen und politischer Wahrnehmungsfähigkeit in den eigenen sozialen Alltag und in das Selbstbild ist eine Leistung, die immer wieder erbracht werden muß. Jedoch wurde eine gewisse Sicherheit in der Anwendung partizipatorischer Kompetenzen erreicht; diese Fähigkeiten werden auch auf andere Lebensbereiche übertragen. Ebenso wurde gelernt, daß Erfolge auf dem Parkett der Einmischung in sozialpolitische Zusammenhänge und der Gestaltung von Lebensräumen Zeit und Geduld brauchen. Zugrundeliegend ist jedoch eine fest verankerte Überzeugung, daß es möglich ist, am gesellschaftlichen Leben aktiv teilzuhaben und gemeinsam mit anderen Ziele zu erreichen und Veränderungen herbeizuführen. Diese Überzeugung bleibt meist auch dann bestehen, wenn mittelfristige Ziele erreicht sind und eine Phase der Ruhe und Erholung eingetreten ist. Diese „brennende Geduld" (Neruda) erweist sich als wesentliche Kraft für längerfristige Prozesse und für die Unterstützung neuerer, jüngerer Gruppen und

Personen, die einen Empowermentprozeß beginnen. Hierzu sei noch einmal eine Aussage von Martha aus den Appalachen zitiert:

> „Ich habe dabei soviel gelernt, daß ich jetzt glaube, auch bei anderen Menschen einen Eindruck hinterlassen zu können (...) damit sie für ihre soziale Umgebung bewußter werden und sehen, wie sie funktioniert ... auch als einfache BewohnerIn. Irgendwie hast du die Erfahrung und das Wissen ... es ist nun an dir, den neuen InitiatorInnen zu helfen." (Kieffer 1984, S. 25)

Die Abbildung 4 (S. 126) zeigt die beschriebenen Entwicklungsphasen von Empowermentprozessen in einer Übersicht. Innerhalb jeder der vier Phasen zeigen sich eine Reihe von Prozessen (Wahrnehmungen und Handlungen), die aufeinander aufbauen und sich gegenseitig bedingen. Aus jeder Entwicklungsphase ergeben sich neue Wahrnehmungsmuster und Handlungsoptionen, die die Grundlage für die nächste Phase darstellen und zu dieser überleiten.

Die beschriebenen vier Phasen von Empowermentprozessen sind *idealtypisch* aufzufassen. In der Realität verlaufen sie natürlich nicht linear oder folgen einem inhärenten Automatismus, sondern werden begleitet von *Brüchen und Rückschlägen*: sie bilden Schleifen. Sie können als immer wiederkehrende, *dialogische Lernprozesse* aufgefaßt werden, die sich, nach Klaus Riegel (1980), aus der Abfolge von *Widerspruch, Reaktion, Reflexion und Synthese* herstellen. Die wesentlichen Kräfte dieses Entwicklungsprozesses sind

(a) das Gefühl der Widersprüchlichkeit, der Dissonanz zwischen den eigenen Wünschen und der aktuellen Situation, die über ein intellektuelles Bewußtsein hinaus geht;[26]

(b) die dialektische Beziehung zwischen praktischer Erfahrung und der Reflexion dieser Erfahrungen, die ein Mitglied einer BürgerInneninitiative am treffendsten so ausdrückt:

> „Das, was ich dabei gelernt habe, kann man einfach nicht in der Schule, in Seminaren oder Kursen lernen. Du mußt es selbst erfahren, um es wirklich zu kennen. Du mußt dich durch all diese Frustrationen durchgebissen haben, dich einsetzen und engagieren, einige Siege feiern, Niederlagen aushalten – all das, um es wirklich zu verstehen." (Kieffer 1982, S. 12);

---

26 Die amerikanische Sprache verwendet dafür den bildhaften Begriff „gut issues", was sich frei mit „ein Thema im Bauch fühlen" übersetzen läßt. Viele LeserInnen werden intuitiv wissen, was damit gemeint ist: „Ich fühle fast körperlich, daß etwas nicht stimmt oder daß mich diese oder jene Sache betrifft oder anrührt, ohne dies in Worten ausdrücken oder nachweisen zu können."

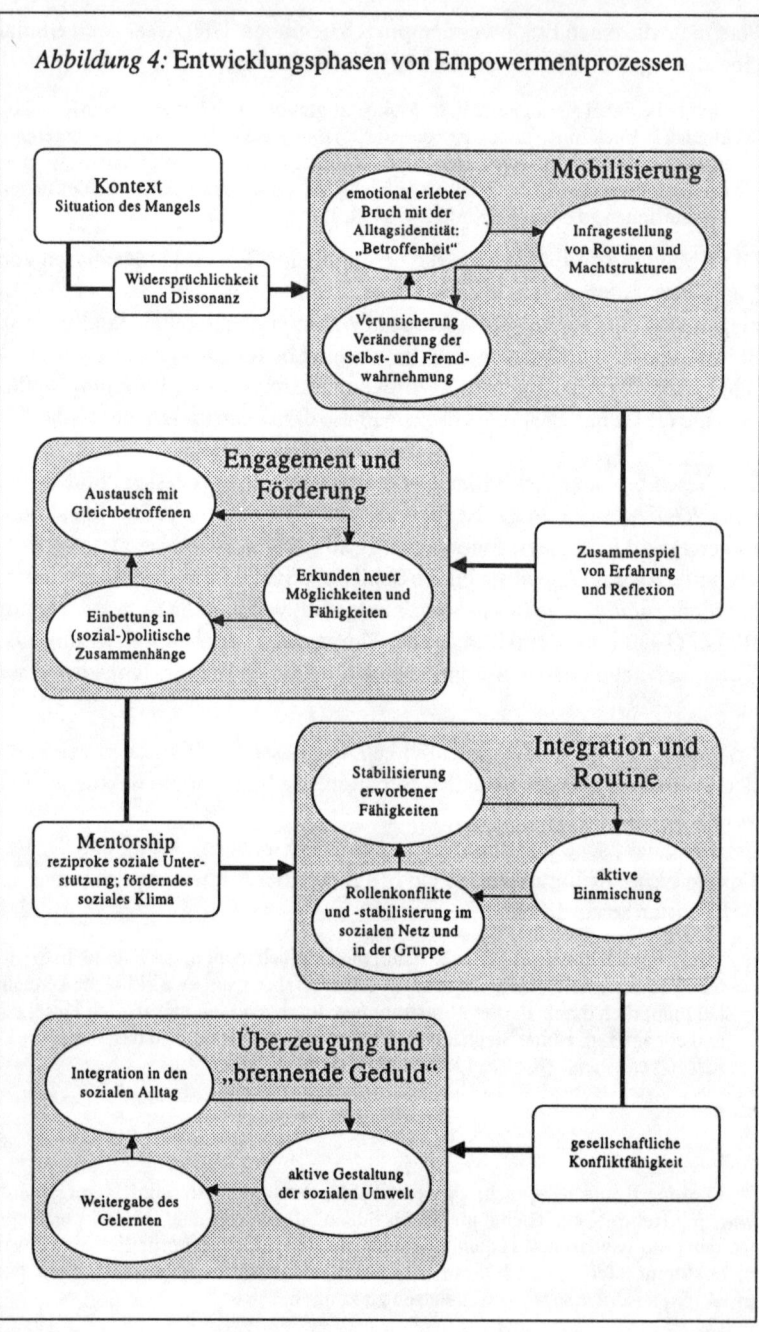

Abbildung 4: Entwicklungsphasen von Empowermentprozessen

(c) das aktive Aushalten und Aufgreifen der inneren und äußeren Konflikte dieses Erfahrungslernens. Empowermentprozesse, so Kieffer (1984), sind gekennzeichnet durch die untrennbare Verknüpfung zwischen Konflikt und Wachstum. Konflikte, innere und äußere, müssen wahrgenommen und bearbeitet werden, um das Wachstum aufrechtzuerhalten: „Wenn du keine Konflikte spürst, bist du tot. Sobald du versuchst, Konflikte zu verdrängen, hörst du auf zu wachsen und dich weiterzuentwickeln", formuliert dies eine Teilnehmerin an Kieffers Untersuchung.

Empowermentprozesse als Entwicklung einer gesellschaftlichen Konfliktfähigkeit erfordern und bewirken daher die *Herausbildung* und die *Pflege von Strategien*

(a) die gelernte Erwartung, hilflos zu sein, umzudefinieren
(b) die eigene Unsicherheit auszuhalten, Konflikte einzugehen
(c) gegenseitige Unterstützung zu stabilisieren
(d) Einschüchterungsversuchen von außen zu begegnen
(e) die damit verbundene Belastung privater Beziehungen durchzustehen.

Fast alle befragten Personen in verschiedenen Untersuchungen (Kieffer 1984; Rappaport u. a. 1986) bestätigen die Notwendigkeit dieser Entwicklung: „Es ist wichtig für die Leute, diesen Prozess zu durchlaufen … Es ist wichtig für sie, diese Qual zu spüren … Wir wachsen während der ganzen Zeit, aber (persönliches) Wachstum ist auch sehr schmerzhaft" (Kieffer 1982, S. 14). Die Dynamik von Empowermentprozessen bedeutet daher für Gemeinschaften und Individuen, die Ambivalenz und Widersprüchlichkeit von Erfolgen und Grenzen, von persönlicher und systemischer Weiterentwicklung und den daraus entstehenden Konflikten mit inneren und äußeren Gegebenheiten anzunehmen und sie aktiv gemeinsam in Lernprozesse umzumünzen.

3.2.2. Die Ebenen von Empowermentprozessen und ihre Verknüpfung

Charles Kieffers klassische Studie (1984) beschäftigte sich vor allem mit den Phasen, dem Ablauf von Empowermentprozessen und den Auswirkungen bei Einzelpersonen, wobei der soziale Kontext (die Gruppe, MentorInnen, soziales Klima) eine wichtige Rolle spielte. Die verallgemeinerten *Dimensionen von Empowermentprozessen* auf der Basis der Kiefferschen Studien (ebd., S. 129) lassen sich potentiell auf *drei Ebenen feststellen*: auf der individuellen Ebene, der Gruppen-Ebene, und auf der strukturellen Ebene (Stark 1991; siehe Abbildung 5, S. 128):

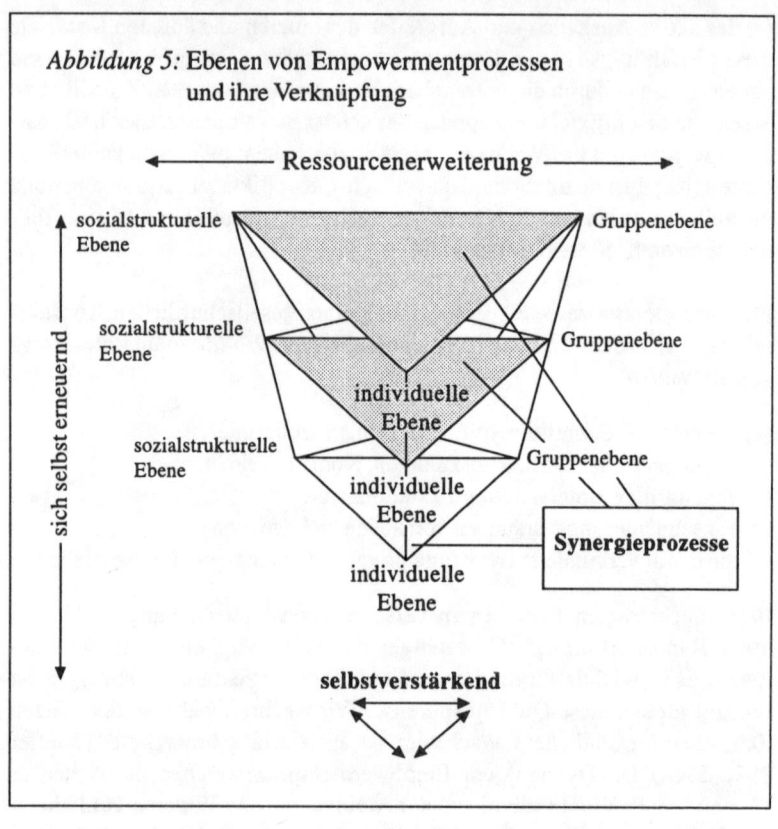

Abbildung 5: Ebenen von Empowermentprozessen und ihre Verknüpfung

(a) Auf der *individuellen Ebene* kennen wir alle Beispiele von Personen, die aus einer Situation der Machtlosigkeit, Resignation und Demoralisierung heraus beginnen, ihr Leben wieder selbst in die Hand zu nehmen. Erfahrungen psychologischen Empowerments sind Geschichten der Stärke in einer Situation des persönlichen oder emotionalen Mangels. Besonders im Zusammenhang mit der Arbeit von Selbsthilfegruppen finden sich immer wieder Berichte von Personen, denen es gelingt, aus einer schwachen und demoralisierten Situation heraus Ressourcen zu entdecken und zu nutzen. Psychologisches Empowerment geschieht jedoch nicht als rein individueller Prozeß, sondern hängt immer eng zusammen mit verschiedenen Formen sozialer Unterstützung. Individuelle Empowermentprozesse zeigen die „andere Seite" der so weit verbreiteten „gelernten Hilflosigkeit", die in der wissenschaftlichen Literatur inzwischen als Konzept des „learned hopefulness" diskutiert wird (Zimmerman 1990).

128

(b) Die Betrachtung von Selbsthilfe-Initiativen als Gruppen oder System liefert uns Erkenntnisse über die Bedingungen von *Empowermentprozessen von und in Gruppen bzw. Organisationen.* Sehr beeindruckend sind etwa Beispiele wie die „Aktionsgemeinschaften der Angehörigen psychisch Kranker" oder „Mütter gegen Atomkraft", die sich, wenn auch regional in unterschiedlicher Weise, von Gruppen, bei denen der Erfahrungsaustausch von Betroffenen im Vordergrund stand, zu Initiativen entwickelten. Sie versuchen, in verschiedenen (sozial)politischen Bereichen gestaltend im Sinne ihrer Ansprüche und Bedürfnisse Einfluß zu gewinnen.

(c) Auf der *strukturell-organisatorischen Ebene* sind historische und aktuelle Beispiele in den verschiedenen sozialen Bewegungen zu finden. Die neue Frauenbewegung ist ein sehr erfolgreiches Beispiel, das in den letzten Jahren weite Teile unserer Gesellschaft beeinflußt hat. Doch auch ganze Gemeinwesen, Stadtteile oder größere Organisationen können hier unter dem Blickwinkel des Empowerment analysiert werden.

Wie bereits die Untersuchungen Kieffers (1984) und weitere Studien zum Thema Empowerment (zur Übersicht siehe Rappaport/Hess/Swift 1984) erkennen lassen, sind Empowermentprozesse nicht auf diese Ebenen zu reduzieren und als klassische entwicklungspsychologische oder organisationssoziologische Phänomene zu betrachten. Im Gegenteil: die Kraft dieser Prozesse liegt gerade in der wechselseitigen Abhängigkeit und Integration von *Veränderung auf individueller, gruppenbezogener und struktureller Ebene.* Empowermentprozesse laufen daher nicht auf einer dieser Ebenen isoliert ab, sondern *verstärken sich gegenseitig durch die Interaktion zwischen den verschiedenen Ebenen.*

(1) Die individuelle Ebene

Richtet man den eigenen Blickwinkel auf Personen und ihre Entwicklung, die es geschafft haben, ihre Situation, ihre Ressourcen und Möglichkeiten zu erkennen und diese Erkenntnis in soziale Aktion und eine Gestaltung der Lebenswelt umzusetzen, so finden sich – beginnt man hier zu suchen – Hunderte und Tausende von Beispielen, die individuelle Empowermentprozesse beschreiben. Manche dieser Geschichten sind auch über die Medien bekannt geworden; die Geschichte von Lois Gibbs sei hier kurz nacherzählt:

> Lois Gibbs, eine Hausfrau in einer amerikanischen Kleinstadt, hat die Sorge um die Gesundheit ihrer Familie und Nachbarn, deren Häuser auf dem Gelände einer ehemaligen Sondermülldeponie gebaut worden waren, grundlegend verändert. Nach Jahren des Leidens und der vergeblichen Eingaben bei den zuständigen Behörden, entschloß sie sich dazu, gegen die verantwortlichen Firmen und Behörden öffentlich vorzugehen, fand nach vielen Widerständen MitstreiterInnen und gewann den Kampf um die Dekontamination des Bodens, den Erhalt ihres Wohn-

viertels, und um entsprechende Entschädigungszahlungen. Heute ist sie der Kopf des Citizen's Clearinghouse for Hazardous Waste, einer Organisation, die überall in den USA gegen die ungeregelte Deponierung chemischer und industrieller Abfälle kämpft, betroffene BürgerInnen und Gruppen unterstützt und über die Gesundheitsgefahren und Vertuschungsmanöver von Industrie und Behörden aufklärt. In den USA gilt Lois Gibbs mittlerweile als eine der Gallionsfiguren für den Widerstand der BürgerInnen gegen die Verschmutzung ihrer Umwelt und die Bevormundung durch die Industrie. (W. S.)

Andere Geschichten erzeugen weniger öffentliche Resonanz, illustrieren jedoch den in der Gemeinschaft entstandenen individuellen Transformationsprozeß. Im Folgenden gebe ich Ausschnitte aus einem Gespräch mit einem Klienten einer Familienberatungsstelle wieder, die zusätzlich zu den beraterischen Angeboten zusammen mit BewohnerInnen des Stadtteils einen offenen Treffpunkt im Quartier organisierte:

„... Als damals der Treffpunkt als offenes Angebot geplant wurde, hat mich das gleich interessiert – und nach anfänglichen Schwierigkeiten gab's dann auch einige Mitarbeiter, die einfach sagten, wenn wir Ideen hatten ‚Ja, o. K., das probieren wir aus.' Und so sind dann anfangs Unternehmungen entstanden, wie mal zusammen mit einigen Familien mit dem Bus wegzufahren oder einen regelmäßigen Kinonachmittag für Kinder. Das Tolle daran war, daß da nicht lange rumdiskutiert wurde, sondern einfach Ideen angepackt und verwirklicht wurden. ...
Für mich persönlich hat die Mitarbeit im Treffpunkt sehr viel gebracht. Die Möglichkeit, eigene Ideen wie das Kino zusammen mit anderen zu verwirklichen, oder auch mal Fähigkeiten, die ich habe, anderen anzubieten, haben mich in dieser Zeit extrem verändert. Ich bin viel selbstbewußter und aktiver geworden, und auch die Probleme in der Familie haben sich gebessert. ...
Ich habe erfahren, daß man sich selber helfen kann bei seinen Problemen, wenn man eine kleine Hilfe bekommt, wie etwa ein Raumangebot oder Zuspruch für Aktivitäten. ... Das Gefühl ‚Mensch, ich hab' was geschafft', ist oft viel wichtiger als alle Therapie. Im Treffpunkt sind Angebote für verschiedene Interessen da, und wenn was fehlt, dann kann jeder kommen und was Neues von sich aus anbieten. Komplette Programme kriegt man ja sonst überall angeboten. Wichtig finde ich am Treffpunkt, daß hier die Leute motiviert werden, selber was auf die Beine zu stellen. Und die Leute kommen auch, machen was zusammen, basteln oder arbeiten mit Ton, und es werden Erfahrungen und Ideen ausgetauscht, ohne daß einer als Leiter oder Lehrer vornestehen muß. Der Treffpunkt ist für mich eine Art Bürgerhaus. Man kann sich dort treffen, muß nicht in die Wirtschaft gehen und setzt sich dort auch mal für 'nen Ratsch zusammen. ...
Auch wenn's bei manchen Aktivitäten oft nicht immer glatt geht, wird man doch immer im Nachhinein belohnt; auch durch Rückschläge wächst von Mal zu Mal das Selbstvertrauen. Der Erfolg zeigt sich z. B. bei der Vorbereitung des jährlichen Sommerfestes: da wird ein Treffen gemacht – und auf einmal sind wir 40 bis 50 Helfer und auf die kann man sich hundertprozentig verlassen. Sicherlich darf man aber auch, wenn man mal 'ne Idee hat, nicht gleich beim ersten Mißerfolg das Handtuch werfen. Wenn ich z. B. mit Fotokursen anfange und es kommen nur drei Leute, dann muß ich's eben nochmal anbieten und darf nicht locker lassen. Man lernt auch, Probleme der anderen Menschen wahrzunehmen und zu verstehen;

man sieht, daß man nicht alleine dasteht. Es ist aber auch wichtig, daß man in solchen Situationen mal mit einem Mitarbeiter reden kann, der einem aus seiner Sicht weiterhilft.
Ich glaube, in jedem Menschen stecken irgendwelche Möglichkeiten, die nur rauskommen müssen. Ich hab' da vielleicht ein gutes Beispiel für andere gegeben, selber was anzupacken ..."[27]

Da solche und ähnliche Beispiele sich eher aus alltäglichen, „normalen" Lebensverläufen herausheben, ist hier die Frage zu stellen, weshalb manche Menschen solche Entwicklungen durchlaufen, und andere, die Mehrheit der Bevölkerung, wieder nicht. Worin bestehen die psychologischen Unterschiede zwischen beiden Gruppen?

Im Rahmen von retrospektiven Analysen und Feldbeobachtungen wurden einige Parameter *psychologischer Empowermentprozesse* (Zimmerman 1990) auf der individuellen Ebene herausgefunden. Die Schlüsselkategorie für Empowerment ist nach diesen Untersuchungen und Metaanalysen das *Bewußtsein, Situationen oder Ereignisse prinzipiell beeinflußen zu können* und nicht von äußeren Einflüssen oder dem Fortgang der Geschehnisse vollkommen abhängig oder diesen ausgeliefert zu sein (Kontrollbewußtsein oder „perceived control"). Diese Kategorie unterscheidet zwischen Personen, die ein grundlegendes Gefühl haben, selbstgestellte oder zugewiesene Aufgaben bewältigen zu können, und denjenigen Personen, die sich schnell (oder prinzipiell) überfordert fühlen. Zu diesem Thema, der individuellen Überzeugung, Ergebnisse sozialer oder anderer Prozesse beeinflussen zu können, gibt es eine Tradition von empirischen sozialpsychologischen Studien (zur Übersicht siehe Langer 1983). Positives Kontrollbewußtsein integriert demnach Persönlichkeitsvariablen (locus of control), kognitive Variablen (die Einschätzung der eigenen Fähigkeiten und des zu erwartenden Erfolgs), und motivationale Anteile (der Wunsch, selbst aktiv zu werden, um die soziale oder politische Lebenswelt zu beeinflussen). Die Überzeugung, über das eigene Verhalten Situationen oder Teile der Umwelt beeinflussen zu können, ist also verbunden mit positiven Erfahrungen der eigenen Kontrollfähigkeiten und damit mit einer positiven Erwartung bezüglich des Erfolgs und einer hohen Motivation, soziale Situationen aktiv zu beeinflussen.

Alle drei Aspekte von Kontrollbewußtsein bedingen einander und stellen eine wichtige Grundlage für psychologisches Empowerment dar, können je-

---

27 Dieses Gespräch entstand im Rahmen der Recherchen zur Broschüre „Gemeinsam handeln. Wie wir mit Krisen und Belastungen fertig werden.", die ich zusammen mit KollegInnen im Auftrag der Bundesvereinigung für seelische Gesundheit im Jahre 1986 zusammenstellte (Bundesvereinigung für seelische Gesundheit 1986, S. 37).

doch psychologische Empowermentprozesse nicht hinreichend erklären. Nach Marc Zimmerman und Julian Rappaport (1988) sind die Elemente von Kontrollbewußtsein bislang ausschließlich als univariate Persönlichkeitskonstrukte diskutiert worden, die eine Verbindung zu gemeinschaftlichem und sozialen Handeln und den dafür relevanten Bestimmungsstücken vernachlässigen. Sie konnten zeigen, daß erst eine Verbindung der genannten Elemente von „perceived control" mit dem freiwilligem Engagement und sozialer Aktion in verschiedenen BürgerInnengruppen in der Lage ist, eine Grundlage für die Erklärung psychologischer Empowermentprozesse anzubieten.

Das Bewußtsein der Möglichkeiten, die eigene Situation und die soziale Umwelt zu beeinflussen, ergibt und verstärkt sich daher durch eine Orientierung zu aktivem Handeln in der Gemeinschaft – einem Engagement, das die Erfahrungen einer Person, ihr Leben gestalten zu können, immer wieder ermöglicht. Dieser Prozeß verläuft natürlich nicht isoliert, sondern gewinnt durch die aktive Auseinandersetzung mit anderen Personen Bestätigung und soziale Unterstützung auch bei Niederlagen. Empowerment bedeutet auf der individuellen Ebene daher einen Prozeß der *Integration in die Gemeinschaft* (Zimmerman 1992).

Eine Reihe von Untersuchungen zeigen, daß die *aktive Mitwirkung in sozialen Gruppen und sozialen Aktionen in der Gemeinde* ein wichtiger Ausgangspunkt für Menschen mit geringen Gestaltungsmöglichkeiten ist, Prozesse psychologischen Empowerments zu erfahren (Florin/Wandersman 1984; Stone/Levine 1985). In diesen Untersuchungen wurden die Selbsteinschätzungen von aktiven Mitgliedern von BürgerInneninitiativen mit der von passiven BewohnerInnen derselben Stadtteile/Gemeinden verglichen. Die Ergebnisse der Studien zeigten deutlich höhere Werte in den Bereichen Selbstwertgefühl und der Einschätzung der eigenen sozialen Fähigkeiten bei den aktiven Mitgliedern. BürgerInneninitiativen, Selbsthilfeprojekte, Nachbarschaftshilfe und ähnliche Formen selbstorganisierten freiwilligen Engagements können daher als Lern- und Entwicklungsfelder für psychologische Empowermentprozesse betrachtet werden (Berger/Neuhaus 1977). Zusätzlich zu einem verstärkten Kontrollbewußtsein und zur Ausbildung organisatorischer und sozialer Kompetenzen entwickeln sie, nach den vorliegenden Erkenntnissen, einen weiteren wichtigen Parameter für psychologisches Empowerment, den Marc Zimmerman (1992) als ein „kritisches Bewußtsein der sozialen Umwelt" bezeichnet: die Fähigkeit, die eigene soziale und politische Situation zu verstehen und sich entsprechend zu verorten. Bestandteil dieser über ein eher theoretisches politisches Bewußtsein hinausgehenden Kategorie ist das praktische Wissen, *einflußreiche Personen zu (er)kennen* und ihre Motivationen, ihre Ressourcen und die Faktoren, die ihre Entscheidungen beeinflussen, zu identifizieren. Die Sensibilität für solche Drehpunktpersonen[28] ist eine Grundlage für die Wahrnehmung und entsprechende Verwendung der eigenen Ressourcen auf der persönlichen und organisatorischen Ebene. Sie dient der Entwicklung eines Handlungswissens, das unter anderem entscheiden hilft, in welcher Situation Konfliktstrategien angebracht sind und wann nicht.

Marc Zimmerman (1990) bezeichnet den Weg zu psychologischem Empowerment als „learned hopefulness", ein Ansatz, der die Auswirkungen einer Verbindung von Kontroll*bewußtsein* und kontrollierendem oder gestaltendem *Handeln* beschreibt. Er schlägt dabei „learned hopefulness" als positive Alternative oder Ergänzung zum traditionellen Modell der gelernten Hilflosigkeit (Seligman 1979) vor. Ergebnisse einer ersten empirischen Untersuchung deuten darauf hin, daß die aktive Teilhabe an gemeinwesenorientierten Initiativen (BürgerInneninitiativen, Selbsthilfegruppen, Nachbarschaftshilfen)[29] positive Auswirkungen auf die Entwicklung psychologischen Empowerments (auf der Persönlichkeits-, der kognitiven und der motivationalen Ebene) bei StudentInnen und StadtteilbewohnerInnen haben. Das *Bewußtsein von Empowerment* hat dabei offensichtlich stärkere Auswirkungen auf Entfremdungsgefühle als einfach das aktive Engagement in einer Initiative. Neben dem Einfluß spezifischer Formen sozialer Unterstützung ist dabei nach Zimmerman (1990) eventuell auch die Form des aktiven Engagements und die Struktur in den Initiativen ausschlaggebend. Initiativen und Organisationen, die ihre Mitglieder zur Teilhabe an organisationsinternen Entscheidungsprozessen ermutigen und die entsprechenden Verantwortlichkeiten aufteilen, fördern Empowermentprozesse stärker als weniger „partizipatorische Organisationen", bei denen das Engagement eher in der Übernahme von Büroarbeiten oder anderen Hilfsdiensten besteht.

---

28 Der Begriff der Drehpunktpersonen wurde von Schwendter (1973) eingeführt, um die zentralen Personen in (vorwiegend alternativen) Netzwerken zu beschreiben, die persönliche und inhaltliche Kontakte zu vielen engagierten Personen auf verschiedenen Ebenen unterhalten und pflegen. Organisationssoziologische Untersuchungen zeigen jedoch, daß dieses für die Effektivität einer Gruppe/Organisation zentrale Phänomen in allen Arten von Organisationen (Administrationen, Firmen, BürgerInneninitiativen u.v.m.) und politischen oder themenzentrierten Gruppierungen zu beobachten ist. Sue und Zane (1980) halten die Kenntnis solcher Personen für einen wichtigen Faktor, gelernte Hilflosigkeit zu verhindern und Kontrollmöglichkeiten zu entwickeln, und bezeichnen diesen Prozeß als „understanding causal agents".

29 Der besseren Lesbarkeit wegen werden diese unterschiedlichen Formen freiwilligen sozialen Engagements in der Folge als „Initiativen" oder „Organisationen" bezeichnet.

Die Gruppe um Julian Rappaport hat zur Dynamik und den Auswirkungen von Empowermentprozessen einige Untersuchungen vorgelegt. Sie stammen vor allem aus einer großangelegten Längsschnittuntersuchung zu den Prozessen in einer Selbsthilfeinitiative von Menschen mit psychischen Problemen namens GROW (Rappaport u. a. 1985; Zimmerman u. a. 1985). In einer Teiluntersuchung sind Laura Roberts und Julian Rappaport (1989) der Frage nachgegangen, welche Auswirkungen die Figur des gegenseitigen Helfens in Selbsthilfeinitiativen für die Mitglieder der Gruppen hat. Im Rahmen von Verhaltensbeobachtungen und Ratings fanden sie heraus, daß das Sozialverhalten der Mitglieder durch ihre helfende Aktivität in den Gruppen sich sowohl bezüglich von Fremd- wie auch von Selbsteinschätzungen verbessert, die individuellen Symptome (in diesem Fall psychiatrische Symptome) jedoch nur wenig Veränderung erfahren. Sie äußern die Vermutung, daß sich das implizite Thema in den Gruppen mit „sozialer Unterstützung" und „gegenseitiger Hilfe" beschreiben läßt. Die Symptome jedoch, die ja oft ein Hilfsmittel psychiatrischer Taxonomien darstellen, seien offensichtlich weniger ein Problem der einzelnen Gruppenmitglieder und daher auch nicht Thema der Gruppen; folgerichtig lassen sich bezüglich dieser Variable auch nur geringere Veränderungen feststellen.

(2) Die Ebene von Gruppen und Organisationen

In der psychologischen und sozialwissenschaftlichen Literatur besteht immer wieder die Tendenz, Empowermentprozesse zum größten Teil auf einzelne Personen zu beziehen. Die Restriktion auf individuelle Parameter reicht jedoch, wie bereits an den bisher angeführten Studien und Beispielen zu erkennen, für die Erklärung von Empowermentprozessen nicht aus. Empowerment ist nicht auf die Ebene von persönlichen Eigenschaften zu reduzieren; der *soziale Kontext* (gemeinschaftliche Aktionen, Interessensgemeinschaften, soziale Unterstützung in der Gruppe) muß als *unverzichtbarer Bestandteil von Empowermentprozessen* betrachtet werden (Zimmerman 1990).

Wenn psychologische Empowermentprozesse, die Entwicklung persönlicher Stärke und sozialer Teilhabe, vor allem aus kollektiver sozialer Aktion (z. B. in BürgerInneninitiativen, Stadtteilgruppen, Selbsthilfegruppen o. ä.) erwachsen, so ist hier die Frage interessant, wie denn Empowermentprozesse auf der Gruppen- oder Organisationsebene ablaufen, bzw. welche spezifischen Parameter auf dieser Systemebene zu finden sind. Untersuchungen sind (noch) relativ dünn gesät; das Interesse an dieser Analyse- und Aktionsebene wächst jedoch nicht zuletzt durch eine in den letzten Jahren verstärkte Aufmerksamkeit für systemische Zusammenhänge (Schiepek 1986). Aus diesem Grunde soll dieser Ebene hier ein etwas breiterer Raum eingeräumt werden.

Marc Zimmerman (1990, 1992) *unterscheidet zwischen „empowering organizations" und „empowered organizations";* also zwischen Gruppierungen oder Organisationen, deren Ziel oder Effekt darin besteht, ihre Mitglieder bei der Entwicklung individueller und gemeinschaftlicher Empowermentprozesse zu unterstützen, und solchen, denen ein eigener Empowermentprozess als Organisation, d. h. eine erfolgreiche Einmischung in soziale oder politische Belange gelungen ist und deren vorrangiges Ziel auch in einer solchen Einmischung besteht. Diese Differenzierung besagt, daß Gruppierungen, die vor allem die Ressourcen und Stärken ihrer Mitglieder entwickeln wollen, nicht automatisch sozialen oder politischen Einfluß auf ihre Umgebung haben müssen. Umgekehrt mögen vor allem extern aktive Gruppierungen oder Organisationen zwar politisch einflußreich sein, dies kann aber nur geringe Auswirkungen auf die Entwicklungsmöglichkeiten ihrer Mitglieder haben. Natürlich bedingen sich die beiden Aspekte in Organisationen gegenseitig, die für die Empowermentprozesse relevanten Parameter sind je nach Organisationstyp jedoch unterschiedlich. Beispiele von Empowermentprozessen in Gruppen und Organisationen sollen dies verdeutlichen.

(1) Zunächst sollen *„empowering organizations"* im Vordergrund stehen:

„Neu-Perlach soll blühen ist das Motto der bemerkens- und sehr lobenswerten Mieterinitiative zur Humanisierung des Wohnumfeldes der Hochhausbebauung. Der Verein hat Mieter aktivieren können, um die Hochhäuser, beginnend bei den Erdgeschossen zugeordnete Mieterbeete anzulegen; vor allem aber auch dem urbanen Leben besonders gerecht werdende Gemeinschaftsnutzgärten zu schaffen. Die kleinteilig gegliederten Grünflächen bilden vorbildlich einen maßstäblich angemessenen Bereich visuell und durch Gartenarbeit erlebbaren Grüns. Besonders den Kindern wird, in Ergänzung zum vorhandenen gigantischen Wohnhausgebirge, eine ihnen angemessene Größenordnung von Pflanzenwelt geboten. Auch Insekten und Kleintiere erhalten am Rande der Millionenstadt die Chance wieder bemerkbar zu sein. Dieses Beispiel der Nachbesserung großer Siedlungen sollte Schule machen." (Auszug aus dem Schlußbericht zum Bundeswettbewerb 1990: Gärten im Städtebau).

Schule gemacht hat diese Initiative zweifellos – nicht nur durch die mit diesen (zugegeben etwas holprigen) Worten verliehene Goldplakette des Bundesministeriums für Raumordnung, Bauwesen und Städtebau. Seit ihrer Gründung im Jahre 1988 hat der Verein fünf Gemeinschaftsgärten von je 100 bis 200 qm und elf gemeinschaftlich genutzte Vorgärten (direkt vor den Häusern und Wohnungen) in Zusammenarbeit mit dem Gartenbauamt der Stadt München gegründet. 50 bis 60 Familien mit vielen Kindern und Einzelpersonen sind in den verschiedenen Gärten aktiv. Darüber hinaus wurde in der bisher nicht genutzten Mitte eines Wohnrings zusammen mit den BewohnerInnen ein BewohnerInnen-Treffpunkt gestaltet, mit Cafè, Werkstatthütte und Spielbereich, der in kurzer Zeit zu einem Begegnungsort verschiedener Generationen, sozialer und ethnischer Gruppen geworden ist. Natürlich kann man einwenden, daß 200 bis 300 aktive Menschen von ca. 6000 Einwohnern dieses Teils einer großen Trabantenstadt im Süden Münchens immer noch einen geringen Prozentsatz darstellen, zudem die Initiative selbst einräumt, daß lange nicht alle BewohnerInnen des Wohnrings diese neuartige Lebensform in ihrer Wohnumgebung befürworten. Im Vergleich mit anderen Erfahrungen in Trabantenstädten ist hier jedoch mit unkonventionellen und erstaunlich geringen Mitteln viel gelungen. Die Initiative selbst: „Die Gärten tragen dazu bei, ein stückweit die Isolation und Anonymität in der Großsiedlung aufzubrechen. Es gehörte anfänglich einiger Mut dazu, sich herauszutrauen und im Angesicht unter den mißtrauischen Blicken von oben einen Garten anzulegen. Vor allem die Gemeinschaftsgärten haben einen hohen sozialen und kommunikativen Wert. Es sind dort Familien und Einzelpersonen verschiedener sozialer Schichten und nationaler Herkunft aktiv, Kontakte entstehen, die vorher nicht möglich gewesen wären. Ein Bewohner aus einer Gartengemeinschaft formulierte das so: ‚So viele Leute habe ich vorher nicht gekannt. Leute aus meinem Hauseingang, wie die Frau H. oder den Herrn S. habe ich höchstens kurz gegrüßt und jetzt treffen wir uns fast jeden Tag im Garten und arbeiten und feiern dort zusammen. Das ist einfach großartig.' Es zeigte sich schnell, daß über die Garteninitiative hinaus mit den Gemeinschaftsgärten eine neue Lebensart eingeführt wurde. Der Bann der Anonymität des öffentlichen Grüns war plötzlich gebrochen. Eine zaghafte Öffnung des Lebensstils beginnt sich seit der Entstehung der Gemeinschaftsgärten auch außerhalb der Gärten durchzusetzen. Immer mehr Bewohner nutzen die Gartennischen und auch das andere öffentliche Grün, um sich mal rauszusetzen, mal gemeinsam zu feiern." (Auszug aus Informationsschrift des Vereins „Neuperlach soll blühen" 1994)

„Neuperlach soll blühen" ist von ihrer Struktur und ihren Zielen her eine typische „empowering organization", die für ihre Mitglieder Empowermentprozesse ermöglicht. Grundlage ist vor allem, Möglichkeitsräume für die BewohnerInnen des Wohnrings zu schaffen (Gemeinschaftsgärten, Treffpunkt mit Café und Werkstatt), in denen Interessen und Erfahrungen ausgetauscht und entfaltet werden können. Entscheidungen in den einzelnen Aktivitätsbereichen werden gemeinsam getroffen. Dies und immer wiederkehrende gemeinsame Feste sind wichtige Bestandteile der Entwicklung einer gemeinsamen Identität (siehe auch Kelly 1989; Zimmerman 1992).

Die beiden bezahlten Betreuerinnen sehen ihre Rolle hauptsächlich darin, solche Entwicklungen zu ermöglichen, die verschiedenen Projekte zu koordinieren[30] und möglichst viele indirekt oder direkt Betroffene in die Prozesse einzubeziehen. So werden immer wieder Gespräche mit BewohnerInnen geführt, die sich noch nicht einer Garteninitiative angeschlossen haben und sich vielleicht von dem „neuen Leben" vor ihren Fenstern gestört fühlen

---

[30] Inzwischen werden auch die Räume des Vereins von ca. 20 Gruppen aus dem Stadtteil, Frauengruppen, Jugendliche u. v. m., regelmäßig genutzt.

könnten. Die Hausmeister, zentrale Schlüsselpersonen in Wohnsiedlungen dieser Art, werden regelmäßig eingeladen und in die Aktivitäten einbezogen und stehen dem Projekt mittlerweile weitgehend wohlwollend und unterstützend gegenüber. Den Erfolg dieser Strategie, möglichst alle Gruppierungen und Personen in irgendeiner Weise in die Aktivitäten einzubeziehen, beschreiben die Betreuerinnen so:

> „Früher war es hier üblich, daß Gemeinschaftseinrichtungen, die von der Baugesellschaft oder der Stadt errichtet wurden, regelmäßig zerstört wurden. Unser Erfolg läßt sich vor allem daran ablesen, daß wir keine Zäune oder Absperrungen brauchen und bis auf wenige Ausnahmen alles intakt bleibt und von den BewohnerInnen gepflegt wird."

Partizipative Entscheidungsstrukturen in Organisationen und Gruppen, so lauten die Ergebnisse aus Forschungsprojekten, sind offensichtlich der Schlüssel zur Entwicklung von Selbstbewußtsein sowie zur Wahrnehmung und Nutzung eigener Stärken, was wir mit psychologischem Empowerment bezeichnet haben. Empowermentprozesse fördernde Organisationen mit partizipativen Entscheidungsstrukturen, so Fredrick Jackson (1983) und Jim Bartunek und Chris Keys (1982), reduzieren Rollenkonflikte und verbessern das Kontrollbewußtsein der Mitglieder und sie erhöhen die Zufriedenheit der einzelnen. Als Ergebnis ihrer Analyse der Managementstrukturen verschiedener BürgerInneninitiativen und Selbsthilfeorganisationen lassen sich nach Joseph Prestby u. a. (1990) einige *Parameter von „empowering organizations"* formulieren: Sie integrieren *motivierende Faktoren*, wie etwa

(a) die Möglichkeit, neue Fähigkeiten durch die Mitarbeit in der Organisation auszubilden,
(b) die Pflege sozialer Bindungen innerhalb der Organisation,
(c) eine soziale Struktur, die zur Weitergabe eigener Kompetenzen an andere stimuliert,

mit *strukturellen Merkmalen*, wie etwa

(a) gemeinsamer Entscheidungsfindung, der Durchführung gemeinschaftlicher Projekte und Aktivitäten und
(b) einer offenen Leitungsstruktur.

Prestby u. a. (1990) bezeichnen Organisationen, die Empowermentprozesse ihrer Mitglieder fördern, als gelungene Beispiele eines „person-environment-fit", des passenden Zusammenspiels zwischen den Motiven der einzelnen und den Zielen bzw. Strukturen der Organisation.

Hierarchisch strukturierte Organisationen, in denen sich die Mitglieder erst einmal eine intern definierte Stufenleiter hinaufarbeiten müssen, um sich partizipativ einbringen und mitentscheiden zu können (auf der politischen Ebene stehen in Deutschland dafür etwa die Parteien oder Gewerkschaften) erfüllen diese Kriterien in aller Regel nicht; umgekehrt werden sie als Organisation auch kaum von Personen profitieren, die bereit sind, sich mit der Motivation selbstorganisierten Handelns zu engagieren.

In ihrer ausführlichen Untersuchung zu „neuen sozialen Bewegungen" bestätigen Karl-Werner Brand u. a. (1984) diese Prinzipien interner Organisation und die dahinterliegenden Motivationen. Das Prinzip der Selbstorganisation läßt sich demnach mit der Ablehnung organisatorischer Hierarchie und eines unsere politische Kultur nach wie vor bestimmenden StellvertreterInnenprinzips, aber gleichermaßen auch mit dem Wunsch nach authentischen Interaktions- und Handlungsmustern umschreiben (Brand u. a. 1984, S. 246 f.). Saul Alinsky, einer der bekanntesten sozialen Aktivisten der USA, bemerkt dazu:

> „Die enorme Bedeutung von Eigeninitiative und eigenständigem Handeln von Menschen kann gar nicht genug betont werden. Wenn Personen Ziele durch eigene Anstrengungen erreichen, wird diesen Aktivitäten und Zielen ein weit größerer Stellenwert zugemessen. Das Ziel selbst ist dabei nie ein Selbstzweck. Die Anstrengungen und Versuche, die unternommen werden, um diese Ziele zu erreichen, sind immer ein unverzichtbarer Bestandteil dieser Aktionen. ... Erst was du durch deine eigene Anstrengung erreicht hast, gehört wirklich dir. Dann ist es ein Teil von dir, ist mit dir verbunden durch die Erfahrungen, die du gemacht hast bei den Versuchen, dieses Ergebnis zu erlangen." (Alinsky 1969, S. 174 f.).

Carolyn Swift und Gloria Levin (1987) weisen daher mit Recht darauf hin, daß partizipative Entscheidungsstrukturen weit mehr bedeuten, als jemanden zu beteiligen oder einzubinden. „Empowerment" bedeutet in diesem Zusammenhang, daß Entscheidungen tatsächlich von allen Mitgliedern einer Organisation getroffen werden und auch zu treffen sind. Empowerment bedingt daher *Teilhabe- statt Teilnahmestrategien* (Sachs Pfeiffer 1989).

(2) Die Bürgerinitiative Altenselbsthilfe Bad Nauheim ist ein Beispiel für eine Organisation, die selbst einen Prozeß des Empowerment durchgemacht hat (*empowered organization*):

> „‚Begonnen hat das alles ganz harmlos. Als ich nach meiner Pensionierung als Altenheimleiterin nach Bad Nauheim gezogen bin, stellte ich bereits nach einigen Monaten fest, daß ich das mit Wohnung in Ordnung halten oder den Tag in Cafès oder im Park verbringen nicht aushalten würde. Ich hörte dann von einer Nachbarin, einer Sozialarbeiterin, über die Probleme der vielen alten Leute in Bad Nauheim. So entstand dann die Idee, daß sich Alte untereinander eigentlich am Besten helfen könnten', berichtet Isabella Bried die Initialzündung der BürgerInneninitiative.

Die BürgerInneninitiative zählt mittlerweile über 200 Mitglieder, 50 davon sind aktiv engagiert und haben in Bad Nauheim ein Netz alltagsnaher Hilfe im Alter aufgebaut – neben ‚Essen auf Rädern' regelmäßige Besuchsdienste, einen Beratungsservice für Behördenfragen, Telefonketten und viele andere Dienste, die Alternativen zu einem Leben im Heim bieten. Nach vielen anfänglichen Schwierigkeiten sind sie nun als der selbstorganisierte ambulante Hilfsdienst für alte Menschen in der Sozialpolitik der Stadt nicht mehr wegzudenken. ‚Viele alte Leute wollen ja gar nicht sofort ins Amt oder schämen sich, das Sozialamt aufzusuchen. Die Beratungsstelle der Altenselbsthilfe kann hier in vielen Fällen Barrieren und Ängste abbauen und auch die notwendigsten materiellen Hilfen für alte Menschen vermitteln', meint der Leiter des Bad Nauheimer Sozialamts. Die Bevölkerung Bad Nauheims hat einen der höchsten Anteile alter Menschen in Deutschland. Die Stadt ist daher nicht nur als Kurstadt bekannt, sondern auch für ihre vielen Alten- und Pflegeheime, die – oft unter privater Regie – häufig an Qualität und Standard zu wünschen übrig lassen. Die Heimbetreuung besonders dieser Einrichtungen war deshalb eines der Sorgenkinder der Altenselbsthilfe. Besonders ein Heimträger, ein selbstständiger Kaufmann, leistete dem Engagement der Initiative Widerstand und verhängte zeitweise sogar Hausverbote. Nach langem und zähem Ringen gelang es jedoch der Initiative, beim zuständigen Landesversorgungsamt die Patenschaft über fünf Heime durchzusetzen. Damit haben sie nicht nur das Recht, im Heim untergebrachte alte und pflegebedürftige Menschen zu betreuen, sondern auch die Qualität dieser Heime zu kontrollieren und auf die Abschaffung vorgefundener Mißstände zu pochen. Der Besitzer dieser Heime versucht der ursprünglich heftig bekämpften Kontrolle durch die Mitglieder der Altenselbsthilfe mittlerweile notgedrungen etwas Positives abzugewinnen: ‚Das ist eine gefürchtete Organisation in Bad Nauheim, die haben hier schon vieles durchgesetzt, was sonst keiner geschafft hätte. Aber sie helfen uns auch, einiges an den Heimen zu verbessern, und sie betreuen ihre Schützlinge sehr gut.' " (W. S.)[31]

„Empowered organizations", so wird anhand des Beispiels der Bürgerinitative Altenselbsthilfe Bad Nauheim deutlich, haben gelernt, langfristige und kurzfristige Ziele zu setzen und systematisch zu erreichen, sich gegenüber (manchmal konkurrenten) anderen Einrichtungen und Initiativen zu behaupten und ihren sozialpolitischen Einfluß zu vergrößern. Sie entwickeln sich oft von kleinen Initiativen oder Selbsthilfegruppen zu Projekten, die für Stadtteile oder Kommunen eine wichtige sozialpolitische Funktion und für breitere Zielgruppen auch Serviceaufgaben wahrnehmen. Damit eine solche Entwicklung möglich wird und gewonnener sozialpolitischer Einfluß gehalten und erweitert werden kann, scheinen mehrere Faktoren wichtig zu sein;

---

31 Die Darstellung der Bürgerinitiative Altenselbsthilfe Bad Nauheim entstand ebenfalls im Rahmen der Recherchen zur Broschüre „Gemeinsam handeln" im Auftrag der Bundesvereinigung für seelische Gesundheit. Für eine ausführlichere Beschreibung dieser und anderer selbstorganisierter Initiativen siehe Bundesvereinigung für seelische Gesundheit 1986.

solche Parameter für „empowered organizations", die auch in den Untersuchungen von Bruce Checkoway (1982) und Stefanie Riger (1984) herausgefunden wurden, sind:

(a) Die Themen der Initiativen und Organisationen sind von allgemeinem Interesse und beschäftigen sich nicht nur mit den Partikularinteressen kleiner Gruppen (in unserem Beispiel: Altenpolitik und Alternativen zum Heim), sie werden jedoch auch auf eine spezifische Handlungsebene gebracht, die für Individuen direkt Vorteile bringen kann (Serviceaufgaben, Besuchsdienste usw.).

(b) Es werden langfristige Ziele identifiziert und sich diesen Schritt für Schritt genähert. Bei dieser allgemeinen Strategie scheint es wichtig zu sein, für kurzfristige Teilerfolge zu sorgen, diese auch als Teil des Weges der Gesamtzielerreichung wahrzunehmen und sie entsprechend zu würdigen (Kelly 1989).

(c) Die Initiativen sammeln zu bestimmten Problemstellungen systematisch Daten, um ihren Standpunkt und ihre Anliegen zu untermauern; im Beispiel der Altenselbsthilfe Bad Nauheim war dies ausschlaggebend für die Übertragung der Patenschaften für die Alten- und Pflegeheime des privaten Heimträgers.

(d) Die Initiative/Organisation entwickelt ein Gespür für vorhandene (ideologische) Konflikte und deren potentielle Lösungen sowohl innerhalb als auch außerhalb der Organisation. Wesentlich dabei ist, daß Möglichkeiten gefunden werden, diese Konflikte auch auszutragen und sich nicht innerhalb der eigenen peer-group abzukapseln.

(e) Die Vernetzung und Koalitionsbildung mit potentiellen BündnispartnerInnen und -organisationen ist offensichtlich ein zentraler Faktor für einen Empowermentprozeß auf der organisatorischen Ebene. David Snow u. a. (1980) konnten im Rahmen einer Analyse von mehreren gemeindeorientierten Initiativen feststellen, daß die Initiativen, die häufig mit anderen Gruppen kooperierten und soziale Netzwerke außerhalb der Organisation pflegten, schneller an Zahl und Einfluß wuchsen und eine längere Lebensdauer hatten.

Die Beispiele und Untersuchungsergebnisse zeigen, daß Initiativen oder Organisationen, deren Ziel hauptsächlich darin besteht, für ihre Mitglieder Empowermentprozesse anzustoßen, sich vor allem bezüglich der innerorganisatorischen Struktur von denen unterscheiden, die die Erweiterung des eigenen Einflusses als Gruppierung im Sinne von Empowerment anstreben. Dennoch ist festzuhalten, daß organisatorisches Empowerment sich längerfristig nur weiterentwickeln kann, wenn auch für die einzelnen Mitglieder dieser Organisationen psychologische Empowermentprozesse möglich sind. Dies ist oft ein Nebeneffekt organisatorischer Empowermentprozesse, die Erreichung beider Ziele kann aber auch gezielt angestrebt werden.

Marc Zimmerman u. a. (1985) berichten von einer interessanten und für uns etwas ungewöhnlichen Variante für Empowermentprozesse einer Organisation und deren Mitgliedern bei GROW, einer Selbsthilfeorganisation für psychisch Kranke, die sich innerhalb von fünf Jahren alleine in Illinois von zwölf auf über 100 Gruppen vergrößerte. Die Organisation gründete neue GROW-Gruppen in allen Regionen oder Kommunen, wo sich InteressentInnen fanden, und verwies diese bewußt nicht auf bereits bestehende, noch aufnahmefähige Gruppen, sondern bot ihnen an, bei der Gründung neuer regionaler Gruppen behilflich zu sein. Die InteressentInnen wurden damit zu GruppengründerInnen, die von erfahrenen Mitgliedern bestehender Gruppen in der Anfangszeit unterstützt wurden. Zimmerman u. a. (1985) nennen dies den „Johnny Appleseed Approach", der überall neue Pflanzen hervorbringt, im Gegensatz zum traditionelleren Vorgehen der „Zellteilung" (neue Gruppen werden dann gegründet, wenn bestehende zu groß werden). Die Untersuchung kommt zu dem Schluß, daß es GROW damit gelungen ist, seinen Einfluß überregional kontinuierlich zu vergrößern, ein Netz von Gruppen auch in den meist unterversorgten ländlichen Bereichen aufzubauen und gleichzeitig die aktive Teilhabe und Verantwortung möglichst vieler Menschen an GROW zu fördern.

Ein anderes Beispiel aus Manhattan zeigt die Möglichkeiten der Vernetzung vieler kleiner Initiativen und Gruppen – teils stadtteilbezogen, teils überregional – und das daraus enstehende Potential:

Besucht man in Manhattan die Lower East Side oder die Bowery, so befindet man sich in den ärmeren Vierteln New York City's, die gleich neben den Bankhochhäusern der Wall Street und den Luxushotels des Broadway oder der 5th Avenue liegen. Heruntergekommene Häuser und leere Bauplätze voller Schutt beherrschen das Bild zusammen mit Menschen in abgerissener Kleidung und Obdachlosen. Umso erstaunter wird man sein, wenn man in dieser Gegend um eine Ecke biegt und plötzlich einen blühenden Garten zwischen geschwärzten Mauern alter Hochhäuser vor sich sieht, in dem einige Menschen eifrig Früchte und Gemüse ernten, Sträucher schneiden, oder sich mit Bienenhäusern beschäftigen.

Inzwischen gibt es in New York City über 120 dieser Nachbarschaftsgärten in allen Teilen der Stadt. Was als Initiative vieler einzelner BürgerInneninitiativen begonnen hat – etwa der Green Guerillas im Süden Manhattans – hat sich in der Zwischenzeit zur „Neighborhood Open Space Coalition (NOSC)" formiert, einem über 130 Organisationen fassenden Netzwerk von Initiativen, Stiftungen und Kooperativen, dessen Aktivitäten weit über das Begrünen leerer Bauplätze hinausgeht. Ziel dieser Coalition ist die Förderung von BürgerInnenbeteiligung beim Aufbau und der Pflege neuer Grünflächen und Parks in New York City. Durch die vielfältigen Aktivitäten wurde erreicht, daß die Entwicklung von Grünflächen als vorrangiges politisches Ziel vom New Yorker Stadtrat verabschiedet wurde – eine Entscheidung, die besonders in einer äußerst dichtbesiedelten und profitorientierten Stadt wie New York City besondere Bedeutung hat und auch Erstaunen auslöste. Aus verschiedenen öffentlichen und privaten Fördertöpfen verfügt NOSC über ein Jahresbudget von über 1 Mio. Dollar, mehr als 200 Millionen Dollar konnten zusätzlich für verschiedene Projekte und Einzelaktivitäten bis heute an Initiativen und Kooperativen vermittelt werden. Diese Summe wurde verwendet für die Miete oder den Kauf von Grundstücken[32], für Forschungsprojekte, oder die landschaftsarchitektonische Planung eines Grüngürtels und Fahrradweges quer durch New York City, der von Küste zu Küste viele bestehende Parks und Grünflächen miteinander verbindet. Regelmässige Ferienprogramme für Jugendliche oder Praktika für Studenten werden angeboten, eine große Versicherungsfirma erklärte sich bereit, die Aktivitäten in den Gärten stadtweit zu Sondertarifen zu versichern. Der bislang größte Erfolg dieses Netzwerks ist wohl die Entscheidung von Stadt und Land New York, profitable Grundstücke entlang des Hudson statt für eine Bebauung mit Bürohochhäusern für die Entwicklung eines Parks und einer Esplanade am Fluß vorzusehen. Mitglieder der Coalition wurden dafür in das Planungskommittee für diese „West Side Waterfront" gewählt. (W. S.; zur ausführlichen Information über die Neighborhood Open Space Coalition [NOSC] Fox/Koeppel/Kellam 1985)

In einer Untersuchung der Empowermentprozesse von und in selbstorganisierten Projekten stellt Jim Kelly (1986) fest, daß die *Vernetzung* mit anderen, an ähnlichen Themen arbeitenden Organisationen als ein wesentlicher *Aspekt der Stärke* dieser Projekte betrachtet werden muß. Weitere zentrale Merkmale für organisatorische Empowermentprozesse sind nach Kelly (1986) die Kombination der Verfolgung von idealistischen, geteilten Zielen und praktischem Know-how, der gegenseitige Respekt und die wechselseitige Unterstützung der MitarbeiterInnen, und ein bei allen MitarbeiterInnen feststellbarer Stolz auf „ihr" Projekt, der durch die Pflege der Ideale und der Integrität der Organisationen aufrechterhalten wird.

Kelly (1986) fand jedoch auch Bereiche in diesen Organisationen, die sie *verwundbar* machen, zu *Risiken* führen können und daher besonders beachtet werden müssen:

(a) Stressituationen und persönliche Krisen einzelner Teammitglieder können schnell zu einer Verunsicherung und zu Ängsten bei anderen MitarbeiterInnen führen. Die Wahrnehmung und das offene Ansprechen solcher Ereignisse ist deshalb besonders wichtig, weil alle Teammitglieder über ihr

---

[32] Die Stadt New York hat sich etwa bereiterklärt, städtische Grundstücke für den symbolischen Betrag von 1 Dollar den Garteninitiativen für eine Übergangszeit bis zur Wiederbebauung zur Verfügung zu stellen. Private Grundstücke sind natürlich teurer. Es gibt aber inzwischen Beispiele, daß Initiativen nach Jahren der Begrünung eines Grundstücks in der Lage waren, dieses dann vom Besitzer zu erwerben.

Engagement und Eingebundensein in eigene Aufgaben, aber auch aufgrund eigener Ängste, etwaige Schwächen einzugestehen, individuelle Krisen leicht übersehen.

(b) Permanente Überarbeitung ist oft auch der Grund dafür, daß trotz vielfältiger sozialer Unterstützung nur wenig Gelegenheiten gesucht und gefunden werden, gemeinsame Erfolge zu feiern und dabei im eigenen Arbeitsfluß innezuhalten. Das enorme Aufgabenspektrum und die hohe Arbeitsmoral in solchen Organisationen scheint es manchmal geradezu zu verbieten, während der Arbeitszeit Spaß zu haben oder sich den Luxus eines gemeinsamen Essens oder einer Party zu gönnen, wo doch die Zeit immer so sehr drängt. Kelly (1986) weist hier zurecht darauf hin, daß durch diese abstinente Haltung etwa die Integration neuer MitarbeiterInnen erschwert werden kann oder der Stolz auf Erfolge oder die Freude über die Arbeit insgesamt zuwenig Ausdrucksmöglichkeiten finden.

(c) Auf allen Mitgliedern scheint in solchen Organisationen der permanente Druck zu lasten, kurzfristige praktikable Ergebnisse vorzuweisen, die eine Umsetzung der eigenen Ideale darstellen. Längere Entwicklungsphasen oder kreative Pausen scheinen weniger toleriert zu werden und werden oft in negativer Weise mit dem eigenen Engagement bezüglich Überstunden oder Einsatz verglichen. Die Spirale persönlicher Opfer kann dann schnell in individuelle Krisen oder körperliche Beschwerden umschlagen.

(d) Der Einsatz, die Geschwindigkeit und die hohe Motivation, die von einzelnen Personen und vom ganzen Team verlangt werden, führen nicht selten zu einer Betriebsblindheit, die nur noch die eigene Tätigkeit hochschätzt und Bewertungen von außen weder wahrnimmt noch zuläßt. „Wir" sind doch wirklich die einzigen, die die ganze Komplexität und Bedeutung unserer Arbeit wirklich verstehen können – eine häufige Botschaft an außenstehende Personen. Kritische Stimmen, aber auch Beifall von außen werden dann immer weniger wahrgenommen. Die „stärkeren" Teammitglieder, die selbstbewerteten Erfolgen hinterherjagen, erreichen einen immer höheren Status, verändern damit aber auch die unterstützende Struktur des Systems und werden immun gegen interne Reformen.

Jim Kelly (1986) betont in seiner Untersuchung, daß die Mißachtung dieser Risiken die Empowermentprozesse fördernden Qualitäten solcher Organisationen und Gruppen behindern und zum Erliegen bringen können. Er hält Phasen des Innehaltens zur Erneuerung wie auch die Wahrnehmung der Grenzen der eigenen und anderer Ressourcen für eine wichtige Basis, die beschriebenen Gefahren zu umgehen und eine gegenseitig unterstützende und fördernde Atmosphäre, eine zentrale Grundlage für Empowermentprozesse, zu erhalten.

Die *Verbindung zwischen den organisatorischen Strukturmerkmalen*, der Entwicklung und Aufrechterhaltung persönlicher Motivationen und *die Art und Weise, wie in einer Gemeinschaft oder einem sozialen System* mit persönlichen oder organisatorischen Streßsituationen *umgegangen wird*, spielt daher offensichtlich eine wichtige Rolle für eine längerfristige Ermöglichung von Empowermentprozessen beider Teile, sowohl der aktiven Personen wie auch der Initiativen/Organisationen als soziales System (Kelly 1989). Weitere Studien sollten daher explizit der Frage nachgehen, welche spezifischen Faktoren eine Atmosphäre des Empowerment, der individuellen Förderung und der Übernahme von Verantwortung für das Ganze, herstellen und aufrechterhalten können.

(3) Die strukturelle Ebene

Empowermentprozesse auf der strukturellen Ebene lassen sich als ein erfolgreiches Zusammenspiel von Individuen, organisatorischen Zusammenschlüssen (BürgerInnengruppen, Selbsthilfeinitiativen, soziale Einrichtungen) und strukturellen Rahmenbedingungen (große Verwaltungen, Gemeinden, Stadtteile oder andere große Gemeinschaften) bezeichnen.[33] Eine fördernde Atmosphäre zur Teilhabe an den sozial relevanten Entscheidungen für alle Mitglieder wie auch die spezifische Struktur von Organisationen und öffentlichen Einrichtungen und deren Beziehungen untereinander ist für strukturelles Empowerment kennzeichnend. Die Rahmenbedingungen sind so gestaltet, daß Individuen und Organisationen in einem System interagieren und sich gegenseitig fördern, mit dem Ziel, die Lebensbedingungen in einem System (etwa einer Gemeinde oder einem Stadtteil) zu verbessern und dabei sicherzustellen, daß die Systemziele wie auch die Ziele der einzelnen erreicht werden können.

Wegen der vergleichsweise komplexen Aufgabenstellung und der Notwendigkeit, Kooperationsstrukturen zwischen unterschiedlichen sozialen Kulturen mit verschiedenen Interessenslagen (z. B. BürgerInnen – Verwaltung) herzustellen (Bobzien u. a. 1991), gibt es auf der strukturellen Ebene im psychosozialen Bereich nur wenige funktionierende Beispiele von Empowermentprozessen, aus deren Erfahrungen zu lernen wäre. Ein weiterer Grund

---

[33] In der englischsprachigen Literatur wird in diesem Zusammenhang hauptsächlich der Begriff „community empowerment" verwendet. Die deutsche Übernahme dieser Bezeichnung im Sinne von „Empowerment auf der Gemeinde- oder Gemeinschaftsebene" würde jedoch der Reichweite und dem Ziel des Konzeptes nicht entsprechen. Da mit „community empowerment" Transformationsprozesse im Sinne von Empowerment in und mit Strukturen gemeint sind, ist der Begriff „Empowerment auf der strukturellen Ebene" m. E. angemessener.

für diesen Mangel besteht sicherlich in der Abstinenz psychosozialer Praktikerinnen und vieler Institutionen gegenüber einem aktiven sozialpolitischen Selbstverständnis und der Übernahme strukturell orientierter Aufgabenstellungen. So bleibt das Feld der Sozialpolitik weitgehend noch eine Domäne der Verwaltungen, der Spitzenverbände und der KommunalpolitikerInnen, die nur selten einen Empowermentblickwinkel als Maßstab ihrer Arbeit zugrundelegen.[34]

Berichte über Beispiele von Empowermentprozessen auf struktureller Ebene sind leichter im Zusammenhang von kleinen, abgegrenzten Strukturen oder Systemen, nicht selten im Rahmen entwicklungspolitischer und/oder anthropologischer Studien zu finden. Der Vorteil liegt auf der Hand: Hier sind noch relativ homogene Gruppenstrukturen vorhanden, die Zahl der unterschiedlichen Interessensgruppen ist überschaubar und die sozialen Systeme sind oft in weiten Bereichen von der Außenwelt abgegrenzt. Zwei Beispiele sollen hier stellvertretend für viele stehen:

Indian Power – die Erweiterung gemeinschaftlicher Stärke: Michael O'Sullivan, Nathaniel Waugh und William Espeland (1984) beschreiben die Empowermentprozesse einer kleinen indianischen Gemeinde mit ca. 350 Mitgliedern in Arizona, die wegen des Baus eines Staudamms auf ihrem Land umgesiedelt werden sollte. Der Stamm der Fort McDowell Yavapai Indians wurde von den zuständigen Behörden zunächst als ein kleineres Hindernis auf dem Weg zur Verwirklichung eines großen Projekts angesehen, das hunderttausende von Bewohnern in der Umgebung von Phoenix/Arizona nicht nur vor regelmäßigen Überschwemmungen bewahren, sondern die ganze Region wesentlich sicherer mit Wasser versorgen würde. Der Empowermentprozeß des Yavapai-Stammes wird von den Autoren als eine Entwicklung eines sozialen Systems beschrieben, das in einem über ein Jahrzehnt dauernden Prozeß lernt, Bündnispartner außerhalb des Stammes wahrzunehmen und zu nutzen (hier vor allem Umweltschutzinitiativen und SozialwissenschaftlerInnen), mit den zuständigen Behörden durch die Ausarbeitung von Alternativmodellen zum ursprünglichen Plan allmählich in einen konstruktiven Dialog einzutreten und so aus einer ursprünglichen, außerhalb der eigenen Gemeinschaft unpopulären „Anti-Haltung" eine Einstellung zu entwickeln, die in der gemeinsamen Sorge um das Wasser/Flut-Problem in dieser Region einen Kon-

---

[34] Dies hat weniger mit der Orientierung der einzelnen Personen zu tun, sondern mit der strukturellen Aufgabenstellung dieser Bereiche, der eine spezifische Interessenlage unterstellt wird: Die Verwaltung hat die Aufgabe, öffentliche Gelder vor allem wirtschaftlich einzusetzen und Mißbrauch zu verhindern; das strukturelle Interesse der Verbände liegt vor allem darin, die eigenen Einflußsphären zu sichern und auszuweiten; die Kommunalpolitik hat von ihrer Interessenslage zwar noch am ehesten Gestaltungswillen, dies jedoch primär unter der Prämisse des Machterhalts der eigenen Partei oder – aktuell – des Krisenmanagements angesichts leerer öffentlicher Kassen.

sens herstellte, der für alle Beteiligten tragbar und akzeptabel war. Mit Hilfe unabhängiger Gutachten, die auch die sozialen Folgekosten einer Umsiedlung einer ganzen Volksgruppe mit berechneten, konnte die jahrelange Planung der Behörden in Richtung eines partizipativen Planungsprozesses modifiziert werden.

Zentral für diesen Empowermentprozeß auf einer strukturellen Ebene war nach Ansicht der Autoren, daß es hier gelungen ist, eine einheitliche und klare Haltung nicht nur innerhalb des Stammes, sondern mit verschiedenen Unterstützergruppen zu entwickeln, die geschickte Nutzung von Gutachten über die sozialen Auswirkungen einer „Umsetzung" oder Vertreibung des Stammes aus ihrem Lebensraum, und die Einbindung von Medienkampagnen in den entscheidenenden Phasen der Auseinandersetzung. Auf dem Höhepunkt der Auseinandersetzungen organisierte der Stamm gemeinsam mit den Unterstützergruppen unter großer Beteiligung der Medien einen Marsch zum Sitz des Staatsgouverneurs, der daraufhin grünes Licht für die angestrebten Alternativplanungen gab. Für den Stamm war der erfolgreiche Ausgang dieser Entwicklungen nicht nur „... das erste Mal, daß die Yavapai eine Schlacht gegen die Regierung gewonnen, und den weissen Mann in seinem eigenen Spiel geschlagen hatten..." (O'Sullivan u. a. 1984, S. 93), sondern resultierte auch in einer wiedererstarkten Identität vieler junger Leute in Bezug auf das eigene kulturelle Erbe. –

Geschichten und reziproke soziale Unterstützung: Bruce Roberts (1989) analysiert die Empowermentprozesse in einer kleinen peruanischen Gemeinde im Rahmen eines alternativen Entwicklungshilfeprojektes. Ziel dieses Projektes ist die Verbesserung der Lebensbedingungen der ländlichen Bevölkerung (insbesondere die eigene Versorgung mit Trinkwasser und der gemeinsame Aufbau einer medizinischen Basisversorgung) sowie, den Stolz und die Verantwortlichkeit der BewohnerInnen für ihre Gemeinde zu steigern und damit die weitverbreitete Abwanderung in die Slumgürtel der Städte zu stoppen. Die Mitglieder des Teams des Institute for Cultural Affairs, einer kirchlichen Entwicklungshilfeorganisation, beschränken sich in ihrer Arbeit darauf, die von den meisten DorfbewohnerInnen geteilten notwendigen Veränderungen herauszufinden, Treffen zu organisieren und selbstorganisierte Prozesse in der Bevölkerung zu begleiten. Das wichtigste Element für den Aufbau eines Klimas des Empowerment war dabei nach den ca. zweimonatigen Beobachtungen die Entwicklung und Pflege einer Form gegenseitiger Hilfe zwischen dem Team des Entwicklungshilfeprojektes und den DorfbewohnerInnen, die Harold Thorsheim und Bruce Roberts (1984) als reziproke soziale Unterstützung bezeichnen. Danach ist es für die Entwicklung von Empowermentprozessen auf der Gemeindeebene zentral, daß soziale Unterstützung einen zweiseitigen Charakter erhält: Grundlage der sozialen Beziehungen in der Gemeinde ist es, nicht nur Hilfe zu erhalten, sondern auch zu geben. Dies äußert sich auch in den unterstützenden Kontakten der BewohnerInnen zu anderen Dörfern in der Umgebung, bei denen dieses Prinzip weitergegeben wird. Der Leiter des Projektes fungiert nach Roberts (1989) als klassischer Mentor für die haupt- und ehrenamtlichen MitarbeiterInnen des Teams, die zum großen Teil aus der örtlichen Bevölkerung rekrutiert worden waren. „Mentorship" bedeutet in diesem Zusammenhang, ein Klima der Selbstorganisation in der Gemeinschaft über die Pflege partizipativer Entscheidungsstrukturen im Projekt herzustellen, die reziproke Form der sozialen Unterstützung immer wieder kritisch zu prüfen und schützend bei persönlichen oder organisatorischen Krisen zur Verfügung zu stehen.

Die Pflege von Konsensentscheidungen, die im Rahmen regelmäßiger morgendlicher Dorfversammlungen herbeigeführt wurden und nach einer festgelegten Struktur abliefen, sind eine der konkreten Ausformungen des allgemeinen Klimas der Selbstorganisation. Diese Treffen haben nach Roberts (1989) die Funktion von Transformationsritualen, die auch Richard Katz (1984) in seinen anthropologischen Studien zu kollektiven Heilungsprozessen bei den !Kung in Afrika und den Ureinwohnern der Fidschi-Inseln als eine der Grundlagen für community empowerment herausfand (siehe unten). Eine Kultur des Geschichtenerzählens, die von den EntwicklungshelferInnen untereinander und zur Kontaktaufnahme mit den Gemeindemitgliedern aktiv gefördert wurde, erhöht in diesem Zusammenhang nach Thorsheim und Roberts (1984) durch die Benennung persönlicher (meist negativer und resignativer) Erfahrungen die Chance, die eigenen und kollektiven Erfahrungen kontrollierbarer zu machen und dualistische Denkroutinen (Verhalten ist richtig oder falsch; Menschen stehen entweder über dir oder unter dir) aufzubrechen. Durch das allmähliche Aufkommen von Geschichten, die von erfolgreicher Zusammenarbeit der Dorfbewohner untereinander berichten, sind Erfolge im Empowermentprozeß und Formen kognitiver Restrukturierungen zu beobachten.

Diese beiden Analysen von Empowermentprozessen auf der strukturellen Ebene zeigen, daß sich strukturelle Veränderungen im Sinne von Empowerment vor allem aus kleinen *Elementen sozialer Kommunikation, reziproker sozialer Unterstützung und der Erhöhung individueller und kollektiver Selbstachtung* zusammensetzt.

Auch in einem früheren Projekt zur Förderung struktureller Empowermentprozesse identifizierten Bruce Roberts und Harold Thorsheim (1986) vier eher mikropolitische Elemente von Community Empowerment als Ergebnis ihres „Investment in Community"-Projektes, das in 24 Kirchenvereinigungen unter Beteiligung von über 10.000 Personen stattfand. Für die beobachteten Empowermentprozesse war vor allem wichtig, (a) die Namen der Menschen in der Nachbarschaft und/oder Gemeinschaft zu kennen, (b) sich um die NachbarInnen/KollegInnen zu kümmern und an ihnen interessiert zu sein, (c) eine Art sozialer Unterstützung, die sowohl Formen des Gebens, als auch der Annahme sozialer Unterstützung umfaßt, und (d) die Erfahrung, von anderen um Hilfe und Unterstützung gebeten zu werden.

Aus diesen mikropolitischen Elementen von Empowerment auf der strukturellen Ebene ergibt sich in der Folge eine Sensibilisierung für vorhandene soziale Ressourcen innerhalb der Gemeinschaft und die Nutzung neuer Unterstützungsmöglichkeiten von außen. Transformationsrituale, wie im Beispiel von Roberts (1989) die morgendlichen Dorftreffen oder die Kultur des Geschichtenerzählens, können die veränderte Wahrnehmung von Ressourcen und damit von Problemen und Lösungsmöglichkeiten initiieren und schaffen eine gemeinsame Identität, die Richard Katz (1984) als *synergetische Gemeinschaft* bezeichnet.

Katz (1984) hat bei seinen Studien zur Untersuchung von „community empowerment" einen für den psychosozialen Bereich relativ ungewöhnlichen Zugang gewählt. Er nahm seine Feldbeobachtungen bezüglich kollektiver Heilungsprozesse in den Stämmen der !Kung in der Kalahari-Steppe und der eingeborenen Bevölkerung der Fidschi-Inseln zum Anlaß, ein Modell für Empowermentprozesse auf der strukturellen Ebene zu entwickeln, deren Elemente er als Grundlage für die Ermöglichung von Empowermentprozessen bei KlientInnen der psychosozialen Versorgung in den USA betrachtet. Die zentrale Ressource der Heilungsrituale bei den !Kung und auf den Fidschi-Inseln ist nach Katz (1984) das Element der Synergie in der Gemeinschaft: jeder einzelne betrachtet sich als Teil der ganzen Gemeinschaft, die in ihrer Identität mehr als die Summe ihrer Teile darstellt. Dies ist die Quelle für eine von allen geteilte und zugängliche transpersonale Kraft, die durch gemeinschaftliche Rituale immer wieder erneuert und erweitert wird. In den anthropologischen Studien sind dies meist spirituelle Ressourcen, eine Form transpersonaler Energie (bei den !Kung mit dem Begriff „n/um", auf den Fidschi-Inseln mit „mana" bezeichnet), die die Grundlage für gemeinschaftliche Heilungsprozesse darstellen und durch entsprechende Rituale (Tänze, Musik, Sprechgesang) erzeugt werden.

In modernen Gesellschaften werden spirituelle Kräfte eher in den Bereich der Religion verbannt und haben nur einen marginalen Platz in der säkularisierten Welt. Dennoch lassen sich auch dort modernisierte Begriffe dafür finden: Visionen eines besseren Lebens, Zukunftsentwürfe, soziale Utopien u. v. m. sind in unserem Leben selbstverständlich vorhanden und besitzen auch die Kraft, gemeinschaftliche Anstrengungen auszulösen und zu einer Energiequelle für jeden einzelnen zu werden. Soziale Utopien waren in den 60er und 70er Jahren Grundlage vieler Lebensgemeinschaften, die meist in Form von Landkommunen verschiedenartige Versuche gemeinschaftlichen Lebens initiierten. Auch heute, obwohl ein wenig aus der Mode gekommen, finden sich noch zahlreiche dieser sozialen Experimente in der ganzen Welt (Ruff 1989). Die zugrundeliegenden Ideologien dieser „kleinen Netze" sprechen meist von synergetischen Effekten, die sie sich vom Leben in der Gemeinschaft erhoffen. Auch wenn die meisten dieser Experimente[35] an der Last der großen Hoffnungen gescheitert sind, hat das Synergie-Paradigma überlebt und nicht nur in New-Age-Philosophien, sondern gerade auch in unserem säkularisierten Alltag viele AnhängerInnen gefunden. Moderne Formen der Organisationsentwicklung in Großbetrieben bemühen den Ge-

---

[35] Ausnahmen bilden etwa „Auroville" in Indien oder „Arcosanti" in Arizona.

danken der Synergie ebenso wie systemische Therapeuten oder ökologische Zukunftsszenarien (siehe die Reports des Club of Rome, den Brundtlandt-Report u. v. a., zusammenfassend in Binswanger/Geissberger/Ginsburg 1979).

Empowermentprozesse auf der strukturellen Ebene benötigen nach Katz (1984, S. 222f.) als Grundlage ein *Synergie-Paradigma mit folgenden Parametern*:

(a) Eine Kultur, die die einzelnen Individuen bewußt als Teil einer Gemeinschaft erscheinen läßt, in der jede/r dennoch seine/ihre eigenen Ziele und Interessen verfolgen kann, ergibt durch das Zusammenspiel einzelner, sich auf den ersten Blick widersprechender Teile und Interessen die Erfahrung sich erneuernder und erweiternder Ressourcen, die dem einzelnen, wie auch der Gemeinschaft zugute kommen.

(b) Die Grundlage für Empowermentprozesse ist der Zugang zu diesen interindividuellen Ressourcen und die Möglichkeit, diese zu nutzen. Die Informationen über Problemlösungen, Ideen und Konzepte müssen frei verfügbar sein, der Austausch von Erfahrungen und Gedanken muß organisiert werden. Katz (1984) weist zu Recht darauf hin, daß dies auf den ersten Blick die Macht und Omnipotenz der Professionellen und ExpertInnen schmälert. Die Erkenntnis der eigenen Grenzen ermöglicht jedoch Kooperationen zwischen Professionellen und KlientInnen, die neue Ressourcen freisetzen und die jeweiligen Handlungsmöglichkeiten erweitern.

(c) Transformationsrituale (informelle Treffen, Feste, Erfahrungsaustausch in Selbsthilfeinitiativen u. v. m.) stellen die Verbindung zwischen den vorhandenen Ressourcen, den einzelnen und der Gemeinschaft her und ermöglichen so Prozesse, die den Mehrwert gemeinschaftlichen Handelns und die dadurch entstandenen transpersonalen Ressourcen entdecken lassen. Diese Potentiale werden unserer westlichen Welt in der systemischen Therapie genauso genutzt wie in der Arbeit mit Selbsthilfeinitiativen („Gemeinsam sind wir stärker").

Für Katz (1984) ist Empowerment daher eine Quelle von Bildern und Vorstellungen, die soziales Handeln anregen können, das Ergebnisse hervorbringt, die die Potentiale der einzelnen Elemente übersteigen. Empowerment kann deshalb zu einer *Synergie-Ressource* werden, weil Empowermentprozesse

(a) nicht an eine Person gebunden sind, sondern nur zwischen Personen und innerhalb von Gemeinschaften zum Tragen kommen
(b) das Ziel von Empowerment darin besteht, übergreifende Ressourcen (gemeinsame Stärken) in einer Gemeinschaft zu entdecken und auszubauen

(c) unterschiedliche, oft auf den ersten Blick gegensätzliche oder unverein-
bare Elemente, Fähigkeiten oder Lösungen zusammenbringen.

Bill Berkowitz (1987) beschreibt in seiner Analyse einer Reihe gemeinschaftsbildender Projekte und Initiativen *drei Strategien*, um *Synergie-Effekte und die Entwicklung von Gemeinschaften anzustoßen*:

(a) Durch die *Vermittlung gemeinschaftsbildender Fähigkeiten*, die vor allem den Arbeitsalltag von GemeinwesenarbeiterInnen oder von Brückeninstanzen darstellt, können grundlegende Fertigkeiten und Handlungswissen
bereitgestellt und damit kleine, aber oft genug wesentliche Aktionshemmnisse aus dem Weg geräumt werden. Aktionshemmnisse sind z. B. Fragen
wie: Wie werden Flugblätter hergestellt? Wie kann finanzielle Unterstützung von privaten oder öffentlichen Geldgebern gewonnen werden? Wie
finde ich die Wünsche und Bedürfnisse in einem Gemeinwesen heraus? Wie
erstellt man Projektpläne und wie führt man sie durch, bzw. wie bewertet
man sie? Aber auch alltäglich notwendige Kompetenzen, wie die Organisation von Treffen oder Gruppen, können dabei erworben werden.

(b) Durch die Anregung mit Ideen oder Visionen, die verwirklicht werden
könnten, oder mit Initiativen und Projekten, die anderswo bereits in die Tat
umgesetzt wurden, können Möglichkeitsräume gemeinschaftlichen Handelns eröffnet werden. *Modelle guter Praxis*, wie dies im Rahmen des Gesunde Städte-Projektes der WHO genannt wird, gibt es praktisch überall, in
vielen Kommunen, Stadtteilen oder anderen sozialen Zusammenhängen. Es
sind oft verblüffend einfache Ideen, praxisnah und effektvoll, und die meisten von ihnen sind nur selten einem größeren Publikum bekannt. Hier ge-
nügt es oft, daß diese Initiativen und ihre Absichten bekannt gemacht und
Funken gezündet werden, die das Bewußtsein für das Mögliche wecken.
Beispiele hierfür sind der von Robert Jungk (1990) herausgegebene „Katalog der Hoffnung" oder die Veröffentlichung von Projektideen aus Zukunftswerkstätten (Fornallaz/Wiener 1988).

(c) Durch die Beschreibung von Beispielen einzelner Menschen oder Grup-
pen, die aktiv geworden sind, durch das Erzählen ihrer Geschichten, ihrer
Träume, Hoffnungen, Erfolge und Niederlagen können nicht nur anregende
Ideen gemeinschaftlicher Aktionen dargestellt werden. Auch die Wege, wie
aus einer anfänglichen Motivation erste Ergebnisse entstanden sind, wie
BündnispartnerInnen gefunden und erste Schwierigkeiten gemeinsam überwunden worden sind, werden aufgezeigt. Die treibende, transpersonale
Kraft dieser Initiativen, die Visionen und die Form gegenseitiger Unterstüt-
zung, kenntlich zu machen, ist mindestens ebenso wichtig wie die Vermittlung von Techniken und Fähigkeiten, die die Umsetzung der Wünsche und
Vorstellungen erleichtern sollen.

Analysen sozialer Bewegungen der letzten Jahre zeigen einige Beispiele von Empowermentprozessen auf der strukturellen Ebene (Brand u. a. 1984). Besonders interessant und beeindruckend sind hier die Erfahrungen der Frauenbewegung[36], die sich von den „neuen" sozialen Bewegungen (Anti-Atomkraft-Bewegung, Ökologiebewegung, Arbeitsloseninitiativen u. v. a.) insofern abhebt, als sie mittlerweile alle Bereiche unserer Gesellschaft erfaßt und ihre Spuren der Veränderung hinterlassen hat[37], auch dort, wo sie von außen noch als „überspannt" oder „emanzenhaft" abgetan wird:

> „Die Frauenbewegung ist keine ‚Ein-Punkt-Bewegung'. Sie vertritt nicht nur die Interessen ihrer Trägerinnen, sondern, wie immer von ihr betont, die Interessen von mehr als der Hälfte der Menschheit. Und selbst wenn dieser Anspruch nur symbolisch zu begreifen wäre: die Frauenbewegung nimmt Stellung zu praktisch allen großen Konflikten der Zeit, ergreift Partei, zieht Grenzen auch jenseits von reinen ‚Frauenfragen' und nationaler Betroffenheit." (Brand u. a. 1984, S. 147)

Die Darstellung der neuen Frauenbewegung von Karl-Werner Brand, Dieter Büsser und Dieter Rucht (1984) zeigt sie als eine soziale Bewegung, die die wesentlichen Züge von Empowermentprozessen in sich trägt:

> „Frauen könnten und dürften sich nicht länger mit den ihnen von Männern zugewiesenen Rollen, Spielräumen und Surrogaten bescheiden; sie müßten sich auf ihre eigenen verschütteten Kräfte und Fähigkeiten besinnen, zumindest zeitweilig unter Ausschluß von Männern eigene Erfahrungen und Lernprozesse in Gang setzen, ihre Emanzipation selbst in die Hand nehmen." (ebd., S. 139)

---

[36] Da es bewegte, emanzipierte und politisch engagierte Frauen schon immer gegeben hat (auch wenn dies von einer patriarchalen westlichen Gesellschaft immer mit mehr oder weniger Erfolg unterdrückt oder verneint worden ist) und auch explizite Frauenbewegungen schon seit Mitte des letzten Jahrhunderts für öffentliche Aufmerksamkeit sorgten, ist hier der Hinweis wichtig, daß in diesem Zusammenhang „nur" die neuere Frauenbewegung (seit den 60er Jahren) diskutiert werden soll. Auch mit dieser Einschränkung kann ich mir nicht anmaßen, die Frauenbewegung oder auch nur Teile davon unter dem Blickwinkel „Empowerment" umfassend zu diskutieren. Als empirisches Beispiel für Empowermentprozesse sind diese Erfahrungen und die daraus zu ziehenden Schlußfolgerungen jedoch meines Erachtens unverzichtbar.

[37] Natürlich kann mit Recht behauptet werden, gerade die Ökologiebewegung habe – ähnlich wie die Frauenbewegung – umfangreiche und weitreichende Konsequenzen für alle Bereiche gesellschaftlichen Lebens nach sich gezogen. Für Empowermentprozesse auf der strukturellen Ebene hat sie jedoch nur innerhalb einzelner Projekte Erklärungswert (dort, wo über das Engagement in ökologischen Initiativen Menschen ihre eigene und gemeinschaftliche Stärke erkennen und nutzen lernen), da hier der Gegenstand im Schutz unserer natürlichen Umwelt oder in der Rettung unseres Lebensraumes besteht. Die Ökologiebewegung beschäftigt sich in ihrem primären Ziel nicht mit der Förderung der Potentiale von Menschen und ihren sozialen Zusammenhängen.

Versucht man zu analysieren, wie Empowermentprozesse im Rahmen der Frauenbewegung ablaufen respektive abliefen und welche Bestimmungsstücke in diesen Dynamiken erkennbar sind, so ist festzustellen, daß auch hier strukturelles Empowerment vor allem von mikropolitischen Elementen bestimmt wird. Deutlich wird jedoch, daß die Arbeit an den Beziehungen und Kommunikationsstrukturen nicht auf das Psychologische beschränkt bleibt:

> „... es handelt sich nicht um Kultur und Gegenkultur, nicht um die Besetzung eines schmalen Rändchens der öffentlichen Meinung durch eine soziale Protestbewegung, und auch nicht nur um den Slogan aus der Selbsterfahrungszeit: das Persönliche ist Politisch. Die Geschichte der Psyche und der Aktivitäten eines Geschlechts nimmt dann einen befreienden Charakter an, wenn die Entwicklung autonome gesellschaftliche Frauenzusammenhänge möglich macht und gleichzeitig die Veränderung der Gesellschaft." (Libreria delle donne di Milano 1989, S. 9)

Die auslösenden Bedingungen für die vielfältigen Prozesse und Aktionen, die heute mit dem Begriff „die neue Frauenbewegung" zusammengefaßt werden, waren sicherlich in verschiedenen Ländern unterschiedlich und werden auch von verschiedenen Lagern und Autorinnen der Frauenbewegung unterschiedlich gewichtet. Die Debatte um die Frage der Abtreibung scheint jedoch in allen Bereichen ein zentrales Thema mit weitreichend solidarisierenden Effekten gewesen zu sein. Sie war im fast wörtlichen Sinne ein „gut issue"[38], das die Identität vieler Frauen direkt berührte und die Fremdbestimmung und Unterdrückung des weiblichen Geschlechts auch in anderen Bereichen deutlich werden ließ. Die Debatte löste einerseits eine umfangreiche Beschäftigung mit Themen weiblicher Identität aus, für die die überall entstehenden Frauengruppen eine wichtige Basis zur Selbsterfahrung und Weiterentwicklung der eigenen Identität auf der intellektuellen, psychologischen und gesellschaftspolitischen Ebene wurden. Parallel dazu entwickelte sich eine intensive Beschäftigung mit den historischen Vorläufern der modernen Frauenbewegung, die zu einer individuellen wie kollektiven Stabilisierung der weiblichen Identität beitrug. Die Phase der Selbsterfahrung und die Umsetzung dieser Erfahrungen in die konkrete Projektpraxis auf vielen Ebenen können als die zentralen Bestimmungsstücke der Empowermentprozesse im Rahmen der Frauenbewegung aufgefaßt werden. Hier wurden – direkt oder indirekt – das Selbst-Bewußtsein von Millionen Frauen gestärkt, eigene Ressourcen und Fähigkeiten entdeckt, teilweise

---

[38] „Gut issue" = ein Thema, das unmittelbar betroffen macht, das man/frau „im Bauch spürt"; siehe Fußnote 26.

neue Umgangsformen innerhalb und außerhalb von Projekten entwickelt und so die Basis für eine Politisierung der „Frauenfrage" und eine noch lange nicht abgeschlossene, nichtsdestoweniger aber bereits heute spürbare Veränderung unserer Gesellschaftsstrukturen gelegt. Empowermentprozesse auf der strukturellen Ebene haben auch hier *mikropolitische Bestimmungsstücke*: sie gelingen, wenn in und zwischen Organisationen, Gruppen und Projekten gegenseitig fördernde Kommunikationsstrukturen aufgebaut und erhalten werden können, was sicherlich nicht in allen Bereichen und Projekten der Frauenbewegung erreicht worden ist. Empowermentprozesse beginnen aber auch „im Kleinen" – und nicht im großen Wurf, worauf Sandra Morgen und Alice Bookman (1988) in der Einleitung ihres Buches „Women and the politics of empowerment" hinweisen:

> „Empowerment ist zur Zeit ein modischer Begriff, insbesondere im Zusammenhang mit individueller Selbstbehauptung, sozialem Aufstieg, oder der psychologischen Erfahrung, die eigene Stärke zu spüren. ...
> Für die Frauen ... (in den im Buch von Bookman und Morgen [1988] dargestellten Projekten; W. S.) wird Empowerment selten als sozialer Aufstieg oder persönliches Vorwärtskommen erlebt. Die ‚eigene Kraft zu spüren' wird für diese Frauen eingeschränkt durch den eingegrenzten Zugang ihres Geschlechts – wie auch ihrer jeweiligen Rasse oder sozialen Schicht – zu den ökonomischen Ressourcen und zu politischer Macht. Für diese Frauen beginnen Empowermentprozesse, wenn sie die Ursachen für ihre eigene Machtlosigkeit anders einschätzen, wenn sie die strukturellen Mechanismen, die sie unterdrücken, erkennen, und wenn sie beginnen, aktiv zu werden, um ihre Lebensbedingungen zu verändern." (Bookman/Morgen 1988, S. 4)

Aus feministischer Sicht werden jedoch auch Bedenken geäußert, daß das Konzept des Empowerment Gefahr laufen könnte, zu stark die eher „männlichen" Komponenten der Durchsetzungsfähigkeit und Kontrolle zu betonen, und dabei die in der Frauenbewegung zentralen Aspekte der „Beziehung" und „Gemeinschaft" zu vernachlässigen (Riger 1994).

3.3. VERÄNDERTE BLICKWINKEL FÜR DIE SOZIALE ARBEIT

Das Konzept „Empowerment" verhält sich wie ein Fisch, den man mit der bloßen Hand aus dem Wasser fischen will: Er glitscht einem immer wieder durch die Hände, genau in dem Augenblick, in dem man ihn nun endlich zu fassen glaubt. Das hat mehrere Gründe: Zum einen wird der Begriff „empowerment" vor allem in der anglo-amerikanischen Alltagssprache und in der Fachliteratur für ein *breit gefächertes Grundverständnis* von „stärker werden", „handlungsfähig werden", „sich durchsetzen können" verwendet. Die allgemeine Botschaft, die der Begriff „Empowerment" aussendet, bezieht

153

sich auf viele Situationen, beinhaltet ein vages Verständnis von „sich auf seine Stärken besinnen und handeln" oder „sich aus einer negativ empfundenen oder unterprivilegierten Situation herausarbeiten" und ist für viele Menschen offensichtlich attraktiv. Empowerment hat so als Begriff seinen Stellenwert sowohl in der Friedensbewegung (z. B. Macy 1986), in der amerikanischen und englischen Gemeinwesenarbeit (Checkoway/Norsman 1986; Kum-Kum Bhavnani 1988; Russel-Erlich/Rivera 1986), in der Gemeindepsychologie (Rappaport 1985), aber auch in alltagsphilosophischen Lebenshilfe-Ratgebern (z. B. Peck 1987).

Zum anderen hat Empowerment eine potentiell *weitreichende Bedeutung im sozialen Leben und den gesellschaftlichen Zusammenhängen*. Empowerment bezieht sich nicht auf bestimmte, eingegrenzte Störungsbilder oder definierte Handlungsfelder, sondern auf das Potential menschlichen Handelns in der Gemeinschaft und die Auswirkungen auf die einzelnen Personen, ihre sozialen Zusammenhänge, Institutionen und Strukturen. Die Neugier für die Wege, Ressourcen und Grenzen selbstorganisierten Handelns und die individuellen und gemeinschaftlichen Stärken, die Menschen dabei entwickeln können, läßt sich dabei nicht auf psychosoziale Handlungsfelder im engeren Sinn einschränken. Um zu verstehen, wie Prozesse des Empowerment entstehen und ablaufen, welche Auswirkungen sie auf Individuen und soziale Systeme haben und welche sozialen Bedingungen förderlich und welche behindernd sind, muß der Blick über die traditionellen psychosozialen Arbeitsfelder hinaus auf vielfältige Formen sozialer Aktion gehen. Die Erfahrungen aus Selbsthilfeinitiativen und der BürgerInnenbeteiligung im lokalen Kontext sind hier ebenso interessant wie die Arbeit regionaler und überregionaler Aktionsgruppen zu allgemeineren Themen wie Umweltschutz, die Rechte von Minderheiten, entwicklungspolitische Projekte oder die Traditionen anderer Kulturen, denen unserere industriegesellschaftliche Form öffentlicher Wohlfahrt und sozialer Dienstleistungen durch ExpertInnen (noch) fremd ist. Die Themen von Empowermentprozessen sind vielfältig: soziale Themen werden ergänzt durch Umweltschutz, Stadtplanung, BürgerInnenbeteiligung, Kommunalpolitik, allgemeinpolitische Aktionen oder durch das Thema „KundInnen-Orientierung" in Qualitätssicherungsmaßnahmen in der Sozialen Arbeit. Die Analysen von Empowermentprozessen erfordern gleichermaßen eine interdisziplinäre Zugangsweise, in die entwicklungspsychologische und gruppendynamische Aspekte einfließen müssen und in denen auf Erfahrungen der Organisationsentwicklung, der Gemeindesoziologie und auch klassischer sozialpsychologischer, soziologischer und auch sozialphilosophischer Forschungsfelder zurückgegriffen werden muß.

Bei dieser Vielfalt der Aspekte einer Empowermentperspektive läßt sich der

Begriff naturgemäß nur *schwer präzise definieren.* Die Unbestimmtheit und fehlende Schärfe des Begriffs wurde im Diskurs um diese Perspektive auch immer wieder kritisiert (Price 1990; Hess 1984; Jason/Gesten 1987). Dieser zu Recht kritisierte Punkt ist jedoch Manko und Vorteil zugleich: Das Konzept „Empowerment" entspricht zwar zum gegenwärtigen Zeitpunkt (noch) nicht den wissenschaftstheoretischen Anforderungen an eine Theorie psychosozialen Handelns, für die ein hinreichendes Erklärungspotential für klar abgrenzbare Bereiche sozialen Handelns zu fordern wäre (Groeben/Westmeyer 1981), auch bietet es noch kein definiertes Regelwerk für professionelles Handeln in bestimmten Problemfeldern. Der Blickwinkel auf individuelle und kollektive Fähigkeiten und Kompetenzen, die auch in Krisensituationen trotz aller aktueller Defizite weiterhin vorhanden sind und gerade dann mobilisiert werden können, beinhaltet jedoch nicht nur eine Refocussierung professioneller Tätigkeit, deren Möglichkeiten durch das damit wachsende Verständnis für natürliche, selbstorganisierte Prozesse gesteigert werden. Eine Empowermentperspektive *ergänzt* auch einige *sozialwissenschaftliche und sozialpolitische Bereiche*, die in den letzten Jahren für das Verständnis sozialen und gesellschaftspolitischen Handelns an Relevanz gewonnen haben, so unter anderem die Bereiche „soziale Netzwerke und soziale Unterstützung", „Partizipationsforschung", „Gesundheitsförderung". Diese Anschlußstellen sind für die Bestimmung des Stellenwerts einer Empowermentperspektive in den Sozialwissenschaften, der Sozialpolitik und der psychosozialen Praxis von besonderem Interesse. Das Konzept „Empowerment" gibt uns gerade wegen seiner fehlenden Operationalisierung, oder besser positiv ausgedrückt: wegen seines „ganzheitlichen" Charakters und seiner vielfältigen Anschlußstücke die Chance, die Routinen und Gewohnheiten unserer praktischen wie auch theoretischen Beschäftigung mit sozialen Themen unter neuen Blickwinkeln zu sehen und eingefahrene Denk- und Sprachmuster zu erkennen und weiterzuentwickeln.

In der bislang vorliegenden Literatur zum Konzept „Empowerment" (siehe insbesondere Rappaport 1985; Rappaport/Swift/Hess 1984; Zimmerman 1992) konzentrieren sich SozialwissenschaftlerInnen vor allem auf die Beschreibung von Empowermentprozessen unter verschiedenen Blickwinkeln und in unterschiedlichen Situationen. Dies ist sinnvoll, um die zugrundeliegende Idee voranzutreiben, daß Menschen gemeinsam in der Lage sind, aus einer Situation des Mangels Stärke zu entwickeln und ihre Fähigkeiten zur Gestaltung ihrer eigenen Lebenswelt einzusetzen, und daß Professionelle im Sozialbereich vor allem von diesen Beispielen lernen sollten, um mitzuhelfen, Bedingungen in der sozialen Umwelt zu schaffen, die Empowermentprozesse fördern, anstatt „Betroffene" über professionelle Programme in eine von ihnen definierte soziale Welt wieder einzugliedern.

Diese Beschreibungen und Analysen liefern Erkenntnisse über den *Ablauf und die Phasen von Empowermentprozessen* (Kieffer 1984), über die Auswirkungen solcher Prozesse auf Individuen und Organisationen und über die Bedingungen, unter denen Empowermentprozesse stattfinden können. Aus diesen Untersuchungen lassen sich eine Reihe von Bestimmungsstücken des Konzepts „Empowerment" extrahieren, die eine erste umfassendere Definition von Empowerment ergeben können: Empowerment läßt sich demnach als ein bewußter und andauernder Prozeß bezeichnen, durch den Personen, die – meist im Rahmen lokaler Zusammenhänge – keinen ausreichenden Anteil an für sie wichtigen Ressourcen haben, einen besseren Zugang zu diesen Ressourcen erreichen und deren Nutzung selbst bestimmen können. Dies geschieht auf der Basis gegenseitiger Achtung von Personen und Gruppen, kritischer Betrachtung der sozialen Rahmenbedingungen und aktiver Beteiligung und persönlichem Engagement für die eigenen und gemeinsamen Belange.

Gemeinsam ist diesen Bestimmungsstücken des Empowermentkonzepts eine Bedeutung des Begriffs „power" (Macht, Energie, Durchsetzungsvermögen, Stärke), die ein Verständnis von *struktureller, politischer Macht* vereint mit *persönlichem Wachstum, individueller und sozialer Weiterentwicklung und Emanzipation und eigenem Selbsbewußtsein von einzelnen und Gruppen*. Obwohl beide Vorstellungen von Macht hier eng verbunden sind, klärt es das Verständnis von Empowerment, wenn man sie auseinanderhält: Politische Macht wird meistens als ein Nullsummen-Spiel betrachtet, bekommt eine Gruppe mehr Macht, muß eine andere verlieren. Das Konzept „Empowerment" dagegen beschreibt die Erweiterung der Möglichkeiten, der sozialen Optionen von einzelnen und Gruppen. Empowerment auf der einen Seite verringert nicht die Möglichkeit von Empowermentprozessen von anderen. Diese Bezogenheit kann im Gegenteil synergetische Prozesse und gegenseitige Unterstützung hervorbringen, die Empowermentprozesse auch auf einer strukturellen Ebene fördern. Sie ist nur möglich, wenn Empowerment nicht einseitig auf die Aspekte der individuellen oder gruppenbezogenen Durchsetzungsfähigkeit orientiert wird. Empowerment entfaltet seine Stärke erst dann, wenn über die Orientierung auf die synergetischen Potentiale der Gemeinschaft eine verbesserte gemeinsame Kontrolle und Gestaltbarkeit der sozialen Umwelt angestrebt wird. Insofern müssen die gemeindepsychologischen Konzepte „Empowerment" und „sense of community" (Sarason 1974) eng miteinander verknüpft werden (Riger 1994), eine Aufgabe, die in der zukünftigen Weiterentwicklung des Konzeptes vorrangige Berücksichtigung finden muß. In diesem Sinne bedingt und schafft Empowerment Gemeinschaft.

Im Hinblick auf die *psychosoziale Praxis und der Rolle der in ihr professio-*

nell tätigen Fachleute ziehen diese veränderten Blickwinkel auf die Soziale Arbeit potentiell eine Reihe von Konsequenzen nach sich. Erste Erfahrungen der Umsetzung von Empowermentperspektiven in verschiedenen Zusammenhängen können vor allem darüber Aufschluß geben,

(a) welche Aufgabe SozialarbeiterInnen, PsychologInnen und andere Fachleute übernehmen können, wenn sie Empowermentprozesse im Rahmen ihrer Tätigkeit anstoßen wollen
(b) welche qualifikatorischen und strukturellen Voraussetzungen notwendig sind, um Empowerment als Arbeitsperspektive übernehmen zu können
(c) welchen Begrenzungen das Konzept „Empowerment" als professionelle Zugangsweise unterworfen ist.

4. Empowerment als Philosophie und Strategie psychosozialer Praxis: Konsequenzen für ein neues Verständnis psychosozialer Arbeit

Der Frage nach den Konsequenzen eines Empowermentkonzeptes für die psychosoziale Praxis wird schnell unterstellt, sie suche nach Methoden und Techniken, die in der Praxis anwendbar sind. Verbunden wären damit spezifische Anwendungsfelder, Zielgruppen und die Reichweite des Konzepts und Antworten auf die Frage, wann und in welchen Situationen die Förderung von Empowermentprozessen eine problemangemessene Zugangsweise darstellt. Für eine professionelle Praxis des Empowerment treffen jedoch solche Fragen nicht zu. Empowerment kann nicht als eine Methode oder als ein professionelles Handwerkszeug angesehen werden, sondern *repräsentiert* eher *eine professionelle Haltung*, die den *Focus auf die Förderung von Potentialen der Selbstorganisation und gemeinschaftlichen Handelns legt.* Unter einem professionellen Blickwinkel ist daher die Frage zu stellen, *unter welchen Bedingungen es gelingen kann, im Rahmen psychosozialer Tätigkeit Prozesse des Empowerment auf verschiedenen Ebenen zu fördern, vielleicht sogar anzustoßen.* Dies bedeutet gleichzeitig, die Strukturen und Handlungslogiken zu identifizieren und zu verändern, die Empowermentprozesse auf den unterschiedlichen Ebenen behindern.

(1) Empowerment beschreibt einerseits Prozesse von einzelnen, Gruppen und Strukturen hin zu größerer gemeinschaftlicher Stärke und Handlungsfähigkeit. Berufliche HelferInnen in der sozialen oder gesundheitsbezogenen Arbeit können hier für die Entdeckung solcher *Prozesse sensibel werden* und sie *gezielt* durch Bereitstellung von instrumentellen Hilfen (Räume, Finanzen), gegebenenfalls durch Beratung von Personen, Gruppen oder Organisationen oder durch sozialpolitische Einflußnahme *fördern.*

(2) Empowermentprozesse können professionell gefördert oder angestoßen werden durch die Entwicklung eines sozialen Klimas und durch eine professionelle Haltung, die den Focus der Arbeit auf vorhandene oder verschüttete Ressourcen und Kompetenzen lenkt. Diese Ressourcen sind dann nicht begrenzt und damit erweiterbar, wenn Ressourcen auf der individuellen Ebene mit denen der Gruppenebene oder den sozialen Strukturen verbunden werden. Der Anstoß von Empowermentprozessen durch Professionelle erfolgt durch die Verknüpfungen verschiedener Ebenen (siehe Abbildung 5, S. 128), durch die Herstellung von Zusammenhängen. Eine professionelle Haltung

des Empowerment bedeutet daher immer die *Arbeit im und am sozialen Kontext.*

Empowerment beschreibt damit eine professionelle Grundhaltung für eine nicht-technizistische psychosoziale Arbeit in verschiedenen Bereichen, deren Credo es ist, einen „... Prozeß (zu ermöglichen), durch den KlientInnen (persönliche, organisatorische und gemeinschaftliche) Ressourcen erhalten, die sie befähigen, größere Kontrolle über ihr Leben auszuüben und ihre Ziele zu erreichen" (Hasenfeld 1987, S. 479).

Die in Kapitel 3 geleistete deskriptive und empirisch fundierte Analyse von Empowermentprozessen auf verschiedenen Ebenen liefert das Fundament für die Einschätzung, welche Rolle Empowerment in der psychosozialen Praxis spielen kann und welchen Stellenwert diesem Konzept für die Identitätsarbeit psychosozialer Professionen einzuräumen ist. Diese Einschätzung soll unter folgenden Perspektiven erfolgen:

(a) Das zu Anfang dieser Arbeit hinterfragte Selbstverständnis von Sozialpolitik und psychosozialer Arbeit bekommt durch das Konzept „Empowerment" einen reflexiven Charakter. Es ist also die Frage zu beantworten, wie die Identität und das Selbstverständnis psychosozialer Professionen unter einem Blickwinkel des Empowerment zu beschreiben ist (Abschnitt 4.1.).

(b) Empowerment bestimmt die Richtung der Fragestellungen einer psychosozialen Praxis und damit die Absichten („phenomena of interest"; Rappaport 1987) psychosozialer Handlungsbereiche und Interventionen. Dieser veränderte Blickwinkel zieht unterschiedliche Konsequenzen für die Handlungsebenen psychosozialer Arbeit nach sich, die exemplarisch an einigen Praxisfeldern beleuchtet werden sollen (Abschnitt 4.2.).

(c) Empowermentprozesse lassen sich durch Professionelle dann anstoßen und fördern, wenn diese selbst lernen, Ressourcen zu entdecken und zu nutzen, und sich mögliche Freiräume in ihrer Tätigkeit zu erarbeiten. Damit erfordert ein Blickwinkel des Empowerment diese Prozesse auch für berufliche HelferInnen (Abschnitt 4.3.).

4.1. FÜR EIN SOZIALÖKOLOGISCHES SELBSTVERSTÄNDNIS VON EMPOWERMENT ALS GRUNDLAGE PSYCHOSOZIALEN HANDELNS

Aufgabe psychosozialen Handelns im Sinne von Empowerment ist es in erster Linie, die in der jeweiligen Situation vorfindbaren *Ressourcenquellen und -netzwerke herauszufinden, zu stärken und nutzbar zu machen.* Professionelle beschäftigen sich unter einer Empowermentperspektive daher vor allem mit den Fähigkeiten und Stärken von Individuen und mit den auf der

Gruppen- und Strukturebene vorzufindenden und entwickelbaren Ressourcen, ohne damit die Schwächen oder Bedürfnisse der Betroffenen zu vernachlässigen. Das Ziel der Interventionen besteht darin, auf den verschiedenen Ebenen versteckte oder nicht genutzte Ressourcen zu entdecken und sie für die Bearbeitung aktueller sozialer Probleme und für die Weiterentwicklung (Stärkung) des sozialen Systems nutzbar zu machen.

Der sozialökologische Ansatz (Kelly 1989; Trickett 1984) geht dabei davon aus, daß Personen und soziale Kontexte interdependent sind, d. h. sie entwickeln wechselseitig Handlungsmöglichkeiten und -behinderungen. Personen, soziale Kontexte und die in diesem Rahmen ablaufenden interaktiven Prozesse werden als potentielle Ressourcen betrachtet, die als Möglichkeiten der Weiterentwicklung der einzelnen Bestandteile zu nutzen sind. Diese gegenseitige Einflußnahme geschieht jedoch nicht reibungslos; der paradoxe Charakter sozialer Systeme erfordert *divergente Lösungen* für soziale Probleme und den *Umgang mit Widersprüchen* – mit dem Ziel, einseitige Problemzugänge aufzudecken und zu vermeiden (siehe Abschnitt 2.1.3.). Die aktuelle Debatte um Wege der Gesundheitsförderung bietet hier gutes Anschauungsmaterial:

> Ansätze präventiver Arbeit, die die Gesundheitsrisiken in den Lebensweisen der Menschen im Blick haben und entsprechende Faktoren identifizieren, sehen in den Risiken eben hauptsächlich die Gefahren für die individuelle Gesundheit und vernachlässigen zu sehr die individuell wahrgenommenen Potentiale, etwa die soziale Funktion von Alkoholkonsum in unserer Gesellschaft (Wenzel 1986). Programme für Gesundheitsförderung, die auf der Makro-Ebene vor allem auf eine gesündere Umwelt setzen, vergessen leicht die psychologische Seite der Probleme. Von Experten angebotene Trainingsprogramme zur Erhöhung sozialer Kompetenz vermitteln vor allem, wenn auch in didaktisch abgestufter Form, „fertige" Fähigkeiten und transportieren die einseitige Botschaft der „Machbarkeit", sowie eine tendenzielle Geringschätzung von Erfahrungswissen oder alltagspraktischer Fertigkeiten.

Daher bedeutet eine Haltung des Empowerment, daß Professionelle im psychosozialen Bereich unterschiedliche Zugänge zu sozialen Problemen suchen und vielfältige Lösungen fördern, auch wenn sich diese Bewältigungsmuster auf den ersten Blick widersprechen sollten. Eindimensionale und vermeintlich eindeutige, „klare" Problembearbeitungen vernachlässigen oft andere Seiten der jeweiligen Situation und behindern die Verknüpfung von Arbeitsansätzen auf unterschiedlichen Ebenen und damit die mögliche Erweiterung von Ressourcen (Rappaport 1987).

Die Vielfalt von Problemlösungen, Bewältigungsmöglichkeiten und Ressourcen findet sich weniger im Rahmen professioneller Programme oder Interventionen, sondern *in den alltäglichen sozialen Zusammenhängen*. Ein sozialökologisches Selbstverständnis von Empowerment als Grundlage psychosozialer Praxis basiert auf der Erkenntnis, daß die Situation von Individuen vor dem Hintergrund ihres sozialen Kontextes, ihrer Verankerung in der Gemeinschaft betrachtet werden muß. Das Verständnis der Kultur und sozialen Problemlösemuster ist für die Förderung dieser Gemeinschaften ebenso wichtig wie die kompetenzorientierte Förderung und Stärkung von Einzelpersonen oder Gruppen.

Um die Vielfalt vorhandener und potentieller Ressourcen nutzen zu können, sind die *Beziehungen zwischen Professionellen und NutzerInnen auf einer partizipativen und gleichwertigen*[39] *Grundlage zu gestalten.* Die Analyse gemeinschaftlicher Ressourcen oder von Problembereichen in einem sozialen Kontext und daraus folgende Verbesserungsvorschläge wird durch eine gleichberechtigte Zusammenarbeit von Professionellen und Nutzern vielfältigere und „reichere" Ergebnisse erbringen.

Robert Felner u. a. (1983) und Julian Rappaport (1987) beschreiben folgende *Kriterien für professionelle Interventionen* im Rahmen einer Empowermentperspektive: Grundlage ist eine gleichwertige, nicht-hierarchische Zusammenarbeit von Professionellen und NutzerInnen (Fachleuten und Laien), die die Traditionen und die Kultur von sozialen Gemeinschaften und Individuen berücksichtigt und das Ziel verfolgt, Ressourcen zur Selbstorganisation bereitzustellen oder zu ermöglichen.

Bob Newbrough (1990) nennt als Grundlage dieses Selbstverständnisses psychosozialer Praxis den Blickwinkel „The One and the Many", also die Verbindung und Integration zweier Prinzipien: der Ermöglichung individueller Weiterentwicklung und Selbstverwirklichung und der Verbesserung gemeinschaftlicher Prozesse. Professionelle Interventionen, die diese beiden Prinzipien verbinden wollen, sollten sich nach Newbrough (1990, S. 18) nach den folgenden drei Kriterien/Fragen orientieren:

(a) *Gleichheit* – verteilt die Ressourcen für Wachstum und Weiterentwicklung: Werden die Menschen dazu befähigt, an einer lebendigen Gemeinschaft teilzuhaben?

(b) *soziale Bindungen* – ermöglichen wirksames soziales Wachstum: Wird die Entwicklung einer lebendigen Gemeinschaft verbessert?

---

[39] „Gleichwertig" sollte hier nicht mit „gleich" verwechselt werden. Natürlich werden die unterschiedlichen Fähigkeiten von Professionellen und NutzerInnen anerkannt, allein schon deshalb, um sie zur Grundlage von gegenseitigen Lernprozessen zu machen. Das Erfahrungswissen und die Alltagspraxis der NutzerInnen ist jedoch in einer Philosophie des Empowerment genauso viel wert wie die wissenschaftlichen Erkenntnisse und methodischen Ansätze von Professionellen. Beide tragen gleichermaßen, aber aus unterschiedlichen Blickwinkeln zum Verständnis und der Lösung von sozialen Problemen bei und ermöglichen so Synergieeffekte.

(c) *Freiheit* – erhöht die Chancen/Gelegenheiten individueller Weiterentwicklung: Werden die Möglichkeiten, individuelle Ziele zu erreichen, verbessert?

Für eine Sozialpolitik mit diesen Grundlagen können dann folgende Zielvorstellungen entwickelt werden:

> „Sozialpolitik als Empowerment reaktiviert verschüttete, verkümmerte oder überlastete soziale Bindungen ebenso, wie sie neue ermutigt und fördert. Sie knüpft damit ein – zugegeben dünnes – soziales Band, das den Adressaten vermittelt, welcher Gemeinschaft sie angehören: einer Zivilgesellschaft, die ihren Mitgliedern die selbstorganisierte Bewältigung ihrer Probleme zumutet und ermöglicht, darin aber zugleich eine Gemeinschaftsaufgabe sieht." (Frankenberg 1994, S. 222)

Sozialpolitische Priorität haben unter dem Blickwinkel des Empowerment die *Entwicklung von handlungsermächtigenden Strukturen, die die Betroffenen zur Selbstorganisation sozialer Dienste und Leistungen befähigen.* Ein Beispiel sozialpolitischer Unterstützung in diesem Sinne ist der Auf- und Ausbau von Förderprogrammen für Selbsthilfe-Initiativen, die von sozialen und gesundheitlichen Problemen betroffene und engagierte BürgerInnen ermutigen, sich zusammenzuschließen und verschiedene Formen gegenseitiger Hilfe zu entwickeln. Damit werden nicht nur vorhandene, verschüttete Ressourcen reaktiviert, sondern auch neue und innovative Lösungs- und Bewältigungsmöglichkeiten für soziale Problemfelder entdeckt.

Psychosoziale Arbeit und das sich seit kurzem entwickelnde Feld der „Sozialarbeitswissenschaft" darf sich daher nicht nur als die Wissenschaft professionellen Handelns im sozialen Bereich verstehen, sondern muß sich – zumindest in gleichwertiger Weise – für die Potentiale sozialer Hilfe, gegenseitiger Unterstützung im Alltag, vor allem aber um die Ermöglichung und Förderung von Empowermentprozessen in verschiedenen sozialen Zusammenhängen interessieren.

4.2. PROFESSIONELLES HANDELN UNTER EMPOWERMENT- BLICKWINKELN

Auf der Handlungsebene ist die aktive Förderung von gemeinschaftlichen und solidarischen Formen der Selbstorgansiation ein zentraler Bereich der Förderung von Empowermentprozessen. Die Schwierigkeit, einen Empowermentblickwinkel in die professionelle Arbeit zu integrieren, besteht vor allem darin, daß Empowermentprozesse zwar angestossen werden können, der eigentliche Prozeß jedoch weitgehend *ohne Zutun der beruflichen HelferInnen abläuft.* Eine Haltung des Empowerment läßt sich daher *nicht mit direkten Interventionen* vergleichen, wie sie im psychosozialen Bereich eher

163

üblich sind (Beratung, Betreuung, Therapie, Anleitung von Gruppen). Empowerment als professionelle Haltung bedeutet, Möglichkeiten für die Entwicklung von Kompetenzen bereitzustellen, Situationen gestaltbar machen und damit „offene Prozesse" anzustoßen. Eine professionelle Haltung des Empowerment impliziert *indirekte Strategien psychosozialen Handelns*. Dabei ist Empowerment für Individuen, Gruppen oder soziale Strukturen kein Ziel für sich, sondern kann, wie dies an den in dieser Arbeit beschriebenen Beispielen deutlich geworden ist, nur über konkrete inhaltliche Ziele erreicht werden. So verführen Formulierungen wie „jemanden empowern" leicht wieder zu der klassischen professionellen Haltung direkter Machbarkeit. Empowermentprozesse beschreiben eher das „Wie" der Erreichung konkreter Ziele, benötigen jedoch immer ein „Was".[40] Empowermentprozesse können durch die Bereitstellung von Ressourcen, partizipativen Strukturen und anderen, bereits genannten Aspekten ermöglicht werden, und dies gilt prinzipiell für alle inhaltlichen Bereiche.

Selbsthilfe-Initiativen werden in den in dieser Arbeit illustrierten Beispielen und auch in der vorhandenen Literatur zu Empowerment als „ideale" Praxisbeispiele von Empowermentprozessen angeführt (Rappaport 1986; Roberts/ Rappaport 1990; Stark/Bobzien 1988; Trojan 1986, 1993; Zimmerman u. a. 1985). Ausgehend von ihrem Selbstverständnis bieten Selbsthilfe-Initiativen und andere Formen selbstorganisierter Gruppen wesentliche Grundlagen für Empowermentprozesse: Es geht ihnen um die Stärkung von Selbsthilfe- und Handlungsfähigkeiten ihrer Mitglieder und der Gruppen, um soziale Aktivierung, den Aufbau und die Pflege gegenseitiger Hilfe und Unterstützung. Sie kombinieren, wenn auch nicht immer in der „idealen" Mischung, Erfahrungswissen aus Erkenntnissen alltäglicher Problembewältigung mit Erkenntnissen aus der wissenschaftlichen und professionellen Praxis. Nicht zuletzt ermöglichen sie ihren Mitgliedern die Erfahrung, selbstverantwortlich und „eigenmächtig" für ihr eigenes gesundheitliches und soziales Wohlergehen aktiv sein zu können, ohne auf die ausschließliche Hilfe von Professionellen angewiesen oder „denen da oben" ausgeliefert zu sein.

---

40 Dies wirft auch einen Blick auf die Notwendigkeit des sorgfältigen Umgangs mit Sprache, der in diesem Zusammenhang nicht näher beleuchtet werden kann (Rappaport 1986). Empowerment können Professionelle nicht „geben", sondern ist ein Prozeß, der aktiv „genommen" werden muß. Genauso wenig ist es möglich, jemanden zu motivieren, auch wenn diese Formulierung mittlerweile Eingang in die Alltagssprache gefunden hat. Entweder ist eine Person motiviert, oder sie ist es nicht.

Eine der wichtigsten Grundlagen für die Förderung von Empowermentprozessen – demokratische und partizipative Strukturen – werden von Selbsthilfe-Initiativen prinzipiell angestrebt; in der Praxis ahmen jedoch viele Selbsthilfe-Initiativen hierarchische Strukturen nach, wie sie in professionellen Arbeitszusammenhängen auch noch überwiegend zu finden sind. Dennoch lassen sich Empowermentprozesse bei einem großen Teil der Selbsthilfe-Initiativen empirisch feststellen: Alf Trojan (1986, 1993) hat mit seiner Arbeitsgruppe bei 309 freien Vereinigungen und Initiativen die Zielsetzungen der Gruppen erfragt, und dabei das Prinzip „Empowerment" in folgender Weise operationalisiert:

„– Stärkung des Selbstwertgefühls von betroffenen Menschen
– Förderung der Handlungs- und Durchsetzungsfähigkeit einzelner
– Förderung des Zusammenschlusses von Personen zur besonderen Durchsetzung von gemeinsamen Interessen
– Aktivierung der Bürger zu mehr Mitwirkung in Politik und Gesellschaft."
(Trojan 1993, S. 59)

Nach den Ergebnissen der Umfrage streben 43 % der befragten Initiativen ein oder zwei dieser Ziele an, 22 % wollen drei dieser Ziele erreichen und immerhin 20 % alle vier Ziele im Sinne von Empowerment.

Im Rahmen einer Studie zur Evaluation der Arbeit von Selbsthilfe-Initiativen in München wurde in 74 offenen Interviews mit Gruppenmitgliedern und -koordinatorInnen unter anderem nach den persönlichen Erfahrungen und den Erträgen des Engagements in den Gruppen gefragt (Engelhardt/Simeth/Stark 1995). 32,4 % nannten Aspekte der Erweiterung ihres sozialen Netzwerks, Wege aus der Isolation, Kontakte und Erfahrungsaustausch. Kompetenzerweiterung und Vermehrung des Erfahrungswissens wurde von 28,8 % der GesprächspartnerInnen genannt, Empowpermenteffekte im engeren Sinne (Durchsetzungsvermögen, Stärkung des Selbstbewußtseins) waren bei 19 % der Gruppenmitglieder die vorrangige Erfahrung.

Unter dem Blickwinkel des Empowerment ist es insbesondere interessant, die *Entwicklungen von und in Selbsthilfe-Initiativen* zu betrachten. Die Erfahrung der Arbeit im Selbsthilfezentrum München zeigt, daß sich Selbsthilfe-Initiativen oft aus den Anfängen einer kleinen Gesprächsgruppe mit dem Ziel des gegenseitigen Erfahrungsaustausches weiterentwickeln zu Initiativen, die Beratung und Dienstleistung auch für Ratsuchende anbieten, die nicht Mitglied der Gruppe sind. Da die Themen und Arbeitsformen von Selbsthilfe-Initiativen oft im professionellen System noch nicht erkannt, nicht akzeptiert oder einfach nicht angeboten werden, stoßen Selbsthilfe-Initiativen mit ihrer Arbeit in ein Vakuum, das auch sozial- oder gesundheitspolitisch noch nicht bearbeitet wird. Daher wird der Schritt zu einer Einmischung in sozialpolitische Diskussionen und Zusammenhänge von den „entwickelten" Initiativen nicht selten als „zwangsläufig" erlebt. In ähnlicher Weise läßt sich eine Dynamik innerhalb der Initiativen beobachten: Hier läßt sich – ausgehend von hilfesuchenden Menschen hin zu aktiven HelferInnen – die Transformation von Mitgliedern beschreiben, die sich sowohl für die anderen Gruppenmitglieder als auch gegenüber der gesamten Gruppe verantwortlich fühlen, wenn sie versucht, stärkeren sozialen Einfluß nach außen zu erlangen.

Die Förderung von Selbsthilfe-Initiativen in verschiedenen inhaltlichen Bereichen (z. B. chronisch Kranke, Eltern-Kind-Initiativen, psychosozialer Bereich) durch Selbsthilfekontaktstellen oder im Rahmen der Arbeit anderer psychosozialer Einrichtungen kann daher sicherlich als ein möglicher Kristallisationspunkt für die Unterstützung von Empowermentprozessen betrachtet werden. Die Beobachtung, daß immer mehr Selbsthilfe-Initiativen von Betroffenen und Ratsuchenden als Beratungs- und Dienstleistungseinrichtung genutzt werden und so Selbsthilfe-Initiativen zu einem wichtigen Bestandteil gesundheitlicher und psychosozialer Versorgung werden, legt die Prognose nahe, daß Empowermentprozesse auf diesem Wege die Struktur professioneller Einrichtungen im Gesundheits- und Sozialbereich beeinflussen und gestalten werden. Umgekehrt wächst die Notwendigkeit für berufliche HelferInnen, sich mit diesen Prozessen auseinanderzusetzen, sie zu fördern, und Prinzipien des Empowerment auch für die eigene Arbeit anzuwenden.[41]

Die Unterstützung von Selbsthilfe-Initiativen im Gesundheits- und Sozialbereich sind nur ein Teil der möglichen Optionen. Über ein anderes Beispiel der Umsetzung des Prinzips „Empowerment" im Kontext der „demokratischen Psychiatrie" Italiens berichtet Klaus Hartung anläßlich eines internationalen Psychiatriekongresses in Triest:

> „Neben dem Kongreßgebäude, der ehemaligen stazione marittima, in dem für fünf Tage die ‚questione psichiatrica' verhandelt werden sollte, hatte die weißgestrichene ‚Adriana' angelegt – ein jugoslawisches Passagierschiff mit 600 Betten für die Kongreßgäste. Dieses Schiff sorgte nicht nur für Unterkunft und Verpflegung, es war vielmehr so etwas wie eine politische Geste in der Form von 20.000 Bruttoregistertonnen. Die Psychiatrie, von Haus auf beauftragt, Schmutz und Elend zu verwalten und das ausgeschlossene Drittel der Gesellschaft zu kontrollieren, erhob gewissermaßen Anspruch auf Luxus, auf ein Unternehmertum diesseits der Barriere des Sozialstaates. …

---

41 Die besondere Form von Dienstleistungs- und Beratungsangeboten in Selbsthilfe-Initiativen und ihre Einflußnahme auf das professionelle System wird im Rahmen des Forschungsverbunds „Public Health München" seit Anfang 1994 genauer untersucht (Bachl/Büchner/Stark 1994).

Kaum hatte das Schiff angelegt, begann ein versteckter Machtkampf zwischen vier Mädchen und etwa sechzig Angestellten der ‚Jadrolinja‘, der die ‚Adriana‘ gehörte. Diese vier Mädchen, die man in der Bundesrepublik in einem Heim für verhaltensgestörte Jugendliche oder in einer Abteilung für Drogenabhängige wiedergefunden hätte, managten seit einiger Zeit im Rahmen der Kooperative ‚Posto delle fragole‘ das kleine Hotel ‚Tritone‘ am Lido von Triest, immerhin ein Hotel der zweiten Kategorie. Nun mußten sie abrupt von der Verwaltung eines Dreißig-Zimmer-Hotels auf ein 600-Betten-Schiff umsteigen. Ergebnis: keine Klagen von den Gästen, aber eine totale Verunsicherung des Kreuzfahrtservices der sechzig Angestellten, die an Routine und Hierarchie gewöhnt waren. Entinstitutionalisierung auf der ‚Adriana‘, oder: ein kleines Beispiel für eine Praxis, die in der Lage ist, Fähigkeiten von Menschen zu entfalten, weil sie Fähigkeiten voraussetzt." (Hartung 1988, S. 10)

Die Notwendigkeit des Vertrauens in die Fähigkeiten von Menschen (die in anderen Bereichen große Probleme oder Defizite haben mögen), um gemeinsam weitere Fähigkeiten entfalten zu können, kennzeichnet eine wesentliche Grundhaltung und eine veränderte Wahrnehmung auf soziale Probleme, die berufliche HelferInnen für sich selbst entwickeln müssen, wollen sie Empowermentprozesse in verschiedenen Bereichen fördern und anstoßen.

Auch aus anderen Arbeitsbereichen werden Erfahrungen und Ansätze einer auf Empowermentprozesse orientierten Arbeit berichtet: Ingrid Böhm (1991) und Hans Weiss (Böhm/Weiss 1993) beschreiben Empowermentprozesse von Eltern behinderter Kinder und ziehen Konsequenzen für eine empowermentorientierte Arbeit in der Frühförderung. Thomas Wolff (1985) berichtet über ein Projekt, in dessen Rahmen eine ambulante Serviceeinrichtung für alte Menschen in eine Agentur verwandelt wurde, die durch den Aufbau von Lebensmittelkooperativen für alte Menschen, d. h. durch die Ermöglichung von Zeitarbeitsplätzen im Rahmen eines Systems selbstverantwortlicher Mitglieder die Eigenverantwortung und Aktivität der alten Menschen wesentlich erhöhen konnte.

Aus diesen Beispielen lassen sich hilfreiche *Bedingungen für die professionelle Unterstützung von Empowermentprozessen* verallgemeinern, die anhand von Beispielen im Folgenden beschrieben werden sollen.

4.2.1. Zusammenhänge herstellen

Wie bereits ausgeführt, entfaltet sich die Kraft von Empowermentprozessen durch die Verbindung von Prozessen auf der individuellen, der gruppenbezogenen und der strukturellen Ebene. Diese Verbindungen sind in unserer hoch-spezialisierten Gesellschaft, stärker noch im psychosozialen Handlungsfeld, nicht selbstverständlich. Professionelles Handeln im Sinne von

Empowerment kann daher im Herstellen dieser Zusammenhänge am hilfreichsten sein.

Einer der am ausführlichsten dokumentierten professionell initiierten Empowermentansätze ist das „Neighborhood and Family Service Project" (Naparstek/Biegel/Spiro 1982; Biegel 1984), das in zwei ethnisch bevölkerten Arbeiterstadtteilen in Großstädten der USA (Southeast Baltimore und Southside Milwaukee) durchgeführt wurde. Das Projekt ist deshalb besonders interessant, weil es auf beispielhafte Weise zeigt, wie professionelle Empowermentprozesse in der Gemeinde anstoßen können, in dem sie auf die Stärken der vorgefundenen Gemeinschaft und die Kompetenzen der Stadtteilbewohner Bezug nehmen und diese zur Grundlage ihres Handelns machen.

Allan Naparstek u. a. (1982) gehen dabei von der Feststellung aus, daß der Aufbau eines Netzes gemeindenaher psychosozialer Dienste in den USA (Community Mental Health Centers – CMCHs) vor allem in Bezug auf das Ziel „Gemeindenähe" und „Gemeinschaftsorientierung" der Dienste bislang gescheitert ist. Die Gründe für diesen Fehlschlag liegen nach ihrer Auffassung vor allem darin, daß durch den „von oben" verordneten Aufbau von CMHCs die Anforderungen und Sichtweisen der jeweiligen Nachbarschaften und Gemeinden oftmals vernachlässigt wurden. Zudem war nicht hinreichend klar und transparent, welche Zielgruppen von diesen psychosozialen Diensten profitieren sollen. Dies führte nach Naparstek u. a. (1982) zu mehr oder weniger offenen Konflikten zwischen denjenigen, die die Aufgaben von CMHCs in der Versorgung psychisch schwer oder chronisch gestörter PatientInnen sehen, und den Personen, denen die präventive und unterstützende Arbeit mit Personen in Krisen oder mit kurzfristigen Problemen wichtiger erscheint.

Unter einem Blickwinkel des Empowerment halten die Autoren es für wichtig, mit beiden Gruppen zu arbeiten und ihre Dienste den Gemeinden als soziales System anzubieten, diese Ansätze aber auch klar zu trennen. Sie bieten ein Modell an, das die bislang fehlenden Verbindungen zwischen den Interessen und Aktivitäten der BürgerInnen und deren Nachbarschaften mit den CMHCs herstellen und verbessern soll. Obwohl sie die Versorgung schwer gestörer PsychiatriepatientInnen für eine wesentliche Aufgabe der CMHCs halten, sehen die Autoren eine gemeindenahe Arbeit und eine Reintegration dieses Klientels in die Gemeinde (ohne den Widerstand der sozialen Umgebung und eine damit einhergehende Ghettobildung hervorzurufen) erst dann als wirklich möglich an, wenn dies in und mit Hilfe von starken und selbstverantwortlichen Nachbarschaftsstrukturen geschieht:

> „If mental health institutions could be linked to empowered neighborhood-structures, the rehabilitation phase for those who are not impaired severely or

chronically could be more readiliy accomplished. Neighborhood placement would become more viable, particularly for those who experience long periods of merely mild impairment or even the absence of dysfunction between attacks. Potentially curable, the episodic illnesses would not be turned into iatrogenic social breakdown syndromes. ... The very small group of chronic severely ill patients needs help in havens outside the neighborhood. Until this is fully acknowledged, both the acute treatment hospitals, with their high costs, as well as the potential neighborhood support systems will be misdirected and overwhelmed of what is really a very small minority of patients." (Naparstek u. a. 1982, S. 6)

Zur Illustration soll hier der Prozeß in Milwaukee[42] ausführlicher beschrieben werden: Die besondere (und in der psychosozialen Arbeit dennoch häufig anzutreffende) Schwierigkeit des Projektes lag darin, daß der Projektstadtteil nach inhaltlichen und demographischen Gesichtspunkten ausgewählt wurde. Das Projekt ist also nicht aus der Gemeinde heraus entstanden, bzw. wurde nicht von dort angefragt. Ein verständliches Mißtrauen in der Bevölkerung gegenüber den Aktivitäten des Projektes mußte daher zunächst überwunden werden. Das Ziel des Projektes bestand darin, mit einer bestehenden gemeinwesenorientierten Organisation von Anfang an zusammenzuarbeiten, die auch die Leitung des Projektes vor Ort übernehmen sollte. Da eine Organisation dieser Art dort nicht existierte, bestand die erste Aufgabe darin, zunächst mit den Drehpunktpersonen und Meinungsführern des Stadtteils in Kontakt zu treten und zu sehen, inwieweit gemeinsam eine Trägerorganisation aufzubauen wäre. Eine außerordentlich sensible Kontaktaufnahme durch den Projektkoordinator im Rahmen von Interviews mit den Drehpunktpersonen des Stadtteils ermöglichte die Gründung der „Southside Community Organisation (SCO)" als Träger des gesamten Projekts. Die SCO bestand ausschließlich aus BürgerInneninitiativen und engagierten BürgerInnen (aktiven Personen aus Pfarrgemeinden, ethnischen Clubs und LaienhelferInnen). Parallel dazu wurde als eine der ersten Aktivitäten der SCO eine Projektberatungsgruppe, bestehend aus MitarbeiterInnen von mehr als 30 sozialen Einrichtungen dieser Region, ins Leben gerufen (Professional Advisory Committee – PAC). Die Hauptaufgabe des Projekts bestand darin, über eine durch das Projektteam unterstützten und von SCO durchgeführten Aktionsforschung die Stärken und Problemlagen des Stadtteils herauszufinden, den Zusammenhalt und das gegenseitige Hilfspotential der BürgerInnen zu stärken und Projekte zur Bearbeitung vorhandener Probleme zu entwickeln. Dabei repräsentierte bereits die aktive Rolle der Bür-

---

42 Die Southside of Milwaukee umfaßt etwa 66.000 Einwohner, 32% davon sind überwiegend polnischer, einige davon deutscher Abstammung. Die meisten Menschen leben schon relativ lange dort, ein großer Teil ist über 65 Jahre alt.

gerInnen bei der Datensammlung und Interpretation einen zentralen Teil des Empowermentprozesses. Sie sahen sich dadurch in die Lage versetzt, Kapazitäten und Schwachstellen ihres Gemeinwesens selbst bewußt zu erkennen und aktiv die Gestaltung ihrer sozialen Lebenswelt auf verschiedenen Ebenen zu übernehmen. Als besonders wichtig stellte sich dabei heraus, daß weder die Wahrnehmung der eigenen Situation noch die daraus gezogenen Konsequenzen „von außen", d. h. von professioneller Seite bestimmt wurde. So wurden als Konsequenz der Erkenntnisse aus der Aktionsforschungsphase mehrere Selbsthilfegruppen für Witwen gegründet, da die Interviews ergaben, daß alleinlebende, verwitwete Frauen (mit und ohne Kinder), die einen großen Teil der Bevölkerung des Stadtteils repräsentierten, nur unzureichende soziale Netze besaßen und kaum professionelle Hilfestellungen im Vorfeld manifester Störungen in Anspruch nehmen konnten. Ebenso stellten die an der aktivierenden Befragung beteiligten BewohnerInnen fest, daß die Kommunikation in Familien einen der Schwachpunkte in ihrem Gemeinwesen darstellte. Lokale LaienhelferInnen und Professionelle aus der Projektberatungsgruppe wurden um Unterstützung gebeten, und so konnten eine Reihe von vierteiligen Workshops zum Thema „Familienkommunikation" angeboten werden, an denen mehr als 350 Personen teilnahmen. Die Herausgabe einer Informationsschrift über die verfügbaren sozialen Dienste im Stadtteil erfolgte nach ähnlichem Muster: Nachdem ein vorhandenes umfangreiches Kompendium aller sozialen Hilfsmöglichkeiten in Milwaukee nur wenig von den Professionellen und kaum von den BürgerInnen genutzt worden war, entschlossen sich SCO und die Projektberatungsgruppe, einen zweiseitigen Kurzführer mit den Adressen der wichtigsten sozialen Dienste zu erstellen, der an jedem Telefon bequem anzubringen war. In der Zwischenzeit wurden im Stadtteil mehr als 30.000 dieser Informationsblätter verteilt. Ebenso wichtig wie die Bewußtmachung und Förderung der Stärken der BürgerInnen des Stadtteils war jedoch auch, Zusammenhänge zwischen den Aktivitäten der BürgerInnen und den vor Ort tätigen psychosozialen Professionellen herzustellen. Die hierzu ins Leben gerufene Projektberatungsgruppe (PAC) stellte mit der Zeit nicht nur eine wichtige Ressource für die SCO dar, sondern auch die Zusammenarbeit unter den verschiedenen sozialen Einrichtungen erfuhr wichtige Verbesserungen. Gemeinsame Themen und Projekte wurden besprochen, das verbesserte Kennenlernen der KollegInnen und anderen Einrichtungen verminderte isoliertes Arbeiten. Höhepunkt der Aktivitäten von PAC war eine viertägige Informationsbörse mit Workshops für verschiedene Zielgruppen, die den Kontakt zwischen Einrichtungen und BürgerInnen verbesserte und das vorher weitgehend bestehende Mißtrauen gegenüber den psychosozialen Profis verminderte.

Wie lassen sich die Entwicklung und die Ergebnisse des „Neighborhood and Family Services Projektes" nun als Empowermentprozess beschreiben? Was läßt sich daraus für ein Empowermentkonzept in der professionellen Sozialen Arbeit lernen? David Biegel und seine KollegInnen gehen davon aus, daß *Empowerment* vor allem zwei Grundlagen hat:

(1) Die bereits vor Ort/in der Situation vorhandenen Möglichkeiten und Fähigkeiten müssen in ausreichendem Maß erkannt und genutzt werden. In dem beschriebenen Projekt waren hierfür drei Bereiche wichtig:

(a) Es gelang, das Potential der in der Trägerorganisation (SCO) verbündeten BürgerInnen zu nutzen, um soziale Probleme herauszufinden und zu bearbeiten. SCO brachte Drehpunktpersonen und Meinungsführer aus verschiedenen Bereichen des Stadtteils zusammen, die ihre jeweiligen Ressourcen in das Projekt einbrachten. Sie waren in der Lage, die Probleme in ihrer Gemeinde selbst zu definieren und zu bestimmen, welche Lösungsversuche ihnen angebracht erschienen. Sie nutzten die Expertise der ansässigen Professionellen als beratende Ressource, wenn sie es für nötig befanden, und übernahmen in zunehmendem Maße die Verantwortung für entstehende Gruppen oder Workshopangebote, auch in Bereichen, in denen vorher rein professionelle Angebote wegen mangelndem Interesse der BürgerInnen fehlgeschlagen waren. Nach Beendigung des mit Bundesmitteln geförderten Modellprojekts konnte SCO die weitere Förderung durch kommunale Mittel erreichen und so ihr Potential stabilisieren und ausbauen.

(b) Durch die Initiierung des PAC und darauffolgende langfristige Kooperation mit den vorhandenen sozialen Einrichtungen wurde die Zugänglichkeit der professionellen Dienste und der damit verbundenen Ressourcen für die BürgerInnen des Stadtteils wesentlich erleichtert; umgekehrt konnte von den Einrichtungen erstmalig der Kontakt zu schwierig zu erreichenden Zielgruppen hergestellt werden. Die vorhandenen Ressourcen wurden also für beide Seiten erweitert durch die Nutzung der jeweiligen Stärken: SCO ermöglichte für die Einrichtungen eine verbesserte Legitimation in der Bevölkerung und vermittelte ihre Kompetenzen im Bereich „community organization"; die sozialen Dienste konnten den Aktiven von SCO mit Fachwissen zur Seite stehen.

(c) Die Pflege der vorhandenen Ressourcen ist ein zentraler Bestandteil von Empowermentprozessen und war ein wichtiges Ziel des Projekts. Die Ressourcen sozialer Unterstützung für BewohnerInnen des Stadtteils wurden erweitert und verbessert (Selbsthilfegruppen, Kommunikationsworkshops für Familien); ebenso wurden die formellen und informellen Unterstützungssysteme der Professionellen gestärkt.

(2) Eine Atmosphäre der Fairness in den Beziehungen, d. h. das investierte Engagement der BürgerInnen muß als nützlich und erfolgreich erlebt werden können; der Anteil an den vorhandenen Ressourcen muß im Vergleich zu anderen Bereichen gleich verteilt sein.

Das Gefühl, in der Verteilung kommunaler Ressourcen benachteiligt zu sein, wurde in der Southside of Milwaukee vor und während des Projektzeitraums nie geäußert. David Biegel (1984) nimmt als Grund dafür an, daß diese Gemeinde schon immer eine starke eigene Identität als ethnische Gemeinschaft hatte, ihre Meinungsführer respektierte und sich auf die traditionellen Institutionen nachbarschaftlicher Hilfe verließ (Kirche, ethnische Clubs usw.). Es gab allerdings auch keine Organisation wie SCO, die bei der Verteilung von Ressourcen als „pressure group" hätte auftreten können.

Die Initiierung on SCO erwies sich daher auch langfristig als hilfreich: Einige Jahre nach der Gründung von SCO und nach Beendigung des Projekts sahen es die BürgerInnen des Stadtteils für notwendig an, ein Alten- und Service-Zentrum aufzubauen. Obwohl finanzielle Mittel in Milwaukee dafür zur Verfügung standen, signalisierte die Stadt, hierfür kein Geld geben zu wollen. Hier zeigte sich die Stärke einer langfristig funktionierenden Organisation wie SCO: sie organisierten eine Bürgerversammlung, luden die entsprechenden Kommunalpolitiker ein und erreichten so die Finanzierung ihres Altenzentrums.

Als Ergebnis dieses stadtteilorientierten Empowermentansatzes, der bei den Stärken der einzelnen BewohnerInnen ansetzt, diese pflegt und erweitert, wie auch die Ressourcen der sozialen Dienste verbessert, halten David Biegel (1984) und Allan Naparstek u. a. (1982) fest:

(a) Der Ansatz macht es möglich, Menschen zu erreichen, die Unterstützung benötigen, sich aber von psychosozialen Professionellen (etwa aus Angst vor Stigmatisierung) nicht helfen lassen wollen.

(b) Indem Empowerment auf die Stärken und Kompetenzen der Menschen und ihrer Gemeinschaften aufbaut, und nicht auf ihren Defiziten und Schwächen, werden bereits vorhandene Unterstützungssysteme in optimaler Weise genutzt und das Selbstwertgefühl, die Kompetenzen und Kraft bestätigt und verstärkt.

(c) Ein stadtteilorientierter Empowermentansatz erkennt die einzigartige Kompetenz der BewohnerInnen: sie wissen, was in ihrem Stadtteil funktioniert und was nicht. Der Ansatz baut auf diesem Wissen auf.

(d) Das Stiften von Zusammenhängen zwischen stadtteilorientierten Unterstützungssystemen der BürgerInnen und den psychosozialen Diensten kann die Zerstückelung der sozialen Angebote vermindern und professionelle Hilfe dort, wo sie notwendig erscheint, effektiver anbieten.

Zusammenhänge herstellen und damit potentielle Ressourcen miteinander verknüpfen und Synergie-Effekte erzielen, das ist ein zugegebenermaßen relativ vages, offenes Bild einer professionellen Tätigkeit „am und im Kontext" im Sinne von Empowerment. Voraussetzung dafür, an den Verbindungslinien zwischen den Ebenen von Empowermentprozessen arbeiten und die darin liegenden interindividuellen Ressourcen entwickeln zu können, ist aber eben das Offene, Nicht-Fertige und Gestaltbare. Festlegungen durch pädagogische oder psychologische „Fertigprodukte" behindern direkte Lernprozesse, behindern Veränderung und behindern neue Erfahrungen und die Ausprägung von Erfahrungswissen. Denn das Stiften von Zusammenhängen setzt voraus, daß sich der (soziale) Gegenstand noch in der Fülle seiner Möglichkeiten befindet und nicht durch Sachzwänge, Festsetzungen usw. bereits festgelegt ist.

Eine aktive und kreative Nutzung des „Spielerischen" an diesen Möglichkeiten, die in einer postmodernen Gesellschaft stärker und klarer als bisher hervortreten, benötigt jedoch ein Fundament gegenseitiger sozialer Unterstützung und beständiger Vergewisserung, einen „Gemeinsinn", der Orientierungsmöglichkeiten zuläßt, ohne die Richtung normativ vorzugeben. Diese schwierige und komplexe Aufgabe kommt den beruflichen HelferInnen zu und muß in der Praxis „im kleinen" immer wieder umgesetzt werden können.

Für den französischen Soziologen und Psychoanalytiker Cornelius Castoriadis (1989) ist dies ein Programm mit gesellschaftlicher Tragweite: Es geht darum „... der Gemeinschaft dazu zu verhelfen, Institutionen zu erschaffen, deren Verinnerlichung durch die Individuen deren Fähigkeit, autonom zu werden, nicht beschränkt, sondern erweitert" (Castoriadis 1989, S. 70).

4.2.2. Brückeninstanzen und intermediäre Funktionen: Das Selbsthilfezentrum München als Beispiel

Das Stiften von Zusammenhängen und die Arbeit an den Verbindungslinien zwischen verschiedenen Ebenen (individuelle Ebene, Ebene der Gruppen, sozialstrukturelle Ebene) benötigt, wenn es ein integraler Bestandteil professioneller Tätigkeit werden soll, auch institutionelle Orte. Die Spezialisierung psychosozialer Einrichtungen und anderer gesellschaftlicher Institutionen (Verwaltungen, Krankenkassen, Verbände, Kirchen) verstärkt eine Entwicklung, die nicht nur das Zusammenspiel verschiedener Ebenen oft verhindert, sondern auch die NutzerInnen dieser Einrichtungen nötigt, ihre Anliegen und Probleme segmentiert und „spezialisiert" vorzubringen. Insofern unterstützt die strukturelle Spezialisierung der Dienste indirekt auch einen Defizitblickwinkel auf soziale Probleme.

Für die konkrete *Tätigkeit des Vermittelns und Brückenschlagens* forderten bereits Peter L. Berger und Richard Neuhaus (1977) soziale Institutionen zwischen dem einzelnen und den gesellschaftlichen „megastructures". Sie halten intermediäre (vermittelnde) Strukturen für unabdingbar für eine lebendige soziale Gemeinschaft und eine vitale Demokratie (siehe Abschnitt 3.1.4.), und vertreten daher die These, daß

(a) die Sozialpolitik und andere öffentliche Maßnahmen intermediäre Strukturen fördern und schützen sollten,
(b) bei der Umsetzung sozialer Vorhaben und Projekte diese vermittelnden Strukturen, wo immer möglich, genutzt werden sollten.

Vor dem Hintergrund von Dissoziationsprozessen der „primären Netzwerke" (Familie, Freunde) und der Spezialisierung sozialer Dienste haben sich in den letzten Jahren verschiedene Formen von Brückeninstanzen entwickelt, die gezielt die Vermittlung zwischen den einzelnen Mitgliedern einer sozialen Gemeinschaft und den großen, meist als entfremdet und anonym erlebten Strukturen betreiben.[43] Brückeninstanzen arbeiten an den Verbindungen, den Zusammenhängen zwischen den verschiedenen Ebenen und stellen Anschlußstücke zwischen den Ebenen her, die von Einzelpersonen, Gruppen, Professionellen und gesellschaftlichen Institutionen genutzt werden können. Ihr operatives Prinzip ist die Umsetzung des Empowermentkonzepts und die Förderung von Empowermentprozessen, wenn es ihnen gelingt, die Ebenen der Arbeit mit Einzelpersonen, mit Gruppen und anderen selbstorganisierten Initiativen, und mit sozialen Strukturen miteinander zu verbinden. Helmut Hildebrandt und Alf Trojan (1990) beschreiben *drei zentrale Funktionen von Brückeninstanzen*, die ich mit konkreten Beispielen aus der Praxis des Selbsthilfezentrums München ergänzen möchte:

(1) *Übersetzen und überbrücken:* Verwaltungen, Krankenkassen und andere strukturelle Einrichtungen haben ebenso ihre eigene Kultur, Handlungslogik und Sprache wie Professionelle in sozialen Einrichtungen oder Einzelpersonen, seien sie in Selbsthilfe-Initiativen organisiert oder einzelne Ratsuchen-

---

[43] Brückeninstanzen sind mehr als die in der Literatur oft benannten klassischen „intermediären Strukturen" (z. B. Familie, Kirche, Verbände). Obwohl diese Strukturen eine wichtige gesellschaftliche Funktion erfüllen, beschränke ich mich hier auf die relativ neue Form der Brückeninstanzen, da sich an diesen Beispielen eine professionelle Orientierung des Empowerment deutlich machen läßt.

de. Brückeninstanzen haben hier die Funktion, die unterschiedlichen Denkweisen und Sprachformen jeweils zu übersetzen und so zu einer besseren Verständigung zwischen den verschiedenen Ebenen beizutragen. Zudem sind sie in einer von hierarchischen oder reglementierten Strukturen relativ unabhängigen Position, die es ihnen erlaubt, z. B. für die Planung eines Vorhabens quasi „außerhalb des Dienstwegs" direkte Kontakte etwa zur einer Behördenleitung herzustellen und so kürzere Wege zu gehen. Sie vermitteln aber auch die Logik und Handlungszwänge z. B. von Behörden an Initiativen oder BürgerInnen und können auf diese Weise Mißverständnisse oder unnötige, weil nicht inhaltlich motivierte Konflikte, vermeiden. Um diese Funktion ausüben zu können, ist es für die MitarbeiterInnen in Brückeninstanzen notwendig, die Logiken und unterschiedlichen Sprachformen der jeweiligen Ebenen zu lernen und zu verstehen.

Das Selbsthilfezentrum München hat deshalb einen regelmässigen Erfahrungsaustausch mit MitarbeiterInnen der Sozialverwaltung etabliert, bei dem es vor allem um Themen der Übersetzung von Bedürfnissen der Initiativen oder von Zwängen der Verwaltung geht. Ebenso enger Kontakt muß mit den Initiativen selbst oder im Rahmen von Vernetzungstreffen der Initiativen gepflegt werden.

(2) *Stimulieren und befähigen:* Anregungen zu einem veränderten Denken und Handeln können auf unterschiedlichen Ebenen und zwischen den Ebenen stattfinden. Dies kann in konkreten Beratungssituationen geschehen (siehe Abschnitt 4.2.3.); es können aber auch spezielle Anlässe dafür geschaffen werden. Jenseits konkreter Fortbildungs- oder Diskussionsangebote und einer beständigen, anregenden Informationsvermittlung besteht hier die wesentliche Aufgabe darin, VertreterInnen aus verschiedenen Ebenen miteinander in Verbindung zu bringen, um auf diese Weise die Erweiterung vorhandener Ressourcen und die Entwicklung konkreter Utopien zu ermöglichen. Die Methode der Zukunftswerkstätten (Jungk/Müllert 1985; Stark 1992) ist ein ausgezeichnetes Beispiel für die Förderung sozialer Phantasie und zur Ausarbeitung konkreter Utopien.

Im Rahmen einer Reihe von Zukunftswerkstätten zum Thema „Gemeinsam für Gesundheitsförderung" hat das Selbsthilfezentrum München versucht, die unterschiedlichen Kompetenzen von Fachleuten aus der Verwaltung, der Krankenkassen, von Einrichtungen und Verbänden, aus der Kommunalpolitik und aus Selbsthilfe-Initiativen an einen Tisch zu bringen. MitarbeiterInnen aus diesen verschiedenen Ebenen, die ja oft mit strukturell unterschiedlichen Stärken und Ressourcen an ganz ähnlichen Konzepten und Ideen arbeiten, sich aber meist nur in traditionellen Rollenverhältnissen begegnen, hatten hier erstmals die Möglichkeit zu einer gemeinsamen gleichberechtigten Zusammenarbeit. Die mit Hilfe dieser Methode ausgearbeiteten und umgesetzten Projekte sind oft ein wichtiger Motor für längerfristige Potentiale der Kooperation, die auf der Basis der „Stärke schwacher Bindungen" (Granovetter 1983) immer wieder abgerufen werden können.[44]

(3) *Interessen vertreten und sozialen Wandel fördern:* Die aktive Einmischung in sozial- und gesundheitspolitische Planung im Sinne einer stärkeren Beteiligung der BürgerInnen kann durch die Mitarbeit in Gremien und fachlichen Arbeitskreisen erreicht werden. Dazu gehören auch der Aufbau von Beteiligungsstrukturen und die effektive Darstellung der Themen/Interessen in der Öffentlichkeit. Grundlage für eine effektive Interessensvertretung ist eine funktionierende Vernetzung der beteiligten Gruppen.

Der Selbsthilfebereich in München hat sich durch die Tätigkeit der Brückeninstanz Selbsthilfezentrum München mittlerweile eine Vielzahl von Beteiligungsformen und – strukturen erarbeitet. Bereits von Anfang an wurde der Münchner Selbsthilfebeirat etabliert: er ist mit gewählten VertreterInnen aus Selbsthilfe-Initiativen und Fachleuten aus der gesundheitlichen/sozialen Versorgung paritätisch besetzt und berät die kommunale Verwaltung/Politik über die Vergabe finanzieller Mittel an Selbsthilfe-Initiativen. In praktisch allen wichtigen Planungsgremien städtischer Gesundheits- und Sozialpolitik haben VertreterInnen des Selbsthilfezentrums oder aus Selbsthilfe-Initiativen Sitz und Stimme.

Die Umsetzung dieser drei Funktionen beschreibt gleichzeitig wichtige Bestandteile für die professionelle Unterstützung von Empowermentprozessen. Die Basis für eine gelingende Übernahme brückenbildender Funktionen liegt darin, die konkreten Arbeitsbereiche nicht auf eine Ebene zu beschränken, sondern parallel

(a) beratende Dienstleistungen für ratsuchende Personen anzubieten,
(b) gemeinschaftsbildende Prozesse der Selbstorganisation und gegenseitigen Unterstützung zu fördern,
(c) diese Arbeit in einen sozialpolitischen Rahmen zu stellen, Kooperationsstrukturen mit den relevanten Institutionen zu erarbeiten, und auch dort Prozesse der Selbstorganisation im Sinne von Empowerment anzustoßen.

Das Selbsthilfezentrum München (SHZ) hat in den fast zehn Jahren seines Bestehens kontinuierlich, wenn auch nicht reibungslos Arbeitsbereiche auf diesen Ebenen entwickelt und immer wieder Gelegenheiten gesucht, diese Arbeitsbereiche miteinander zu verknüpfen:

---

[44] Zu einer ausführlichen Beschreibung der Methode „Zukunftswerkstätten" siehe die Materialien im Anhang. Detaillierte Dokumentationen zu dieser und zu anderen Zukunftswerkstätten sind beim Selbsthilfezentrum München erhältlich.

(a) Auf der individuellen Ebene bietet das SHZ im Rahmen der Kontakt- und Informationsstelle telefonische und persönliche Beratung in Bezug auf Möglichkeiten der Selbstorganisation, verknüpft aber bereits diese Ebene bei Bedarf mit einer Vielzahl psychosozialer Einrichtungen, die gegebenenfalls ausführlicher Beratung oder Therapie anbieten können. Insofern fungiert das SHZ auch als Informationsdrehscheibe und Wegweiser für das psychosoziale Versorgungsnetz in München, eine Funktion die aufgrund der Vielfältigkeit und Unübersichtlichkeit der Versorgungsstrukturen mit steigender Tendenz wahrgenommen wird. Nach unseren Erfahrungen in der Beratungsarbeit mit Einzelpersonen beobachten wir, daß sich individuelle Fähigkeiten und Stärken erst im Zusammenwirken mit anderen Personen in Selbsthilfe-Initiativen richtig entfalten kann (Bobzien/Stark 1991). Dies trifft insbesondere auf die Beratung von GruppengründerInnen zu, durch die gezielt der Blick auf vorhandene oder brachliegende Ressourcen gelenkt werden kann und damit die defizitären Zuschreibungen „arbeitslos", „alleinerziehend", „psychiatrie-erfahren" in den Hintergrund gedrängt werden.

(b) Über die Bereitstellung von verschiedenen Gruppenräumen, einem Gruppenbüro und einem Vereinscafé im eigenen Haus kann das SHZ infrastrukturelle Voraussetzungen für Empowermentprozesse schaffen, die auf der indiviuellen und auf der Gruppenebene wichtig sind:

„Die Möglichkeit, daß etwa ein Nichtseßhafter gegenüber Behörden und Einrichtungen feste Bürozeiten für ‚seine' selbstorganisierte Initiative angeben kann, schafft für jemanden, der sich gegenüber offiziellen Stellen lange Zeit nur als ‚Betreuter' identifiziert hat, eine Anerkennung seiner Arbeit und ein verändertes Selbstverständnis. Das Beispiel zeigt nach unserer Einschätzung sehr deutlich, daß über diese zur Verfügung stehenden Freiräume Betroffene Stärken entwickeln können, die sie zum Teil an sich früher nicht wahrgenommen oder sich nicht zugetraut hätten. Unsere Aufgabe ist es dabei, für diese sich entwickelnden Fähigkeiten ein räumliches und konzeptionelles Sprungbrett anzubieten." (Bobzien/ Stark 1991, S. 181)

(c) Empowermentprozesse von und in Gruppen anzustoßen könnte, oberflächlich betrachtet, als der „Kern-Arbeitsbereich" von Selbsthilfe-Kontaktstellen angesehen werden. Da aber Selbsthilfe-Initiativen, zumindest in München, als autonome und selbstständig arbeitende soziale Systeme/Organisationen betrachtet werden, können in einem weit geringeren Ausmaß im Rahmen direkter Arbeit Empowermentprozesse in Gruppen angestoßen werden, als vielleicht zu erwarten wäre. Es wurde bereits angesprochen, daß Selbsthilfe-Initiativen konzeptionell als partizipativ-strukturierte Systeme angelegt sind, in der Realität jedoch oft den hierarchischen Aufbau vieler „professioneller Brüder" mehr oder weniger unreflektiert übernehmen. Um die Chancen für Empowermentprozesse vor allem für die Mitglieder und MitarbeiterInnen von Selbsthilfe-Initiativen zu erhöhen und somit die Entwicklung hin zu einer „empowering organization" zu erleichtern, können wir auf zwei Ebenen ansetzen:

- mit dem Angebot einer Organisations- und Finanzierungsberatung oder bereits bei der Gruppengründung versucht das SHZ kooperative Strukturen möglichst von Beginn an für die Gruppen attraktiv zu machen;
- durch die Erarbeitung selbstorganisierter Fortbildungsreihen (z. B. „Soziales Management in non-profit Einrichtungen" oder „Qualitätsmanagement für Initiativen und Projekte") werden für den Sozialbereich innovative Ideen und Konzepte (z. B. Umgang mit Macht und Hierarchie, qualitative und ökonomische Bewertung der eigenen Arbeit, Kundenorientierung in der sozialen Arbeit usw.) angeboten und gemeinsam bearbeitet. Ziel ist eine Demokratisierung der „inneren Strukturen" und eine Stärkung der Position des/der einzelnen in der Organisation (Stark 1994)

(d) Da an diesen Fortbildungsangeboten nicht nur Selbsthilfe-Initiativen im engeren Sinn teilnehmen, sondern auch MitarbeiterInnen professioneller Einrichtungen, werden auf diesem Wege „nebenbei" Verbindungen geknüpft, die zu weiteren Kooperationen zwischen dem Selbsthilfe- und Profi-Bereich führen. Schließlich soll auch die Auswahl der Themen selbst innovative Diskussionen über Funktion und Effektivität Sozialer Arbeit und sozialer Projekte provozieren. Der Selbsthilfebereich bekommt auf diesem Wege sozial- und fachpolitisch Anerkennung als wichtiges Standbein psychosozialer Versorgung in München.

Dem SHZ als Brückeninstanz kommt es dabei darauf an, als Katalysator im Sinne des Empowerment fördernd auf bereits begonnene individuelle, gruppenbezogene und institutionelle Lernprozesse einzuwirken. Konstitutiv dafür ist die Arbeit im und am Kontext Sozialer Arbeit in München, der auch bei der Beratung von Einzelpersonen oder von einzelen Gruppen im Blick bleiben muß.

4.2.3. Kooperative Beratung als Empowermentprozess

Beratung im Rahmen psychosozialer Praxis kann gemeinhin als Stiefkind professioneller Tätigkeit angesehen werden. Es existiert relativ wenig wissenschaftliche oder praxisbezogene Literatur zu Beratungsprozessen, vergleicht man dies mit der Fülle an fachbezogenen oder populärwissenschaftlichen Büchern und Zeitschriften zu verschiedenen Formen des therapeutischen Handelns. Zudem wird in der Mehrzahl der konzeptionellen Arbeiten von beraterisch-therapeutischer Tätigkeit oder von „psychotherapeutischer

Beratung" gesprochen. Die beiden Handlungsbereiche werden also miteinander vermischt, analytische Differenzierungen werden kaum angeboten (Anneken/Heyden 1985). Beratung im psychosozialen Bereich orientiert sich offensichtlich weitgehend am „großen Bruder ‚Therapie'". Hält man sich vor Augen, daß der weit überwiegende Teil der Tätigkeiten im psychosozialen Bereich Beratungstätigkeiten sind – im eigentlichlichen Sinne therapeutische Tätigkeiten werden vergleichsweise selten angewandt und noch seltener benötigt –, so erscheint es dringend notwendig, *für psychosoziale Beratung eigenständige Konzepte* zu erarbeiten. Erste Schritte in diese Richtung werden zur Zeit unternommen (Nestmann 1988). Sie werden stärker mit Aspekten der Beratung aus anderen Arbeitsfeldern (Institutions- bzw. Organisationsberatung; Politikberatung) verknüpft und beinhalten von daher die Chance, die Ressourcen unterschiedlicher Zugänge zu nutzen.

Ohne in diesem Rahmen eine grundsätzliche Konzeption für Beratung unter einem Empowermentblickwinkel entwerfen zu können, sollen hier doch einige Aspekte angesprochen werden. Dies insbesondere deshalb, weil direkte Formen professioneller Tätigkeit mit einer Empowermentperspektive wohl in den allermeisten Fällen „Beratungstätigkeit" sein wird, die allerdings mit den eher indirekten Formen der Arbeit im und am Kontext übereinstimmen muß, sollen sich diese beiden Zugangsweisen in sinnvoller Weise ergänzen.

Prozesse der Beratung sind bislang häufig vom *Gedanken des „Rettens"* bestimmt worden. Die Macht der Experten – bestehend aus Theorien, Konzepten und materiellen Ressourcen – wurde dazu eingesetzt, vermeintlich unwissende Menschen („Rat-Suchende") aus einem Problemkreislauf zu befreien und so zu retten. Wenngleich dies auch mit den besten Absichten geschehen mag, so schränken solche Prozesse und ihre Ergebnisse doch die Fähigkeit der Menschen ein, ihre eigene Autorität zu finden, und hindern sie, Verantwortung für ihr eigenes Leben, so wie sie sich es vorstellen, zu übernehmen. Problematisiert man solche Prozesse der Errettung, so ist unter einem Empowermentblickwinkel davon auszugehen, daß der im Rahmen von Beratung stattfindende Suchprozess („Rat suchen") durch die Ratsuchenden selbst oder gemeinsam mit den professionellen BeraterInnen begangen werden sollte. Der damit eingeschlagene Weg der „Politik der Entdeckung" ermöglicht einen Prozeß, indem eigene Erfahrungen interpretiert, neue (oder verschüttete) Ressourcen entdeckt und die Überraschungen beim Entdecken akzeptiert werden können.

„Suchen und Entdecken" bedeutet in diesem Zusammenhang, daß gemeinsam (Ratsuchende und BeraterIn) immer nur ein Stück des Weges gegangen wird, nämlich bis der nächste Schritt, der alleine und eigenverantwortlich gegangen werden kann, klar geworden ist. Die *Rolle des/der BeraterIn* ist dabei eher die einer MentorIn. MentorInnen[45] sind Drehpunktpersonen, die Türen öffnen oder auf Türen hinweisen, die bislang noch nicht gesehen wurden. Sie sind keine Lehrer, sie üben also nicht die direkte Wissensvermittlung, sondern ermöglichen nur Kontexte, durch die der gehemmte Handlungsfluß der Rat-Suchenden wiederhergestellt werden kann. Diese Wiederherstellung geschieht nicht unbedingt in der „Beratungssituation".

Enno Schmitz (1989) erinnert an ein Modell von Beratung, das eigentlich noch aus „vorprofessioneller" Zeit stammt und heute kaum noch aufzufinden ist. Es ist das Modell des Erzählers (Benjamin 1980), das den Grundgedanken für ein Verständnis von Beratung unter einem Empowerment-Blickwinkel beinhalten kann:

> „Der Rat des Erzählers ist die Geschichte, die er erzählt. ,Dazu fällt mir eine Geschichte ein', lautet die typsche Einleitung des Erzählers, nachdem er sich angehört hat, was den ratsuchenden Hörer bewegt. Sein Rat hat weder den Charakter einer psychologischen oder soziologischen Erklärung, noch den eines praktischen Imperativs; anscheinend ist er noch nicht einmal auf die besondere Lebenssituation des Hörers bezogen. ... Damit wird die im Grunde paradoxe Leistung einer Vermittlung von Allgemeinheit und Besonderheit vollzogen: es wird mit der erzählten Geschichte ein individuelles Modell konstruiert. Dies ermöglicht es, daß der Ratsuchende sein ganz individuelles lebenspraktisches Problem als allgemeines Problem des Lebens verstehen kann. Die erzählte Geschichte bringt zum Ausdruck, wie man die Kummer und Leid schaffende Lebenssituation anders sehen kann und welche weiteren Handlungsmöglichkeiten offenstehen. Freilich, was er daraus für sein Leben macht, ist ausschließlich Sache des Hörers; denn mit der Erzählung der Geschichte ist der Beratungsprozeß abgeschlossen." (Schmitz u. a. 1989, S. 144)

Die Geschichtenerzähler des alten Orients oder des Mittelalters hatten die Funktion der öffentlichen Rat-Geber. Geschichten wurden nicht nur zur Unterhaltung erzählt, sondern weil diese Erzählungen den Menschen die Möglichkeit gaben, in der Geschichte die eigene Geschichte zu spiegeln, neu zu interpretieren, und neue Aspekte und Ressourcen zu entdecken. In seinem großartigen Essay „Der Erzähler" äußert Walter Benjamin (1980) die Befürchtung, die Fähigkeit des Geschichtenerzählens sei durch ein Dahinfliessen von Informationen ersetzt worden. Dies mag für die modernen Massenkommunikationsmittel und für viele Bereiche unseres Lebens stimmen. Allerdings ist das, was z. B. in Selbsthilfe-Initiativen in den Gruppentreffen geschieht, zum großen Teil nichts anderes als Geschichtenerzählen. Ich er-

---

[45] Der Ausdruck „Mentor" stammt aus der griechischen Mythologie und bezeichnet den „weisen und vertrauten Ratgeber", in dessen Obhut Odysseus seinen Sohn Telemachos gab.

zähle meine Geschichte, um mir selbst bewußt zu werden, und ich stütze mich auf die Erfahrung anderer, um in meinem Leiden/Problem zurechtzukommen. Die Erzählung

> „… führt, offen oder versteckt, ihren Nutzen mit sich. Dieser Nutzen mag in einer Moral bestehen, ein andermal in einer praktischen Anweisung, ein drittes in einem Sprichwort oder in einer Lebensregel – in jedem Fall ist der Erzähler ein Mann, der dem Hörer Rat weiß. Wenn aber ‚Rat wissen' heute altmodisch im Ohre zu klingen anfängt, so ist daran der Umstand schuld, daß die Mitteilbarkeit der Erfahrung abnimmt. Infolge davon wissen wir uns und anderen keinen Rat. Rat ist ja minder Antwort auf eine Frage als ein Vorschlag, die Fortsetzung einer (eben sich abrollenden) Geschichte angehend. Um ihn einzuholen, müßte man sie zuvörderst einmal erzählen können." (Benjamin 1980, S. 388)

In der professionellen Beratungssituation ist das „Material" in fast allen Fällen eine Geschichte. Ziel der Beratung unter einem Empowermentblickwinkel ist es, die eigene Geschichte weitererzählen zu können, „den Erzählfaden der eigenen Geschichte selbst in die Hand zu nehmen" (Sloterdjik 1988). Damit wird es möglich, vorhandene oder verschüttete Ressourcen in der eigenen Geschichte wahrzunehmen und diese Ressourcen nutzbar zu machen, indem sie zum Ausdruck gebracht, öffentlich gemacht werden.

4.3. Empowermentprozesse von beruflichen HelferInnen

„Wir müssen nicht einfach so sein, wie wir sind. Wir können auch anders," so lautet der Schlußsatz des Essays von C. Wolfgang Müller (1990) zum „Rumpelstilzchen-Syndrom". Die Veränderung professioneller Funktionen und Rollen muß sich auch in der *Gestaltung der Arbeitsbedingungen und Arbeitsatmosphären in sozialen Einrichtungen* wiederspiegeln. Die Kultur unserer Arbeitsbedingungen führt genauso wie unsere eigene Erscheinung (die Performanz) als Professionelle eher zu Überforderung und „burn-out", als zur Nutzung unserer verschütteten Ressourcen und Potentiale. Die beständige Knappheit der Personalausstattung und die beschränkten Handlungsmöglichkeiten im Sozialbereich liefern den Hintergrund einer Ausstrahlung, die den KlientInnen nur wenig Mut machen kann, Eigeninitiative zu ergreifen und Gestaltungsmöglichkeiten zu suchen und zu nutzen (Bobzien/Stark 1991). Die Frage nach den Möglichkeiten, Empowermentprozesse im beruflichen Alltag psychosozialer Arbeit anzustoßen, ist daher nicht zuletzt eine Frage der Entwicklung von Empowermentprozessen bei den beruflichen HelferInnen selbst.

Wenn SozialpädagogInnen, PsychologInnen und andere Professionelle im psychosozialen Bereich nur wenig Vertrauen in die Gestaltungsmöglichkeiten und innovativen Potentiale der eigenen Arbeit haben, wird es sehr schwer sein, dieses Vertrauen in die Fähigkeiten und Innovationspotentiale von Rat- und Hilfesuchenden zu setzen. Eine fürsorgende Haltung gegenüber KlientInnen spiegelt sich nur allzu oft bei den Professionellen in ihrem Verhältnis zu den Trägern der Einrichtungen oder den Geldgebern wieder. Hier ist häufig eine Opferhaltung oder ein Selbstverständnis als „ohnmächtige AlmosenempfängerInnen" gegenüber der Kommune, den staatlichen Geldgebern oder den Spitzenverbänden festzustellen: Wenn etwa MitarbeiterInnen von Einrichtungen „hoffen", daß sie im folgenden Haushaltsjahr noch genügend finanzielle Mittel für die Aufrechterhaltung ihres Angebotes oder die weitere Existenz ihrer Einrichtung erhalten, so zeigt dies, auch in einer Zeit der „objektiv" knappen Kassen der öffentlichen Hände, nicht unbedingt einen Mangel an Gestaltungskraft und Gestaltungswillen der einzelnen Professionellen, sondern viel mehr einen Mangel an Selbstvertrauen, der es verhindert, die eigenen Ziele und Angebote attraktiv nach außen darzustellen. Viel zu häufig finden sich noch berufliche HelferInnen, sei es im beraterischen, therapeutischen oder sozialpädagogischen Arbeitsfeld, denen die Finanzierung ihrer Einrichtungen „ein Buch mit sieben Siegeln" ist, mit dem sie sich „glücklicherweise" nicht befassen müssen, weil sie dies ja ohnehin nur von ihrer „eigentlichen" Arbeit ablenken würde. Dabei verkennen sie jedoch, daß sie damit wichtige Kunden, nämlich ihre Auftraggeber, vernachlässigen. Nur wenn die Geldgeber als gleichwertige Verhandlungspartner angesehen werden, die „meine" Dienstleistung erwerben wollen, lassen sich Gestaltungsmöglichkeiten in einem „Partizipationsgeschäft" einbringen. Andernfalls wird die Entscheidungsmacht anderen überlassen und damit eine quasi feudale Struktur aufrechterhalten, in der die sozial engagierten HelferInnen vom Wohlwollen vermeintlich übermächtiger Strukturen abhängig sind.

Ähnlich verhält es sich mit dem Erscheinungsbild der psychosozialen Einrichtungen und der beruflichen HelferInnen. C. Wolfgang Müller (1990) hat in einer treffenden Polemik über das „Rumpelstilzchen-Syndrom" eine häufig anzutreffende „Berufskrankheit" beruflicher HelferInnen beschrieben:

„Ich behaupte – und nehme dabei die provozierende Überspitzung in Kauf –, wir verwenden unsere Person und unseren Körper als enscheidendes Medium, mit dem wir Absichten und Themen transportieren, auf eine sehr sorglose Weise. Wir kleiden uns schlampig, wir sprechen nicht deutlich und verständlich, sondern nuscheln vor uns hin. Viele von uns sehen sich außerstande, ihre Stimme über Zimmerlautstärke hinaus zu erheben. Wir machen immer wieder dasselbe Gesicht, immer wieder dieselben abgehackten Bewegungen mit den ungepflegten Händen … Wir sind halt so, wie wir sind, und unsere Klienten müssen sich damit abfinden. Dafür steckt – und jetzt kommt die eigentliche Botschaft des ‚Rumpelstilzchen-Syndroms' – dafür steckt hinter dieser unansehnlichen Schale (so meinen wir) ein überaus wertvoller Kern. Sind die anderen doch selber schuld, wenn sie diesen Schatz nicht wahrnehmen und das in ihm enthaltene Potential nicht für ihre Zwecke nutzen." (Müller 1990, S. 38 f.)

Diese Polemik ist nicht einfach ein Argument für ein gepflegtes Äußeres oder die Nutzung von Rhetorik-Kursen. Hier wird eine professionelle Haltung pointiert dargestellt, die sich zuwenig Gedanken macht über die *Attraktivität ihres „Produktes"*. Wie wir uns jedoch als professionelle Kräfte im psychosozialen Handlungsfeld darstellen, welches „Image" wir uns in sozialpolitischen Zusammenhängen oder im direkten Kontakt mit den Ratsuchenden geben, trifft auch Aussagen über den Stellenwert des Ansehens unseres „Klientels".

Professionelles Handeln bezieht sich nicht nur auf das direkt beobachtbare Verhalten der HelferInnen, sondern auch auf die Arbeitsbedingungen und die Arbeitsumgebung im psychosozialen Feld:

„Community Psychology from the bottom up" hieß eine Bustour, die am Rande des Jahreskongresses der American Psychological Association 1988 in New York von einem „Community Empowerment Network" angeboten wurde. Die Tour sollte zu einigen gemeindepsychologischen Einrichtungen in Harlem und der South Bronx führen und zog – nicht zuletzt wegen der Möglichkeit, diese legendären und exotisch-gefährlichen Stadtteile New York Citys besuchen zu können – eine Menge auswärtiger KongreßteilnehmerInnen. Die erste und für mich lehrreichste Station führte in die Community Clinic des Institute for Social Therapy and Research. Beeindruckt und betroffen von der offensichtlichen Verwahrlosung und Armut der Menschen und der Umgebung in der South Bronx, waren die TeilnehmerInnen dieser Rundfahrt vollkommen erstaunt, als sie die weitläufigen Räume der Community Clinic betraten. Die Ausstattung und Möblierung stand im krassen Gegensatz zu der draußen sichtbaren Armut und dem Erscheinungsbild der KlientInnen. Zwar befanden wir uns nicht in einem yuppie-style-Büro einer Computerfirma, dennoch war viel Platz, die Büros freundlich und hell und die Möbel waren sicherlich die im Umkreis von einigen Meilen teuersten und bequemsten. Auf unsere perplexe Frage, wie sich diese vergleichsweise luxuriöse Ausstattung denn mit einem Arbeitsfeld vertrage, das zu den ärmsten Gegenden der Vereinigten Staaten gehört, hatten die MitarbeiterInnen der Community Clinic eine frappierende Antwort: „Wissen Sie, wir glauben, daß die Menschen hier diese Umgebung wert sind, und nicht die verdreckten Strassen und vergammelten Wohnungen, in denen sie leben müssen. Und sie kommen gern hierher, denn sie fühlen eine Wertschätzung ihrer eigenen Person. Glauben Sie, den Leuten ginge es besser, wenn sie hier die gleiche Verwahrlosung und Niedergeschlagenheit vorfinden würden wie bei sich zuhause?" (W. S.)

Eine Situation der Großzügigkeit, die den beruflichen HelferInnen wie auch den Hilfesuchenden Wertschätzung entgegen bringt, um vorhandene Ressourcen entdecken und entwickeln zu können, wird – so läßt sich auch aus diesem Beispiel entnehmen – zuallererst durch die *eigene Haltung zu sich und zu den jeweiligen Problemlagen* konstituiert.

Fragen wie „Was erleben Sie zur Zeit als Ihre größte Herausforderung?" und „Auf welche Ihrer Fähigkeiten können Sie vertrauen, um diese Herausforderung zu meistern?" (Bobzien 1994) gelten, wie für alle Empowermentprozesse, auch für das Empowerment der beruflichen HelferInnen. Die Grundlage der Förderung von Empowermentprozessen, die Verbindung zwischen der individuellen, gruppenbezogenen und der sozialstrukturellen Ebene herzustellen, und damit die Arbeit im und am Kontext trgen auch zur Stärkung der eigenen professionellen Haltung bei. Die Erforschung und Bewußtmachung des eigenen Arbeitskontextes (z. B. formelle und informelle Hierarchien; Möglichkeiten und Behinderungen) und der zur Verfügung stehenden genutzten oder ungenutzten Ressourcen auf den verschiedenen Ebenen schärfen nicht nur das professionelle Bewußtsein für die Interdependenz von Personen und Kontext. Sie lassen auch Möglichkeiten entdecken, inwieweit eigene innovative Ideen im Arbeitszusammenhang umsetzbar sind, und welche Ressourcen dazu genutzt werden können.

Nur ein *erfolgreiches Management der eigenen Arbeit* schafft die Möglichkeit, den „Geist" und die Begeisterung dafür, die Dinge zusammen mit anderen selbst in die Hand zu nehmen, auch an andere weiterzugeben und so Empowermentprozesse anzustoßen. „Zusammenhänge herstellen" in der eigenen Arbeit hat zur Voraussetzung, Veränderungen des eigenen Arbeitsbereichs zuzulassen respektive gezielt anzustreben. Die beruflichen HelferInnen setzen sich damit selbst als Teil dieser Prozesse Veränderungen aus, werden faßbarer und angreifbarer und verlieren damit den festen Boden von Methoden und Techniken, vor allem aber den Besitz diagnostischer Macht und die Möglichkeiten der Normierung. Sie gewinnen allerdings neue, nicht entdeckte Ressourcen und die Kraft der Gestaltbarkeit und gegenseitiger Unterstützung auf verschiedenen Ebenen.

Diese Verunsicherungen der professionellen HelferInnen-Rolle können dann fruchtbar gewendet werden, wenn die Institution einen Rahmen bietet, der gegenseitige Lernprozesse, die Verbindungen zwischen und die Arbeit auf verschiedenen Ebenen unterstützt. Solche „privilegierten" Arbeitszusammenhänge sind herstellbar.

Der Versuch, aus dem Konzept „Empowerment" Konsequenzen für die eigene Arbeit und für ein neues Verständnis psychosozialer Praxis zu ziehen, bedeutet jedoch nicht die Option für ein „business re-engineering", einer vollkommene Umgestaltung sozialer Institutionen. Insofern ist eine Empowermentperspektive nicht lediglich ein möglicher Arbeitsansatz für privilegierte Einrichtungen mit relativ großen Freiräumen (Trojan 1993). Große Freiräume und großzügige Arbeitsbedingungen allein führen auch nicht automatisch zu einer Empowermentperspektive. Ein veränderter, kompetenzorientierter Blick auf soziale Probleme durch Professionelle kann durch erfolgreiche Geschichten von Empowermentprozessen angeregt werden, die die Möglichkeiten zukünftiger psychosozialer Arbeit erahnen lassen. Innovative Arbeitsansätze in diesem Sinn müssen jedoch durch sozialpolitische Vorstellungen unterstützt werden, die den Auftrag der Förderung von Empowermentprozessen zulassen. Am wesentlichsten ist jedoch die Entdeckung eigener Ressourcen und potentieller Ressourcen der Institution, also der möglichen fördernden Bedingungen für einen Empowermentansatz in der professionellen Arbeit. Sie müssen einhergehen mit der Analyse der möglichen institutionelle Empowermentprozesse behindernden Bedingungen, also etwa der Frage, weshalb der individuell orientierte Defizitblick in psychosozialen Einrichtungen immer wieder reproduziert wird. Eine so verstandene „Psychologie gesellschaftlicher Institutionen" (Seel 1992) ist bislang noch kaum entwickelt, kann aber unterstützt werden durch neuere Ansätze der Organisationsentwicklung und durch Versuche, die Qualität psychosozialer Arbeit in Richtung einer NutzerInnen-Orientierung zu verbessern (Qualitätsmanagement; siehe Stark 1994).

An dieser Stelle können die Erkenntnisse aus der Dynamik von Empowermentprozessen – angewendet auf die professionelle Arbeit – nur noch einmal wiederholt werden: Empowermentprozesse auf den verschiedenen Ebenen unterstützen sich gegenseitig. Individuelle Entwicklungen von beruflichen HelferInnen ermöglichen ebenso Veränderungen im institutionellen Rahmen, wie sozialpolitische Vorgaben die institutionelle und individuelle Ebene anstoßen können, und vice versa. Die Kraft der Veränderung aber erwächst immer aus dem Zusammenspiel der Ebenen.

Schlußbemerkungen: Empowerment als Weg zu einer kompetenzorientierten psychosozialen Praxis

Das Konzept „Empowerment" bündelt wichtige Lernprozesse aus den gesellschafts- und sozialpolitischen Diskussionen der letzten Jahre, vor allem aber aus den Erfahrungen psychosozialen Handelns, die jenseits des beruflichen Helfens entstanden sind. Die „Eigenmächtigkeit" gemeinschaftlicher Problembearbeitung in sozialen Bewegungen, Selbsthilfe- und BürgerInneninitiativen verdeutlicht individuelle und interaktive Potentiale, die durch eine Defizitsicht sozialer Probleme weitgehend verschüttet werden. Ich habe in dieser Arbeit am Beispiel psychosozialer Praxis versucht, Dimensionen, Phasen und Konsequenzen von Empowermentprozessen aufzuzeigen.

Die Konsequenzen aus diesen Erkenntnissen für die psychosoziale Arbeit zeigen eine Orientierung, die neue Blickwinkel auf soziale Prozesse erfordert und die Rollen, Funktionen und Aufgaben beruflicher HelferInnen anders gestalten kann. Beschreitet man diesen Weg, so finden sich Anknüpfungspunkte in vielen Beispielen psychosozialer Praxis, aber auch in einer Reihe sozialwissenschaftlicher Diskurse. Eine Empowermentperspektive lädt dazu ein, diese Anknüpfungspunkte aus der Bewältigungs- und Netzwerkforschung, der Untersuchung von Partizipationsprozessen und der narrativen Psychologie aufzugreifen und ihre Geschichte(n) bezüglich neuer Fragestellungen und Praxismodelle weiterzuerzählen.

Die unterschiedlichen Beispiele, anhand derer ich in dieser Arbeit versucht habe, Idee, Dynamik und Grundprinzipien von Empowerment zu verdeutlichen, zeigen, daß Empowermentprozesse in vielen Zusammenhängen bereits stattfinden. Zusätzlich zu einer Beschreibung des Ablaufs vom Empowermentprozessen im Alltag illustrieren sie, daß das Prinzip „Empowerment", wenn auch noch eher vereinzelt, zunehmend als professionelle Haltung übernommen wird und Früchte trägt. Ich bin überzeugt, daß sich in den verschiedenen Feldern professionellen Handelns weitere Beispiele und Anregungen finden lassen, die vielleicht noch über die beschriebenen Ansätze hinausgehen; Ansätze, die nicht nur vor dem Hintergrund privilegierter beruflicher Settings erfolgreich sind, sondern die in jeder Situation vorhandenen, (noch) nicht erkannten Ressourcen nutzen und Menschen anders betrachten als nur als „belieferungsbedürftige Mängelwesen". Die Aufgabe der Zukunft besteht m.E. darin, diese Beispiele des Anstoßens von Empowermentprozessen zu sammeln, die fördernden und behindernden Bedingungen noch weiter zu analysieren, und diese Beispiele im Sinne von „Modellen guter Praxis" als anregende Lernfälle bekanntzumachen.

Verallgemeinert kann die Diskussion des Konzepts Empowerment die Chancen verdeutlichen, die in einer kompetenz-orientierten Sicht sozialer Probleme und Abläufe enthalten sind – Chancen des sozialen Wandels, deren Potential nicht auf das Feld psychosozialer Praxis beschränkt ist.

Die Perspektive „Empowerment" bietet keine abgeschlossene Theorie oder Praxeologie psychosozialen Handelns. Diese Orientierung ist daher eher ein Wegweiser in eine Landschaft, in der man vor Überraschungen nicht sicher ist. Denn mit dem Anstoßen von Empowermentprozessen verläßt man die (durch)geplante Welt und muß in der professionellen Arbeit den Mut aufbringen, soziale Prozesse nicht zu kontrollieren, sondern sie zuzulassen und zu beginnen.

> „Worauf man bewußt abzielt, ist nie das, was man bekommt. Der bewußte Geist kann das nicht leisten. Man muß eine Art von losgelöster und bedachtsamer, aber wirklich entspannter Unaufmerksamkeit üben, die dem Unbewußten freien Lauf läßt, die ihm erlaubt, auf seine Weise an die Oberfläche zu steigen und sich selbst zu offenbaren. Aber genau in dem Augenblick, in dem man danach greift – das ist fast, wie wenn man etwas aus den Augenwinkeln sieht –, in dem man versucht, danach zu fassen, gleitet es zurück. Das ist wie Jagen, lautloses Jagen.
> Lautloses Jagen heißt, im Unterholz oder irgendwo Stellung zu beziehen und regungslos zu verharren; dann fangen die Dinge an, lebendig zu werden, und sehr bald wird man die Eichhörnchen und die Sperlinge und die Waschbären und die Kaninchen sehen, die schon die ganze Zeit da waren, aber sich eben sehr schnell aus dem Staub machen, wenn man zu genau hinschaut. Meditation ist genauso. Sich hinsetzen und ruhig sein und sich nicht bewegen, und die Dinge im Kopf fangen an, aus ihren Löchern zu kriechen, fangen an herumzulaufen und zu singen usw., und wenn man das einfach zuläßt, kommt man in Berührung damit." (Snyder 1984, S. 34)

Diese Beschreibung von Gary Snyder, einem zeitgenössischen amerikanischen Dichter, trifft eine der Voraussetzungen von „Querdenken": so etwas wie die spirituelle Grundlage für Empowermentprozesse. Der Begriff bezeichnet die Fähigkeit, mögliche Verbindungen zwischen Personen und/ oder Handlungsebenen herzustellen, die zu neuen Qualitäten führen und so auch neue Problemlösungen und Handlungsmöglichkeiten eröffnen. Ich bin der Meinung, daß das Konzept „Empowerment" und die in diesem Rahmen vorgestellten Beispiele zeigen, daß diese Prozesse nicht auf die individuelle oder gar meditative Ebene beschränkt sind, sondern konkret in unserem sozialen Alltag und auch in den Kontexten beruflichen Helfens gemeinsam mit anderen erlebbar und umsetzbar sind. Dabei ist „etwas beginnen und zulassen können" und nicht systematisch und geradlinig auf ein zu erreichendes Ziel zuzusteuern, eine wichtige Voraussetzung für Empowermentprozesse in psychosozialen Zusammenhängen, die verändernd wirken wollen, ohne zu manipulieren.

Ernst Bloch (1974) beschreibt den Hintergrund dieser Haltung mit dem Bild der „unkonstruierbaren Frage" – Fragen, „… die noch nicht von voreiliger Gewohnheit oder Routine ausgerichtet sind." Es ist die Fähigkeit und das Rätsel des Staunens, das Bloch hier besonders interessiert:

> „Sowohl Platon als auch Aristoteles sagen, das Erstaunen, das Sichwundern, sei der Anfang der Philosophie. Dieses Staunen ist nun das noch ungezielte Fragen, das innerhalb von Philosophie und Wissenschaft auf eine grosse Zahl von schon vorhandenen Antworten stößt, vor allem auf eine schulmässige Stereotypie des Antwortens. … Wir wollen etwas, ohne schon zu wissen, was es sei. Das hat Brecht in ‚Mahagonny' ausgedrückt mit dem kurzen Satz: Etwas fehlt. Was fehlte, konnte Jimmy nicht sagen; aber etwas fehlt, und das sucht er, das ist es worauf er aus ist. Dann werden ihm also Cord-Hosen angeboten und Schuhe und Pfeifen und Schränke und Tabak und Zigaretten und Häuser und Eigentumswohnungen. Doch auf all das waren seine Wünsche gar nicht gerichtet. Und er weiß immer noch nicht, was er will, was er kaufen will. Irgend etwas wird ihm schließlich aufgeredet, das gerade vorrätig ist. Und da er ganz und gar schon abgetrieben ist von seinem Erstaunen, seinem Erregtsein, seinem Verwundern, so bescheidet er sich und geht weg. Die Urfrage, die er hatte, ist vergessen." (Bloch 1974 in: Münster 1984, S. 164)

Literatur

Albers, I. (1992): Kunst und Freiheit. Kommunitaristische Anleihen bei Tocque-
ville. In: Zahlmann, C. (Hg.): Kommunitarismus in der Diskussion. Berlin:
Rotbuch

Alemann, U. v. (1975): Partizipation – Demokratisierung – Mitbestimmung.
Opladen: Westdeutscher Verlag

Alinsky, S. D. (1969): Reveille for radicals. New York: Vintage Books

Antonovsky, A. (1987): Unraveling the mistery of health. London: Jossey Bass

Antonovsky, A. (1991): Meine Odysee als Stressforscher. In: Jahrbuch für kritische
Medizin 17, Berlin: 112–130

Bachl, A.; Büchner, B.; Stark, W. (1994): Beratungskonzepte und Dienstleistungen
von Selbsthilfe-Initiativen. Untersuchung der spezifischen Beratungskonzepte
und Dienstleistungen von gesundheitsbezogenen Selbsthilfe-Initiativen und
ihrer Einflußnahme auf das medizinische und psychosoziale Versorgungssystem
am Beispiel München. Unveröffentlichtes Manuskript: Münchner Forschungsverbund Public Health

Bartunek, J.; Keys, C. (1982): Power equalization in schools through organizational development. Journal of Applied Behavioral Science, 18, 171–183

Baudrillard, J. (1979): Der Tod tanzt aus der Reihe. Berlin: Rotbuch

Beck, U. (1985): Von der Vergänglichkeit der Industriegesellschaft. In: Schmid, T.
(Hg.): Das pfeifende Schwein. Über weitergehende Interessen der Linken.
Berlin: Wagenbach

Beck, U. (1986): Risikogesellschaft. Auf dem Weg in eine andere Moderne. Frankfurt: Suhrkamp

Beerlage, I.; Kleiber, D. (1991): Konflikte und Probleme professioneller Identität in
der psychosozialen Versorgung. In: Flick, U. u. a. (Hg.): Handbuch qualitative
Sozialforschung. München: Psychologie Verlagsunion

Bellah, R. N.; Madsen, R.; Sullivan, W. M.; Swidler, A.; Tipton, S. M. (1988): Gewohnheiten des Herzens. Individualismus und Gemeinsinn in der ameriani-
schen Gesellschaft. Bonn: Bund

Benjamin, W. (1980): Der Erzähler. In: Benjamin, W.: Illuminationen. Ausgewähte
Schriften. Frankfurt: Suhrkamp

Berger, P. L.; Neuhaus, R. J. (1977): To empower people. The role of mediating
structures in public policy. Washington D. C.: American Enterprise Institute for
Public Policy Research

Bergold, J. B.; Flick U. (Hg.) (1987): Ein-Sichten. Zugänge zur Sicht des Subjekts
mittels qualitativer Forschung. Tübingen: DGVT

Berkowitz, B. (1987): Local heroes. The rebirth of heroism in America. Lexington:
Lexington Books

Bhavnani, K. K. (1988): Empowerment and social research: some comments.
Text, 8, 41–50

Biegel, D. E. (1984): Help seeking and receiving in urban ethnic neighborhoods:
strategies for empowerment. In: Rappaport, J.; Swift, C.; Hess, R. (eds.):
Studies in empowerment: steps toward understanding and action. New York:
Haworth Press

Binswanger, H. C.; Geissberger, W.; Ginsburg, T. (1979): Wege aus der Wohlstands-falle: der NAWU-Report. Frankfurt: Fischer

Bittner, U. (1981): Ein Kient wird „gemacht". In: Kardorff, E. v.; Koenen, E. (Hg.): Psyche in schlechter Gesellschaft. Zur Krise klinisch-psychologischer Tätigkeit. München: Urban und Schwarzenberg

Bloom, B. L.; Asher, S. J. (eds.) (1982): Psychiatric patients rights and patient advocacy. Issues and evidenvce. New York: Human Services Press

Bloch, E. (1974): Geist der Utopie. In: Münster, A. (Hg.) (1984): Tagträume vom aufrechten Gang. Sechs Interviews mit Ernst Bloch. Frankfurt: Suhrkamp

Bobzien, M. (1994): Gemeinsam Kräfte entdecken: Empowerment als Konzept zur Förderung on Selbsthilfe. Vortragsmanuskript

Bobzien, M.; Geislinger, R.; Hillenbrand, W.; Stark, W. (1991): Von der Schwierig-keit, sich einzumischen. Über Partizipationsprozesse in der Gesundheitsförde-rung. Köln: Bundeszentrale für gesundheitliche Aufklärung

Bobzien, M.; Stark, W. (1991): Empowerment als Konzept psychosozialer Arbeit und als Förderung von Selbstorganisation. In: Balke, K.; Thiel, W. (Hg.): Jen-seits des Helfens. Professionelle unterstützen Selbsthilfegruppen. Freiburg: Lambertus, 169–187

Böhm, I. (1992): Prävention und Behinderung – ein Widerspruch? In: Böhm, I.; Faltermeier, T.; Flick, U.; Krause Jacob, M. (Hg.): Gemeindepsychologisches Handeln: Ein Werkstattbuch. Freiburg: Lambertus

Böhm, I.; Weiss, H. (1993): Gemeinsam Kräfte entdecken. Konzepte des Empower-ment in der Frühförderung – von der Instrumentalisierung zur Zusammenarbeit. Blätter der Wohlfahrtspflege, 140 (2) 55–58

Bookman, A.; Morgen, S. (1988): Women and the politics of empowerment. Phil-adelphia: Temple University Press

Bonss, W.; Keupp, H.; Koenen, E. (1984): Das Ende des Belastungsdiskurses? Zur subjektiven und gesellschaftlichen Bedeutun von Arbeitslosigkeit. In: Bonss, W.; Heinze, R. G. (Hg.): Arbeitslosigkeit in der Arbeitsgesellschaft. Frankfurt: Suhrkamp

Boulet, J.; Krauss, J.; Oelschlägel, D. (1980): Gemeinwesenarbeit als Arbeitsprin-zip – Eine Grundlegung. Bielefeld: AJZ-Verlag

Brand, K.-W.; Büsser, D.; Rucht, D. (1984): Aufbruch in eine andere Gesellschaft. Neue soziale Bewegungen inder Bundesrepublik. Frankfurt: Campus

Braukmann, W.; Filipp, S.-H. (1984): Strategien und Techniken der Lebensbewälti-gung, In: Baumann, U.; Berbalk, H.; Seidenstücker, G. (Hg.): Klinische Psycho-logie. Trends in Forschung und Praxis. Bern: Huber

Brickman, P.; Rabinowitz, V. C.; Karuza, J.; Coates, D.; Cohn, E.; Kidder, L. (1982): Models of helping and coping. American Psychologist, 37, 368–384

Brose, H.-G.; Hildenbrand, B. (Hg.) (1988): Vom Ende des Individuums zur Indivi-dualität ohne Ende. Opladen: Leske und Budrich

Brüderl, L. (Hg.) (1988): Theorien und Methoden der Bewältigungsforschung. Weinheim: Juventa

Brückner, P. (1980): Das Abseits als sicherer Ort. Berlin: Wagenbach

Bundesvereinigung für seelische Gesundheit (1986): Gemeinsam handeln. Wie wir mit Krisen und Belastungen fertig werden. Bonn: Selbstverlag

Castoriadis, C. (1989): Psychoanalyse und die Unmöglichkeit der Politik. Lettre, 6, 68–72

Checkoway, B. (1982): The empire strikes back: more lessons for health care consumers. Journal of Health Politics and Law, 7, 111–124

Checkoway, B.; Norsman, A. (1986): Empowering citizens with disabilities. Community Development Journal, 21, 270–277

Cowen, E. L.; Work, W. C. (1988): Resilient children, psychological wellness, and primary prevention. American J. of Community Psychology, 16, 591–607

Cramer, M.; Keupp, H.; Röhrle, B.; Stark, W. (1987): Psychiatrischer und psychosozialer Umbau. Sozialpsychiatrische Praxis, 2, 67–72

Cramer, M. (1989): Umweltkrise und der psychosoziale Bereich. In: Stark, W. (Hg.): Lebensweltbezogene Prävention und Gesundheitsförderung. Konzepte und Strategien für die psychosoziale Praxis. Freiburg: Lambertus

Cramer, M. (1992): Vom Zerfall der klinischen Psychologie zur Gemeindepsychologie in der Umweltkrise. In: Böhm, I.; Faltermeier, T.; Flick, U.; Krause Jacob, M. (Hg.): Gemeindepsychologisches Handeln: Ein Werkstattbuch. Freiburg: Lambertus

Czikszentmihalyi, M. (1987): Das Flow-Erlebnis. Stuttgart: Klett

DeSwaan, A. (1983): Von Schwierigkeiten zu Problemen. In: Cramer, M. u. a. (Hg.): Gemeindepsychologische Perspektiven. (Bd. 4) Tübingen: DGVT

Diemer, N.; Völker, W. (1981): Im freien Flug übers Handgemenge – Über Selbsthilfe und Vergesellschaftung im Reproduktionsbereich. Widersprüche, 1, 71–95

Dienel, P. C. (1991): Die Planungszelle. Eine Alternative zur Establishment-Demokratie. Opladen: Westdeutscher Verlag

Dörner, K. (1969) Bürger und Irre. Frankfurt: Suhrkamp

Dohrenwend, B. S. u. a. (1980): Mental illness in the United States. Epidemiological estimates. New York: Praeger

Dooley, D.; Catalano, R. (1980): Economic change as a cause of behavioral disorder. Psychological Buletin, 87, 450–468

Dubiel, H. (Hg.) (1986a): Populismus und Aufklärung. Frankfurt: Suhrkamp

Dubiel, H. (1986b): Das Gespenst des Populismus. In: Dubiel, H. (Hg.): Populismus und Aufklärung. Frankfurt: Suhrkamp

Dubiel, Helmut (1986c): Autonomie oder Anomie. Zum Streit über den nachliberalen Sozialcharakter. In: Soziale Welt. (Bd. 4) 263–281

Dubiel, H. (1994): Ungewißheit und Politik. Frankfurt: Suhrkamp

Ehlich, K. (Hg.) (1980): Erzählen im Alltag. Frankfurt: Suhrkamp

Engelhardt, H. D. (1991): Innovation durch Organisation. Unterwegs zu problemangemessenen Organisationsformen. München: Fachhochschule München

Engelhardt, H. D.; Simeth, A.; Stark, W. (Hg.): Was Selbsthilfe leistet ... Wirkungen und sozialpolitische Bewertung des Selbsthilfebereichs. Freiburg: Lambertus

Engelmann, I. (1994): Sternstunde. „Es war der Kongreß der Psychiatrie-Erfahrenen". Soziale Psychiatrie, 3, 27–28

Ernst, H. (1994): Dem Leben Gestalt geben. Psychologie Heute, 2, 20–27

Esser, U. (1993): Vom Nutzen des Psychologiestudiums für die psychotherapeutische Praxis: Eine persönliche Halbzeitbilanz. Journal für Psychologie, 2, 27–30

Faltermaier, T. (1982): Belastende Lebensereignisse und ihre Bewältigung. In: Keupp, H.; Rerrich, D. (Hg.): Psychosoziale Praxis – Gemeindepsychologische Perspektiven. München: Urban und Schwarzenberg

Faltermaier, T. (1987): Lebensereignisse und Alltag. München: Profil

Faltermaier, T. (1994): Gesundheitsbewußtsein und Gesundheitsverhalten. Über den Umgang mit Gesundheit im Alltag. Weinheim: Beltz

Faltermeier, T.; Mayring, P.; Saup, W.; Strehmel, P. (1992): Entwicklungspsychologie des Erwachsenenalters. Stuttgart: Kohlhammer

Fechner, F. (1990): Politik und Postmoderne. Postmoderisierung als Demokratisierung? Wien: Passagen

Felner, R. D.; Jason, L. A.; Moritsugu, J. N.; Farber, S. S. (eds.) (1983): Preventive psychology: Theory, research, and practice. New York: Pergamon

Florin, P.; Wandersman, A. (1984): Cognitive social learning and participation in community development. American Journal of Community Psychology, 12, 689–708

Florin, P.; Wandersman, A. (1990): An intoduction to citizen participation, voluntary organizations, and community development: insights for empowerment research. American Journal of Community Psychology, 18, 41–54

Fornallaz, P.; Wiener, D. (1988): Erste Schritte in Richtung Oekostadt Basel. Basel: Oekozentrum Langenbruck

Foucault, M. (1973): Wahnsinn und Gesellschaft. Frankfurt: Suhrkamp

Fox, T.; Koeppel, I.; Kellam, S. (1985): Struggle for space. The greening of New York City. New York: Neighborhood Open Space Coalition

Frankenberg, G. (1994): Solidarität in einer „Gesellschaft der Individuen"? Stichworte zur Zivilisierung des Sozialstaats. In: Frankenberg, G. (Hg.): Auf der Suche nach der gerechten Gesellschaft. Frankfurt: Fischer

Franzkowiak, P. (1996): Salutogenetische Perspektive. In: Franzkowiak, P.; Kaba-Schönstein, C.; Lehmann, M.; Seibt, A. (Hg.): Leitbegriffe der Gesundheitsförderung. Köln: Bundeszentrale für gesundheitliche Aufklärung

Freidson, J. (1975): Dominanz der Experten. München: Urban und Schwarzenberg

Freire, P. (1973): Pädagogik der Unterdrückten. Bildung als Praxis der Freiheit. Reinbek: Rowohlt

Freire, P. (1978): Entmythologisierung der Bewußtseinsbildung. In: Schulze, W.; Schulze, H. (Hg.): Volkserziehung in Lateinamerika. Von der Theorie Paulo Freires zur politischen Praxis der Unterdrückten. Materialien der AG SPAK. Berlin: Sozialpolitischer Verlag

Freytag, R.; Giernalczyk, T.; Rausch, K.; Schuldt, K. H.; Wedler, H.; Witte, M. (1994): Leitlinien der Deutschen Gesellschaft für Suizidprävention zur Organisation von Krisenintervention. Hildesheim: Deutsche Gesellschaft für Suizidprävention (DGS)

Friedrich, Heinz: Wer die Zeit vertreibt, geht ihrer verlustig. Die Massenmedien und ihr Kulturauftrag – ein lösbares Problem? In: Süddeutsche Zeitung vom 26./27. September 1992, 173

Frisch, M. (1979): Tagebuch 1966–1971. Frankfurt: Suhrkamp

Frommann, A. (1990): Was geschieht eigentlich in Beratungen? Beratung zwischen Kunst und Methode. In: Brunner, E. J.; Schönig, W. (Hg.): Theorie und Praxis von Beratung. Pädagogische und psychologische Konzepte. Freiburg: Lambertus

Fuß, R.; Stark, W. (1988): Selbsthilfe und gesellschaftliche Entwicklung. Ausblicke in die Zukunft. In: Selbsthilfezentrum München (Hg.): Zurück in die Zukunft. Selbsthilfe und gesellschaftliche Entwicklung. München: Profil Verlag

Gaylin, W.; Glasser, I.; Marcus, S.; Rothman, D. J. (eds) (1978): Doing Good. The Limits of Benevolence. New York: Pantheon Books

Goodwyn, L. (1978): The populist moment: a short history of the agrarian revolt in America. Oxford: Oxford University Press

Gordon, A.; Bush, M.; McKnight, J.; Gelberd, L.; Dewar, T.; Fagan. K.; McCareins, A. (1980): Jenseits der Bedürfnisse. Der lange Schatten der Dienstleistungsgesellschaft. In: Basaglia, F.; Foucault, M.; Castel, R.; Chomsky, N.; Laing, R.; Goffman, I. (Hg.): Befriedungsverbrechen. Über die Dienstbarkeit der Intellektuellen. Frankfurt: Europäische Verlagsanstalt

Gramsci, A. (1975): Quaderni del Carocre. Turin: Editione Einardi

Granovetter, M. (1983): The strength of weak ties. In: American Journal of Sociology, 78, 1360–1380

Groeben, N.; Westmeyer, H. (1981): Kriterien psychologischer Forschung. Weinheim: Juventa

Grözinger, H. (1991): Sozialarbeit und therapeutische Zusatzqualifikation. Klientenauslese durch therapeutische Qualifizierung der Beraterinnen und Berater. Blätter der Wohlfahrtspflege, 1, 8–10

Gronemeyer, M. (1988): Die Macht der Bedürfnisse. Reflexionen über ein Phantom. Reinbek: Rowohlt

Guggenberger, B. (1987): Das Menschenrecht auf Irrtum. Anleitung zur Unvollkommenheit. München: Hanser

Guggenberger, B.; Kempf, U. (1984): Bürgerinitiativen und repräsentatives System. Opladen: Westdeutscher Verlag

Habermas, J. (1981): Theorie des kommunikativen Handelns. Frankfurt: Suhrkamp

Habermas, J. (1985): Die neue Unübersichtlichkeit. Frankfurt: Suhrkamp

Hartung, K. (1988): Angelus Novus in Triest. TAZ vom 14. Oktober 1988, 10/11

Hasenfeld, Y. (1987): Power in social work practice. Social Service Review, 61, 469–483

Hasenfeldt, Y.; Rafferty, J. A.; Zald, M. N. (1987): The welfare state, citizenship, and bureaucratic encounters. Annual Review for Sociology, 13, 387–415

Hasenfeld, Y.; Chesler, M. A. (1989): Client empowerment in the human services: personal and professional agenda. Journal of Applied Behavioral Science, 4, 499–521

Haug, F. (1988): Erinnerungsarbeit. Frauen und Selbsthilfe. In: Selbsthilfezentrum München (Hg.): Zurück in die Zukunft. Selbsthilfe und gesellschaftliche Entwicklung. München: Profil Verlag

Hautzinger, M.; Stark, W.; Treiber, R. (1992): Kognitive Verhaltenstherapie bei Depressionen. Ein Therapiemanual. München: Psychologie Verlags Union

Heller, A. (1976): Theorie der Bedürfnisse bei Marx. Berlin: VSA Verlag

Heller, A. (1980): Theorie der Gefühle. Hamburg: VSA Verlag

Hentig, H. v. (1985): Die Menschen stärken – die Sachen klären. Ein Plädoyer für die Wiederherstellung der Aufklärung. Stuttgart: Reclam

Herriger, N. (1989): Der mächtige Klient. Anmerkungen zum Verhältnis von Alltagskompetenz und Berufskompetenz. Soziale Arbeit, 5, 165–174

Herriger, N. (1991): Empowerment – Annäherungen an ein neues Fortschrittsprogramm der sozialen Arbeit. Sozialmagazin, 4, 26–34

Hess, R. (1984): Thoughts on empowerment. In: Rappaport, J.; Swift, C.; Hess, R. (eds.): Studies in empowerment: steps toward understanding and action. New York: Haworth Press

Hildebrandt, H.; Trojan, A. (1990): Neue Brücken-Einrichtungen als Instrument für gesundheits- und gesellschaftspolitische Innovationen. In: Trojan, A.; Hildebrandt, H.: Brücken zwischen Bürgern und Behörden. Innovative Strukturen für Gesundheitsförderung. Bonn: Asgard-Verlag

Hobfoll, S. (1989): Conservation of resources. A new attempt at conceptualizing stress. American Psychologist, 44, 513–524

Hoff, E. H.; Hohner, H. U. (1983): Was heißt autonomes Leben und Handeln? Psychosozial, 20, 9–29

Honneth, A. (1992a): Posttraditionale Gemeinschaften. Ein konzeptioneller Vorschlag. In: Brumlik, M.; Brunkhorst, H. (Hg.): Gemeinschaft und Gerechtigkeit. Frankfurt: Fischer

Honneth, A. (1992b): Individualisierung und Gemeinschaft. In: Zahlmann, C. (Hg.): Kommunitarismus in der Diskussion. Berlin: Rotbuch

Honneth, A. (1992c): Die Herausforderung des Kommunitarismus. In: Zahlmann, C. (Hg.): Kommunitarismus in der Diskussion. Berlin: Rotbuch Verlag

Horn, K. (Hg.) (1973): Gruppendynamik und der „subjektive Faktor". Repressive Entsublimierung oder politisierende Praxis? Frankfurt: Suhrkamp

Howard, G. S. (1989): A tale of two stories. Excursions into a narrative approach to psychology. Notre Dame: Academic Publications

Howard, G. S. (1991): Culture Tales. A narrative approach on thinking, cross-cultural psychology and psychotherapy. American Psychologist, March, 187–197

Illich, I. (1982): Vom Recht auf Gemeinheit. Reinbek: Rowohlt

Illich, I. (1983): Genus. Zu einer historischen Kritik der Gleichheit. Reinbek: Rowohlt

Jackson, D. (1989): Societal stress and resilience among black citizens. Paper delivered for the Conference on Community Research and Action 1989, East Lansing

Jackson, F. E. (1983): Participation in decision making as a strategy for reducing job-related strain. Journal for Applied Psychology, 68, 3–19

Jason, L. A.; Gesten. E. L. (1987): Social and community interventions. Annual Review of Psychology, 38, 427–460

Jervis, G. (1978): Kritisches Handbuch der Psychiatrie. Frankfurt: Syndikat

Jungk, R. (Hg.) (1990): Katalog der Hoffnung. 51 Modelle für die Zukunft. Neuwied: Luchterhand

Jungk R.; Müllert, N. (1985): Zukunftswerkstätten. Wege zur Wiederbelebung der Demokratie. München: Goldmann

Kallscheuer, O. (1993): Ein amerikanischer Gesellschaftskritiker. Michael Walzers kommunitärer Liberalismus. In: Walzer, M.: Kritik und Gemeinsinn. Frankfurt: Fischer

Kardorff, E. v. (1988): Intervention – Kritik und Perspektiven. In: Hörmann, G.; Nestmann, F. (Hg.): Handbuch der psychosozialen Intervention. Opladen: Westdeutscher Verlag

Kardorff, E. v.; Stark, W.; Rohner, R.; Wiedemann, P. (Hg.) (1989): Zwischen Netzwerk und Lebenswelt. Soziale Unterstützung im Wandel. München: Profil Verlag

Katz, R. (1973): Preludes to growth: An experiential approach. New York: Free Press

Katz, R. (1984): Empowerment and synergy: expanding the community's healing resources. In: Rappaport, J.; Swift, C.; Hess, R. (eds.): Studies in empowerment. New York: Haworth

Kelly, J. G. (1979): Wenn der Berg nicht zum Propheten kommt ... Interview. Psychologie Heute, 11, 62–67

Kelly, J. G. (1986): The ecology of empowerment. A study of two advocacy organizations. Paper presented at a symposium „Empowerment in Action: Individual, Organizational and Legal Contributions", Washington D. C.

Kelly, J. G. (1989): Die ökologischen Grundlagen präventiver Konzepte am Beispiel präventiver Beratungsarbeit. In: Stark, W. (Hg.): Lebensweltbezogene Prävention und Gesundheitsförderung. Konzepte und Strategien für die psychosoziale Praxis. Freiburg: Lambertus

Keupp, H. (1980): Sozialisation in Institutionen der psychosozialen Versorgung. In: K. Hurrelmann; D. Ulich (Hg.): Handbuch der Sozialisationsforschung. Weinheim: Beltz, 577–602

Keupp, H. (1988): Riskante Chancen. Das Subjekt zwischen Psychokultur und Selbstorganisation. Sozialpsychologische Studien. Heidelberg: Asanger Verlag

Keupp, H. (1989): Riskante Chancen – das Subjekt im gesellschaftlichen Wandel. Unveröffentlichtes Vortragsmanuskript, München

Keupp, H. (1992a): Von einer „Gemeinde" in die nächste? – Kontinuitäten und Differenzen religiöser Herkunft und gemeindepsychologischer Identität. In: Böhm, I.; Faltermeier, T.; Flick, U.; Krause Jacob, M. (Hg.): Gemeindepsychologisches Handeln: Ein Werkstattbuch. Freiburg: Lambertus

Keupp, H. (1992b): Identitäten in der Psychologie. Jenseits der Imitationsidentität. Journal für Psychologie, 2, 4–14

Keupp, H. (1993): Beratung und Therapie. Neue gesellschaftliche Anforderungen an die soziale Arbeit – die Rede vom „Psychoboom" greift zu kurz. Blätter der Wohlfahrtspflege, 1, 3–6

Keupp, H. (1994): Zerstört Individualisierung die Solidarität? Kommunitarismus und Gemeindepsychologie. München: Unveröffentlichtes Manuskript

Keupp, H.; Röhrle, B. (Hg.) (1987): Soziale Netzwerke. Frankfurt: Campus

Keupp, H.; Stark, W. (1993): Empowerment. Vorwort zum Themenheft. Blätter der Wohlfahrtspflege, 2, 40

Kickbusch, I. (1981): Von der Zerbrechlichkeit der Sonne. Einige Gedanken über Selbsthilfegruppen. In: Kickbusch, I.; Trojan, A. (Hg.): Gemeinsam sind wir stärker. Selbsthilfegruppen und Gesundheit. Frankfurt: Fischer

Kieffer, C. (1982): Dialectical conceptions of adult learning in non-formal community settings. Paper presented at the New England Educational Research Organization, Lenox, Mass.

Kieffer, C. (1984): Citizen empowerment: a developmental perspective. In: Rappaport, J.; Swift, C.; Hess, R. (eds.): Studies in empowerment: steps toward understanding and action. New York: Haworth Press

Kohli, M.; Robert, G. (Hg.) (1984): Biographie und soziale Wirklichkeit. Stuttgart: Metzler

Kranich, C. (1990): Bürgerbeteiligung durch Selbstorganisation. In: Gesundheitsakademie (Hg.): Bürger aller Städte, beteiligt Euch ... Bremen: Gesundheitsakademie

Langer, E. J. (1983): The psychology of control. Beverly Hills: Sage

Lazarus, R. S.; Folkman, S. (1984): Stress, appraisal, and coping. New York: Springer

Leadbeater, C. (1988): Power to the person. Blätter für deutsche und internationale Politik, 4, 412–422

Legewie, H. (1989): Sinnfindung und seelische Gesundheit im Alltag. Obdachlosigkeit, Ruhestand, Tschernobyl. In: Stark, W. (Hg.): Lebensweltbezogene Prävention und Gesundheitsförderung. Konzepte und Strategien für die psychosoziale Praxis. Freiburg: Lambertus

Legewie, H. (1992): Was hat Tschernobyl mit Gemeindepsychologie zu tun? – Fiktive Werkstattnotizen 1985–1990. In: Böhm, I.; Faltermeier, T.; Flick, U.; Krause Jacob, M. (Hg.): Gemeindepsychologisches Handeln: Ein Werkstattbuch. Freiburg: Lambertus

Legewie, H. (1993): Zur Gestaltbarkeit von Lebenswelten. Diskursanalyse in Technik, Stadtentwicklung und Gesundheitsförderung. In: Hohl, J.; Reisbeck, G. (Hg.): Individuum – Lebenswelt – Gesellschaft. Texte zur Sozialpsychologie und Soziologie. München: Profil Verlag

Legewie, H.; Böhm, A., Dechert-Knarse, E., Janßen, M.; Muhr, T. (o. D.): Bürgerbeteiligung in der gesundheitsorientierten Stadtentwicklung Berlins. Zwischenbericht Projet A-4 im Berliner Forschungsverbund Public Health. Berlin: Unveröffentlichtes Manuskript

Lerner, G. (1990): Blick auf das Jahr 2000. In: Sloterdjik, P. (Hg.): Vor der Jahrtausendwende. Berichte zur Lage der Zukunft. Frankfurt: Suhrkamp

Lewin, K. (1953): Die Lösung sozialer Konflikte. Bad Nauheim: Klett

Libreria delle donne di Milano (1989): Wie weibliche Freiheit entsteht. Eine neue politische Praxis. Berlin: Orlanda Frauenverlag

Lobnig, H. (1992): Empowerment als Gratwanderung. Die Anleitung einer Selbsthilfegruppe psychiatrischer Patienten. In: Böhm, I.; Faltermeier, T.; Flick, U.; Krause Jacob, M. (Hg.): Gemeindepsychologisches Handeln: Ein Werkstattbuch. Freiburg: Lambertus

Luhmann, N. (1972): Knappheit, Geld und die bürgerliche Gesellschaft. Jahrbuch für Sozialwissenschaft, 23, 186–210

Lyotard, J. F. (1986): Das postmoderne Wissen. Berlin: Merve

Macy, J. (1986): Mut in der Bedrohung. Psychologische Friedensarbeit im Atomzeitalter. München: Kösel

Marcus, St. (1978): Their brother's keepers: an episode from english history. In: Gaylin, W.; Glasser, I.; Marcus, S.; Rothman, D.J. (eds): Doing Good. The Limits of Benevolence. New York: Pantheon Books

McIntyre, A. (1987): Der Verlust der Tugend. Zur moralischen Krise der Gegenwart. Frankfurt: Campus

Musil, R. (1978): Der Mann ohne Eigenschaften. Darmstadt: Luchterhand

Mielenz, I. (1985): Soziale Arbeit und Arbeitsmarkt: Endstation oder Chance für die Betroffenen? Neue Praxis, 15, 99–112

Moscovici, S. (1979): Sozialer Wandel durch Minoritäten. München: Urban und Schwarzenberg

Müller, C. W. (1990): Das Rumpelstilzchen-Syndrom. Sozialmagazin 4, 36–40

Mutz, G. (1983): Sozialpolitik als soziale Kontrolle am Beispiel der psychosozialen Versorgung. München: Profil Verlag

Nadolny, S. (1990): Das Erzählen und die guten Absichten. Münchner Poetik-Vorlesungen. München: Piper

Naparstek, A.; Biegel, D.; Spiro, H. (1982): Neighborhood networks for humane mental health care. New York: Plenum Press

Neruda, P. (1982): Der gemordete Albatros. Essays und Reden. Darmstadt: Luchterhand

Nestmann, F. (1988): Beratung. In: Hörmann, G.; Nestmann, F. (Hg.): Handbuch der psychosozialen Intervention. Opladen: Westdeutscher Verlag

Niethammer, L. (Hg.) (1985): Lebenserfahrung und kollektives Gedächtnis. Die Praxis der „Oral History". Frankfurt: Suhrkamp

Offe, C. (1972): Bürgerinitiativen und Reproduktion der Arbeitskraft im Spätkapitalismus. In: Offe, C. (Hg.): Strukturprobleme des kapitalistischen Staates. Frankfurt: Suhrkamp

Olk, Th. (1985): Der informelle Wohlfahrtsstaat. In: Olk, Th.; Otto, H. U. (Hg.): Der Wohlfahrtsstaat in der Wende – Perspektiven ein zukünftigen Sozialarbeit. Weinheim: Juventa

Olk, Th. (1986): Abschied vom Experten. Weinheim: Juventa

O'Sullivan, M. J.; Waugh, N.; Espeland, W. (1984): The Fort McDowell Yavapai: from pawns to powerbrokers. In: Rappaport, J.; Swift, C.; Hess, R. (eds.): Studies in empowerment: steps toward understanding and action. New York: Haworth Press

Ottomeyer, K. (1977): Ökonomische Zwänge und menschliche Beziehungen. Soziales Verhalten im Kapitalismus. Reinbek: Rowohlt

Pankoke, E. (1986): Ökologische Intervention und soziale Aktion: Zur „Feldorientierung" aktiver Sozialpolitik. In: Brennpunkte Sozialer Arbeit: Ökologische Konzepte für Sozialarbeit. Frankfurt

Parin, P. (1990): Noch ein Leben. Eine Erzählung. Zwei Versuche. Freiburg: Kore

Parnes, S. J. (1988): Visioneering: State-of-the-art processes for encouraging innovative excellence. The Journal of Creative Behavior, 21, 283–299

Pearlin, L. I.; Schooler, C. (1978): The structure of coping. Journal of Health and Social Behavior, 19, 1–21

Peck, M. S. (1987): The different drum. Community making and peace. New York: Touchstone

Pirsig, R. M. (1974): Zen oder die Kunst ein Motorrad zu warten. Frankfurt: Fischer

Polanyi, K. (1978): The Great Transformation. Politische und ökonomische Urprünge von Gesellschaften und Wirtschaftssystemen. Frankfurt: Fischer

Prestby, J. E.; Wandersman, A.; Florin, P.; Rich, R. C.; Chavis, D. (1990): Benefits, costs, inventive management and participation in voluntary organizations: a means to understanding and promoting empowerment. American Journal of Community Psychology, 18, 117–150

Price, R. H. (1990): Wither participation and empowerment? American Journal of Community Psychology, 18, 163–167

Puch, H. J. (1991): Inszenierte Gemeinschaften – Gruppenangebote in der Moderne. Neue Praxis, 1, 12–25

Puhle, H.-J. (1986): Was ist Populismus? In: Dubiel, H. (Hg.): Populismus und Aufklärung. Frankfurt: Suhrkamp

Rappaport, J. (1977) Community psychology. Values, research, and action. New York: Holt, Rinehart & Winston

Rappaport, J. (1985): Ein Plädoyer für die Widersprüchlichkeit: ein sozialpolitisches Konzept des „empowerment" anstelle präventiver Ansätze. Verhaltenstherapie und psychosoziale Praxis 2, 257–278

Rappaport, J. (1986): Collaborating for empowerment: creating the language for mutual help. In: Boyte, H. C.; Riessman, F. (eds.): The new populism. The politics of empowerment. Philadelphia: Temple University Press

Rappaport, J. (1987): Terms of empowerment/exemplars of prevention: toward a theory for community psychology. American Journal of Community Psychology, 9, 121–144

Rappaport, J.; Swift, C.; Hess, R. (eds.) (1984): Studies in empowerment: steps toward understanding and action. New York: Haworth Press

Rappaport, J. u. a. (1986): Collaborative research with a mutual help organization. Social Policy, 15, 12–24

Rerrich, D. (1982): Nutzerkontrolle. In: Keupp, H.; Rerrich, D. (Hg.): Psychosoziale Praxis – Gemeindepsycholoische Perspektiven. München: Urban und Schwarzenberg

Revicki, D. A.; May, H. J. (1985): Occupational stress, social support, and depression. Health Psychology, 4, 61–77

Riegel, K. F. (1980): Grundlagen der dialektischen Psychologie. Stuttgart: Klett

Riessman, F. (1986): The new populism and the empowerment ethos. In: Boyte, H. C.; Riessman, F. (eds.): The new populism. The politics of empowerment. Philadelphia: Temple University Press

Riger, S. (1984): Vehicles for empowerment: the case of feminist movement organizations. In: Rappaport, J.; Swift, C.; Hess, R. (eds.): Studies in empowerment: steps toward understanding and action. New York: Haworth Press

Riger, S. (1994): What's wrong with empowerment? American Journal of Community Psychology, 21, 279–292

Röhrle, B. (1987) Soziale Netzwerke und Unterstützung im Kontext der Psychologie. In: Keupp, H.; Röhrle, B. (Hg.): Soziale Netzwerke. Frankfurt: Campus

Röhrle, B. (1994): Soziale Netzwerke und soziale Unterstützung. München: Psychologie Verlagsunion

Roberts, B. B. (1989): Living inside a social ecology approach to community empowerment: a third world experience. Paper presented at the Conference on Community Research and Action, East Lansing

Roberts, B. B.; Thorsheim, H. I. (1986): A partnership approach to consultation: the process and results of a major primary prevention field experiment. Prevention in Human Services, 4, 151–186

Roberts, L.; Rappaport, J. (1989): Empowerment in the mutual help context: an empirical analysis of the value of helping others. Paper presented at the Conference on Community Research and Action, East Lansing

Rothman, D. J. (1978): The state as parent: social policy in the progressive era. In: Gaylin, W.; Glasser, I.; Marcus, S.; Rothman, D. J. (eds) : Doing Good. The Limits of Benevolence. New York: Pantheon Books

Rothschild-Witt, J. (1976): Conditions facilitating participatory-democratic organizations. Sociological Inquiry, 2, 75–86

Ruff, F. (1989): Kleine Netze als Lebensform. Leben und Arbeiten in Großgruppen. In: Kardorff, E. v.; Stark, W.; Rohner, R.; Wiedemann, P. (Hg.): Zwischen Netzwerk und Lebenswelt – Soziale Unterstützung im Wandel. München: Profil

Russell, B. (1972): Probleme der Philosophie. Frankfurt: Suhrkamp

Russel-Erlich, J. L.; Rivera, F. G. (1986): Community empowerment as a non-problem. Journal for Voluntary Action Research, 4, 451–465

Sachs Pfeiffer, T. (1988): Lebenstil, Mobilität und die Gestaltung von Stadträumen. In: Hauff, V. (Hg.): Stadt und Lebenstil. Weinheim: Beltz

Sachs Pfeiffer, T. (1989): Partizipation: Teilhaben statt Teilnehmen. In: Stark, W. (Hg.): Lebensweltbezogene Prävention und Gesundheitsförderung. Konzepte und Strategien für die psychosoziale Praxis. Freiburg: Lambertus

Sagan, L. (1987): The health of nations. True causes of sickness and well-being. New York: Basic Books

Sampson, E. E. (1985): The decentralization of identity. American Psychologist, 40, 1203–1211

Sampson, E. E. (1988): Debate on individualism. Indigenous psychologies of the individual and their role in personal and societal functioning. American Psychologist, 43, 15–22

Sarason, I. G.; Sarason, B. R. (eds.) (1985): Social support: theory, research, and applications. Dordrecht: Nijhoff

Sarbin, T. R. (ed.) (1986): Narrative psycholoy. The storied nature of human conduct. New York: Praeger

Schami, R. (1991): Vom Zauber der Zunge. Reden gegen das Verstummen. Frauenfeld: Verlag im Waldgut

Schiepek, G. (Hg.) (1987): Systeme erkennen Systeme. Individuelle, soziale und methodische Beziehungen systemischer Diagnostik. München: Psychologie Verlagsunion

Schmitz, E., u. a.: Beratung als Praxisform „angewandter Aufklärung". In: Beck, U.; Bonss, W. (Hg.): Weder Sozialtechnologie noch Aufklärung. Frankfurt: Suhrkamp

Schulze, W.; Schulze, H. (1978): Volkserziehung in Lateinamerika. Von der Theorie Paulo Freires zur politischen Praxis der Unterdrückten. Materialien der AG SPAK. Berlin: Sozialpolitischer Verlag

Schur, E. (1973): Radical Nonintervention. Rethinking the delinquency problem. Englewood Cliffs: Sage Publ.

Schwendter, R. (1973): Zur Theorie der Subkultur. Frankfurt: Syndikat

Seel, H. J. (1992): Aus der Praxis der Initiativenberatung. Journal für Psychologie, 1, 30–34

Seligman, M. E. P. (1979): Erlernte Hilflosigkeit. München: Urban und Schwarzenberg

Sloterdjik, P. (1988): Zur Welt kommen – zur Sprache kommen. Frankfurter Vorlesungen. Frankfurt: Suhrkamp

Snow, D. A.; Zurcher, L. A.; Elkind-Olson, S. (1980): Social networks and social movements. American Sociological Review, 45, 787–801

Snyder, G. (1984): Landschaften des Bewußtseins. München: Trickster

Stark, W. (1980): Aktionsforschung in der Gemeinde – ein Beitrag zur Primären Prävention in der Gemeindepsychologie. Würzburg: Unveröffentlichte Diplomarbeit

Stark, W. (1982): Prävention – Fortschrittsmythos, Allmachtsphantasien, Gefahren und realistische Ansatzpunkte. In: Keupp, H.; Rerrich, D. (Hg.): Psychosoziale Praxis – Gemeindepsycholoische Perspektiven. München: Urban und Schwarzenberg

Stark, W. (1988): Die Anstalt als Zentrum. Zur Psychiatriereform in der BRD. Psychologie Heute, 12, 38–42

Stark, W. (Hg.)(1989a): Lebensweltbezogene Prävention und Gesundheitsförderung. Konzepte und Strategien für die psychosoziale Praxis. Freiburg: Lambertus

Stark, W. (1989b): Prävention als Gestaltung von Lebensräumen. Zur Veränderung und notwendigen Reformulierung eines Konzepts. In: Stark, W. (Hg.): Lebensweltbezogene Prävention und Gesundheitsförderung. Konzepte und Strategien für die psychosoziale Praxis. Freiburg: Lambertus

Stark, W. (1989c): Empowerment, Health Promotion, and the Competence for Social Conflict and Change. In: Salmon, J. W.; Göpel. E. (Eds.): Proceedings of the International Symposium on „Community Participation and Empowerment Strategies in Health Promotion". University of Bielefeld, Center for Interdisciplinary Studies, 34–43

Stark, W. (1991): Prävention und Empowerment. In: Hörmann, G.; Körner, W. (Hg.): Klinische Psychologie. Ein kritisches Handbuch. Reinbek: Rowohlt, 213–232

Stark, W. (1992): Gemeindepsychologische Geschichte(n): Zur Bedeutung von Geschichten für eine gemeindepsychologische Perspektive. Fünf Annäherungen. In: Böhm, I.; Faltermeier, T.; Flick, U.; Krause Jacob, M. (Hg.): Gemeindepsychologisches Handeln: Ein Werkstattbuch. Freiburg: Lambertus

Stark, W. (1993): Die Menschen stärken. Empowerment als eine neue Sicht auf klassische Themen von Sozialpolitik und sozialer Arbeit. Blätter der Wohlfahrtspflege, 2, 41–44

Stark, W. (1994): Qualitätssicherung bei sozialen und gesundheitsbezogenen Einrichtungen und Initiativen. Störfaktor, 23/24, 55–63

Stark, W.; Bobzien, M. (1988): Das „Innenleben" von Selbsthilfegruppen. Empowerment als Selbstverständnis und Arbeitsprinzip. In: Selbsthilfezentrum München (Hg.): Zurück in die Zukunft. Selbsthilfe und gesellschaftliche Entwicklung. München: Profil Verlag

Stark, W.; Stein, M. (1986): Gemeinsam Handeln. Wie wir mit Krisen und Belastungen fertig werden. Bonn: Bundesvereinigung für seelische Gesundheit

Steinfath, H. (1992): Der Verlust der Identität. In: Zahlmann, C. (Hg.): Kommunitarismus in der Diskussion. Berlin: Rotbuch

Stone, R. A.; Levine, A. G. (1985): Reactions to collective stress: correlates of active citizen participation. Prevention in Human Services, 4, 153–177

Sue, S.; Zane, N. (1980): Learned helplessness theory and community psychology. In: Gibbs, M. S.; Lachenmeyer, J. R.; Sigal J. (eds.): Community psychology: theoretical and empirical approaches. New York: Gardner

Swift, C. (1984): Empowerment: an antidote for folly. In: Rappaport, J.; Swift, C.; Hess, R. (eds.): Studies in empowerment: steps toward understanding and action. New York: Haworth Press

Swift, C.; Levin, G. (1987): Empowerment – an emerging mental health technology. American Journal of Community Psychology, 9, 179–191

Taylor, C. (1993): Wieviel Gemeinschaft braucht die Demokratie? Transit, 5, 5–20

Terkel, S. (1981): Der amerikanische Traum. Berlin: Wagenbach

Terkel, S. (1988): The great divide. Second thoughts on the American dream. New York: Pantheon

Tolsdorf, C. C. (1976): Social networks, support, and coping. Family Process, 15, 407–417

Thomae, H. (1968): Das Individuum und seine Welt. Eine Persönlichkeitstheorie. Göttingen: Hogrefe

Thorsheim, H. I.; Roberts, B. B. (1984): Metaperspectives: The systems approach and its vision. Seaside: Intersystems Publications

Touraine, A. (1972): Die post-industrielle Gesellschaft. Frankfurt: Suhrkamp

Trautmann-Sponsel, R. D. (1988): Definition und Abgrenzung des Begriffs „Bewältigung". In: Brüderl, L. (Hg.): Theorien und Methoden der Bewältigungsforschung. Weinheim: Juventa

Tress, W. (1986): Das Rätsel der seelischen Gesundheit. Traumatische Kindheit und früher Schutz gegen psychogene Störungen. Göttingen: Vandenhoeck und Ruprecht

Tretzel, A. (1993): Wege zum „rechten" Leben. Selbst- und Weltdeutungen in Lebenshilferatgebern. Pfaffenweiler: Centaurus

Trickett, E. J. (1984): Toward a distinctive community psychology: an acological metaphor for the conduct of community research and the nature of training. American Journal of Community Psychology, 12, 261–284

Trojan, A. (1985): Ansätze zur Mitbestimmung in der Gesundheits- und Sozialpolitik. WSI-Mitteilungen, 38, 621–630

Trojan, A. (Hg.) (1986): Wissen ist Macht. Eigenständig durch Selbsthilfe in Gruppen. Frankfurt: Fischer

Trojan, A.; Hildebrandt, H. (1989): Konzeptionelle Überlegungen zu gesundheitsbezogener Netzwerkförderung auf lokaler Ebene. In: Stark, W. (Hg.): Lebensweltbezogene Prävention und Gesundheitsförderung. Konzepte und Strategien für die psychosoziale Praxis. Freiburg: Lambertus

Trojan, A. (1993): Ohnmacht kränkt – Empowerment wirkt gesundheitsfördernd. Zur Stärkung von Selbsthilfe- und Durchsetzungsfähigkeit von Einzelnen und von Gruppen. Blätter der Wohlfahrtspflege, 2, 58–61

Ulich, D. (1982): Das Gefühl. Eine Einführung in die Emotionspsychologie. München: Urban und Schwarzenberg

Vilmar, F.; Runge, B. (1986): Auf dem Weg zur Selbsthilfegesellschaft? Essen: Klartext

Walzer, M. (1992): Zivile Gesellschaft und amerikanische Demokratie. Berlin: Rotbuch Verlag

Watzlawick, P.; Beavin, J.H.; Jackson, D. D. (1974): Menschliche Kommunikation. Formen, Störungen, Paradoxien. Bern, Stuttgart, Wien: Huber

Welsch, W. (1987): Unsere postmoderne Moderne. Weinheim: VCH Verlagsgesellschaft

Welsch, W. (Hg.) (1988): Wege aus der Postmoderne. Schlüsseltexte der Postmoderne-Diskussion. Weinheim: VCH Verlagsgesellschaft

Welsch, W. (1990): Ästhetisches Denken. Stuttgart: Reclam

Wenzel, E. (Hg.) (1986): Die Ökologie des Körpers. Frankfurt: Suhrkamp

West, D. (1990): Authenticity and empowerment. Oxford: Oxford University Press

Wolff, St. (1981): Grenzen der helfenden Beziehung. Zur Entmythologisierung des Helfens. In: Kardorff, E. v.; Koenen, E. (Hg.): Psyche in schlechter Gesellschaft. München: Urban und Schwarzenberg

Wolff, St. (1983): Die Produktion von Fürsorglichkeit. Bielefeld: AJZ Druck und Verlag

World Health Organization (WHO) (1991): Ottawa Charta for Health Promotion. Copenhagen: WHO-Euro

Yeo, M. (1993): Toward an ethic of empowerment for health promotion. Health Promotion International, 8, 225–235

Zimmerman, M. A. (1990): Toward a theory of learned hopefulness: a structural model analysis of participation and empowerment. Journal of Research in Personality, 24, 71–86

Zimmerman, M. A. (1992): Empowerment: forging new perspectives for mental health. In: Rappaport, J.; Seidman, E. (eds): Handbook of community psychology. New York: Plenum Press

Zimmerman, M. A. u. a. (1985): Expansion of a mutual help organization: the „Johnny Appleseed" approach. Paper presented at the meeting of the Midwest Psychological Association, Chicago

Zimmerman, M. A.; Rappaport, J. (1988): Citizen participation, perceived control, and psychological empowerment. American Journal of Community Psychology, 16, 725–750

Zola, I. K. (1987): The politicization of the self-help movement. Social Policy, Fall 1987, 32–33.

Anhang: Werkzeuge für das Anstoßen von Empowermentprozessen

Es wurde mehrfach betont, daß Empowerment keine neue Methode für den Bereich sozialer Arbeit darstellt, sondern als Arbeitshaltung gegenüber den KlientInnen und gegenüber dem eigenen professionellen Selbstverständnis Geltung gewinnt. Diese grundlegende Aussage soll mit diesem Anhang, in dem beispielhaft Werkzeuge für das Anstoßen von Empowermentprozessen vorgestellt werden, nicht abgeschwächt oder zurückgenommen werden.

Die im Folgenden präsentierten Werkzeuge sollen vor allem als Anregung dafür dienen, die professionelle Tätigkeit unter einem Blickwinkel des Empowerment auch praktisch anzugehen. Denn eine veränderte Arbeitshaltung muß sich, um Praxisrelevanz zu erlangen, auch in den Handlungen der Professionellen niederschlagen können; sie muß also zu einer erfolgreichen und zielorientierten professionellen Arbeit beitragen.

Die vorgestellten Beispiele für ein professionelles Handwerkszeug habe ich ausgewählt, weil sie in unserer Praxis im Rahmen des Selbsthilfezentrums München vielfältig erprobt wurden. In der Erfahrung mit verschiedenen Methoden hat sich herausgestellt, daß zwei Vorgehensweisen, die „Zukunftswerkstatt" und das „Team Coaching", das Potential in sich tragen, bei TeilnehmerInnen den Blickwinkel zu verändern und ein neues Rollenverständnis überhaupt denkbar zu machen. Damit beinhalten sie die Möglichkeit, Empowermentprozesse bei einzelnen und in Gruppen anzustoßen.

(1) *Zukunftswerkstätten:* Zukunftswerkstätten sind eine von Robert Jungk entwickelte Methode zur Entwicklung und Entdeckung sozialer Phantasie mit verschiedenen Zielgruppen und in verschiedenen Zusammenhängen. Sie können am ehesten als ein genuines Instrument zur Initiierung von Empowermentprozessen bezeichnet werden, weil sie

(a) vor allem mit der verschütteten sozialen Phantasie, d. h. mit den oft vergessenen oder noch nicht entdeckten Stärken und Kompetenzen der Menschen arbeiten,

(b) als Seminarmethode die Möglichkeit bieten, Menschen aus verschiedenen Kontexten und Ebenen zusammenzubringen und deren Ressourcen synergetisch erweitern,

(c) auch innerhalb des Arbeitsprozesses einer Zukunftswerkstatt der Focus auf die Verbindung verschiedener Ebenen gelegt wird (siehe Abbildung 5, S. 128).

Im Rahmen der letzten zehn Jahre habe ich mit verschiedenen KollegInnen mehr als 35 Zukunftswerkstätten durchgeführt, einige davon im Rahmen des Gesunde Städte-Projekts München oder in anderen Kontexten der Gesundheitsförderung, viele im Rahmen von Organisationsentwicklung in Teams oder Einrichtungen. Die wichtigsten und erfolgreichsten Zukunftswerkstätten waren jedoch die, in denen es gelang, Menschen aus verschiedenen Arbeitsbereichen und Ebenen zusammenzubringen: Werkstätten mit Gewerkschaften oder im Zusammenhang der deutsch-deutschen Vereinigungsprozesse.

(2) *Team-Coaching:* Team-Coaching ist eine Methode zur kooperativen Beratung, die sich aus verschiedenen Formen der Supervision und der Organisationsberatung entwickelt hat. Sie wird in diesem Zusammenhang deshalb eingeführt, weil sie vor allem in Gruppen und Organisationen Empowermentprozesse anstoßen kann. Das Team/die Gruppe arbeitet dabei gezielt an der Weiter-Entwicklung und Erweiterung der Ressourcen einzelner Mitglieder, damit die von einzelnen oder der Gruppe angestrebten Ziele besser erreicht und gemeinsam umgesetzt werden können.

Beide hier beispielhaft vorgestellten Werkzeuge beanspruchen nicht eine irgendwie geartete Einzigartigkeit oder besondere Originalität. Sicherlich sind im Rahmen verschiedener Arbeitszusammenhänge oder Aktionsgruppen neuer sozialer Bewegungen ähnliche, weiterführende oder der jeweiligen Situation angemessenere Werkzeuge entwickelt worden. Die jeweiligen Vorgehensweisen werden dem einen oder anderen auch unter anderen Bezeichnungen bekannt sein. Die vielfältigen Herkünfte, Verwandtschaften und Bezüge zu anderen Instrumenten sozialen Wandels anzugeben, würde jedoch den Rahmen dieser Arbeit sprengen. (Dazu bereitet der Autor zusammen mit KollegInnen ein Handbuch vor, das die verschiedenen Formen von Werkstatt-Arbeit ausführlich und praxisnah beschreiben soll). Die Darstellung dieser beiden Werkzeuge soll als Ergänzung zur konzeptionellen Schilderung des Empowermentkonzeptes vor allem für die praktische Arbeit Ideen freisetzen und Mut zum Experimentieren machen.

1. ZUKUNFTSWERKSTÄTTEN

1.1. Zur Geschichte

Robert Jungk entwickelte in den 60er Jahren das Konzept „Zukunftswerkstätten". Anstöße dazu lieferten ihm verschiedene Zukunftsforscher wie Gaston Berger, Bertrand de Jouvenant oder Alwin Toffler. Auch die Diskussionen in den USA der 50er Jahre über die Möglichkeiten und Gefahren durch die Entwicklung der Atombombe lieferten Gedankenanstöße. Schon damals wuchs das Bewußtsein, daß die Abschätzung der Konsequenzen der technischen Entwicklung und politischen Entscheidungen nicht mehr nur den WissenschaftlerInnen und PolitikerInnen überlassen sein sollte. Doch es fehlte ein Konzept, wie sich BürgerInnen mit politischen Entscheidungen und wissenschaftlichen Erkenntnissen auseinandersetzen und auf sie Einfluß nehmen sollten.

Auf ein weiteres Problem machte Robert Jungk (1985) aufmerksam:

> „Es ist leicht, Hunderte von kritischen Meinungen und Stellungnahmen zu bekommen, was an den bestehenden Verhältnissen falsch ist, wo bürokratische Strukturen, Ämter, Behörden Freiheiten der Bürger einschränken, was an unseren Städten zu kritisieren ist. Aber wenn es dann darum geht, den zweiten, den wichtigeren Schritt zu tun – nämlich zu sagen, wie denn nun eine andere Stadt, eine andere Verwaltung aussehen sollte, versagt bei vielen die Phantasie. Die dann geäußerten Vorschläge und Problemlösungen sind häufig schwach, wenig phantasievoll ..." (Jungk/Müllert 1985, S. 15)

Erste Erfahrungen mit Formen der BürgerInnenbeteiligung sammelte Robert Jungk im Wiener Institut für Zukunftsfragen. Er führte schon zu diesem Zeitpunkt Zukunftswerkstätten durch, die möglichst spontan „vor Ort", d. h. auf der Straße oder am Arbeitsplatz mit den BürgerInnen stattfanden. Methodisch wurden Modelle aus der Kreativitätsforschung und Managementschulung angewandt. Dabei wurden vor allem Visualisierunstechniken eingesetzt. Moderation und Struktur der Zukunftswerkstatt spielten in dieser Zeit eine eher untergeordnete Rolle.

Mitte der 70er Jahre wurde das *dreiphasige Arbeitsmodell* einer Zukunftswerkstatt entwickelt. Sie besteht aus einer Kritik-, einer Phantasie- und einer Realisierungsphase. Begleitet wurde der Ablauf durch eine(n) Moderator(in). Die drei Phasen sollten insgesamt etwa zwei bis vier Tage dauern. Die TeilnehmerInnen an diesen Zukunftswerkstätten kamen überwiegend aus BürgerInnen-Initiativen und Universitäten. Ergebnisse solcher Zukunftswerkstätten waren unter anderem das „Netzwerk Selbsthilfe" in Berlin, das sich in den Folgejahren rasch in Deutschland, Österreich und der Schweiz ausbreitete und inzwischen zur Gründung der „Ökobank" geführt hat, oder die Idee der „schlafenden Polizisten", der Einbau von Schwellen in den Wohnstraßen, die zu einer Verlangsamung des Autoverkehrs führen sollten.

In den 80er Jahren integrierte insbesondere Rüdiger Lutz Methoden der Humanistischen Psychologie und der „Human Potential Bewegung" in die Zukunftswerkstätten. Intuitionsübungen, Visualisierungen und Phantasiereisen wurden dabei ebenso eingesetzt wie Gestalt-, Encounter- und Körperübungen. Ohne die diskursiven Kommunikationsformen zu vernachlässigen, wurde auf diese Weise versucht, die Spannungen zwischen Intellekt und Intuition, zwischen Idee und Emotion für die Zukunftswerkstätten nutzbar zu machen.

1.2. Die heutige Form

Zukunftswerkstätten, wie sie heute durchgeführt werden, haben zwar nach wie vor die gleiche Grundstruktur, doch verschiedene ModeratorInnen haben bestimmte *Schwerpunkte* und *Ausformungen* entwickelt. Einige sind eher rational orientiert, andere setzen bei der individuellen emotionalen Situation ein. Manche arbeiten viel mit Entspannungsmethoden, Bildern, Phantasiereisen, Kreativitätsmethoden; andere lehnen sich eng an die traditionellen Seminarformen an. Auch wurden im Laufe der Zeit verschiedene Zwischenphasen entwickelt. Ein Teil der ModeratorInnen betont eher die Phantasiephase, andere eher die Realisierungsphase; wieder andere legen großen Wert auf die Bildung von Arbeitskreisen für die Arbeit nach der Beendigung einer Zukunftswerkstatt.

Die Gestalt einer Zukunftswerkstatt hängt nicht nur von den ModeratorInnen ab, sondern in besonderem Maß von den *TeilnehmerInnen*, ihrer Zahl, der zur Verfügung stehenden *Zeit*, vom *Thema*, von den *Zielen* und vom *Tagungsort*. Zukunftswerkstätten können einem Seminar, einer Planungssitzung oder einem Arbeitskreis eine Struktur geben. Sie geben also per se kein Thema vor, sondern strukturieren nur die Form des Arbeitens. Mit der Methode „Zukunftswerkstatt" können sowohl kleine Teams und Gruppen mittlerer Größe (15 bis 30 Personen) als auch Großveranstaltungen arbeiten.

1.3. Erfahrungen mit Zukunftswerkstätten

Zukunftswerkstätten sind zunächst einmal eine *Methode*, die die *Selbstorganisation* und die *Phantasie der TeilnehmerInnen* fördert und auf sie aktivierend wirkt. Der persönliche Zugang zum Thema ist allerdings wichtig und sollte sorgfältig behandelt werden. Dazu gehört auch, in den Zukunftswerkstätten die Kopflastigkeit akademischer Diskussionen zu vermeiden und Emotionen und Körper ausreichend anzusprechen. Ebenso sollten vermehrt Elemente der Einzelarbeit (wie „geleitetes Schweigen", „phantastischer Spaziergang" u. ä.) eingebaut werden, um die permanente Diskussion in Groß- und Kleigruppen durch Zeiten des „Innehaltens" und Nachdenkens zu unterbrechen.

Zukunftswerkstätten sollten *konkrete Konsequenzen* haben, sonst verkommen sie zur Seminarmethode, die am Wochenende abgeschlossen ist und allenfalls persönliche Erfahrungen beinhaltet. Die Beschäftigung mit der Gestaltbarkeit der sozialen Umwelt darf nicht zu einem bloßen Gehirn-Jogging werden. Vielmehr müssen die Ergebnisse auch umsetzbar sein. So muß es Ziel jeder Zukunftswerkstatt sein, konkrete Projekte aus der gemeinsamen Phantasie entstehen zu lassen, die in der Realisierungsphase möglichst weiterentwickelt werden. Arbeitsgruppen sollten die Projekte dann in der Form von „permanenten Zukunftswerkstätten" umsetzen.

Viel Zeit und Sorgfalt wird für die *Vor- und Nachbereitung* von Zukunftswerkstätten benötigt. Die eigentliche Zukunftswerkstatt sollte als Höhepunkt zwischen Vor- und Nachbereitungsphase eingebettet sein. Zur Vorbereitung gehört, den Inhalt und die für viele noch neuen Methoden mit einigen oder allen TeilnehmerInnen zu besprechen. So ist ein gemeinsames Thema zu finden, man muß sich Form und Inhalt der Einladungen verständigen und die notwendigen Räume finden und ausstatten. Im Idealfall begreifen die TeilnehmerInnen von Anfang an die Zukunftswerkstatt als „ihre" Veranstaltung. Die ModeratorInnen ermöglichen dann nur, daß der Prozeß voran geht. Sie bieten somit kein Seminar klassischer Prägung an. Die Nachbereitung ist unserer Erfahrung nach das zeitaufwendigste Element der Zukunftswerkstatt, wenn Ergebnisse weiterbearbeitet und umgesetzt werden sollen. Es erscheint unerläßlich, z. B. ein gut ausgearbeitetes Protokoll zu verfassen oder in weiteren, bereits verabredeten oder geplanten Treffen weitere Aktivitäten anzuregen und die Kontakte nicht abreißen zu lassen. Je nach Zielsetzung kann es auch sinnvoll sein, die Ergebnisse einer Zukunftswerkstatt verschiedenen AdressatInnen zu präsentieren und mögliche Projekte zu diskutieren.

Die Garantie einer tatsächlichen *Umsetzung* einzelner in der Zukunftswerkstatt enstandenen Ideen und Projekte gibt es jedoch nicht. Häufig wird auch die Erfahrung gemacht, daß viele Ideen noch eine Weile schlummern müssen, bis sie dann – oft unvermutet – wieder ins Bewußtsein kommen oder die Zeit für ihre Umsetzung gekommen ist.

Im Folgenden werden die wichtigsten Schritte zu den einzelnen Phasen von Zukunftswerkstätten beschrieben und Hinweise zur Vor- und Nachbereitung von Zukunftswerkstätten gegeben.

Leitfaden zur Durchführung von Zukunftswerkstätten

Vorbereitungsphase

Die ModeratorInnen und die Veranstalter sollten folgende *vorbereitende Fragen* beantworten:

(1) Welche Ziele sollen mit der Zukunftswerkstatt erreicht werden? Liegt das Schwergewicht auf der Entwicklung von Ideen, auf dem kooperativen Prozeß, auf der Realisierungsmöglichkeit von Projekten?

(2) Wer ist/wer sind die Zielgruppe/n? Passen die Personen/die Zielgruppen zueinander?

(3) Welches Thema hat die Zukunftswerkstatt? Welcher Titel kann gefunden werden?

(4) Welches Ambiente benötigen die TeilnehmerInnen?

(5) Wie und wo soll für die Zukunftswerkstatt geworben werden?

(6) Wer ist der/die geeignete ModeratorIn für die Zukunftswerkstatt? Sind die Absprachen mit dem/der ModeratorIn klar?

(7) Welche Rolle haben die VeranstalterInnnen/OrganisatorInnen in der Zukunftswerkstatt?

(8) Wieviel Geld steht zur Verfügung? Was ist den TeilnehmerInnen zuzumuten?

(9) Ist eine Vorbereitungssitzung mit den TeilnehmerInnen, VeranstalterInnen und ModeratorIn notwendig, sinnvoll, möglich?

(10) Wie soll die Zukunftswerkstatt dokumentiert werden? Wer macht es, bis wann?

Sind Terminabsprachen, Ort und Teilnehmerzahl geklärt, können die Einladungen für die Zukunftswerkstatt verschickt werden. Hier ist darauf zu achten, daß Thema und Zielsetzung der Zukunftswerkstatt klar beschrieben sind, damit sich die TeilnehmerInnen bereits vorab vorbereiten können.
Die eigentliche Werkstatt findet dann in drei Phasen statt:

Kritikphase

Die *Leitfrage* dieser Phase lautet: „Wo kämen wir hin, wenn es so weiterginge?".

Folgende *Regeln* sind zu beachten: keine Grundsatzdiskussionen führen, Stichpunkte sammeln, alle kommen zu Wort, persönliche Erfahrungen und konkrete Kritik haben Vorrang.

Anhaltspunkte für die Äußerungen können folgende Fragen sein:

(1) Was sind die negativen Erfahrungen und Ängste der TeilnehmerInnen?
(2) Welche Konsequenzen werden bei der derzeitigen Entwicklung vermutet/befürchtet?

Folgende *Vorgehensweisen* bieten sich an:

(1) Kritikpunkte ungeordnet sammeln und visualisieren
(2) Kritikpunkte zu Themen zusammenstellen
(3) Prioritäten für die Bearbeitung einzelner Kritikthemen setzen (z.B. Punktevergabe)
(4) in Kleingruppen die ausgewählten Kritikthemen bearbeiten und visualisieren (Wandzeitungen)
(5) die ausgearbeiteten Kritikpunkte positiv umformulieren („was möchte ich, wenn ich das vermeiden will?").

Phantasiephase

Die *Leitfrage* dieser Phase lautet: „Wo könnten wir hinkommen, wenn wir mutig wären?".

Folgende *Regeln* sind zu beachten: „Wir haben alle materiellen, politischen und persönlichen Möglichkeiten und stellen uns unsere Wunschvorstellung vor"; alles ist erlaubt außer Kritik (keine „Killerphrasen"); die „Schere im Kopf" vermeiden.

Folgende *Einstiege* in die Phantasiephase sind möglich: eine kreative Atmosphäre durch Theater, Spiele, Entspannung, Phantasiereisen, Geschichten u.v.m. herstellen

Folgende *Vorgehensweisen* bieten sich an:

(1) Ideen sammeln und visualisieren
(2) die Ideen nach Themenkreisen zusammenfassen
(3) Prioritäten setzen und Bewertungen vornehmen
(4) einzelne „phantastische" Projekte ausarbeiten
(5) Bewertung nach Wünschbarkeit und Innovationskraft vornehmen.

Verwirklichungsphase

Die *Leitfrage* dieser Phase lautet: „Wo kommen wir hin, wenn wir losgingen?".

Folgende *Regeln* sind zu beachten: Der Bezug zur Realität hält wieder Einzug; erste Schritte werden entwickelt, die in die Realität passen.

Folgende Fragen sollen die *Vorgehensweisen* leiten:

(1) Wo sind die Hindernisse bei der Realisierung der Phantasie?
(2) Wen brauchen wir, um dieses Projekt beginnen zu können?
(3) Wen brauchen wir, um dieses Projekt durchführen zu können?
(4) Welche Materialien benötigen wir für diese Projekt?
(5) Welche Räume braucht das Projekt?
(6) Sind die gesetzlichen Möglichkeiten ausreichend?
(7) Wieviel Geld kostet das Projekt?
(8) In welchem Zeitraum soll das Projekt verwirklicht werden?

Zum Abschluß der Zukunftswerkstatt sollten in jedem Fall Vereinbarungen getroffen werden, wie die erzielten Ergebnisse gesichert und mögliche Projekte umgesetzt werden.

Eine Möglichkeit der Weiterarbeit ist die „permanente Werkstatt":

Permanente Werkstatt

Es werden Arbeitsgruppen gebildet, die die erarbeiteten Projekte umsetzen. Von Zeit zu Zeit treffen sich Arbeitsgruppen, um sich gegenseitig zu informieren und zu unterstützen.

Folgende *Hilfen* sollen den Prozeß begleiten:

(1) ausführliche Dokumentation (in Schrift oder Bild) der Zukunftswerkstatt
   (a) Unterstützung der Arbeitsgruppen
   (b) als Ideengeber für nachfolgende Zukunftswerkstätten
(2) gezielte Planung der permanenten Zukunftswerkstätten
   (a) stadtteilbezogen
   (b) mit verschiedenen Bevölkerungs- oder Berufsgruppen
(3) Projektberatung für die in der Zukunftswerkstatt entwickelten Ideen

Die Methode der Zukunftswerkstätten wird häufig in Kombination mit anderen Merhoden eingesetzt. Folgende Werkstattmethoden eignen sich am besten zur Ergänzung und Weiterentwicklung:

Verwandte Methoden und ihre Besonderheiten

(1) Planungszelle
   (a) Methode zur Erstellung von BürgerInnen-Gutachten zu speziellen Fragestellungen
   (b) gezielter Input von ExpertInnen
   (c) repräsentative TeilnehmerInnenauswahl

(2) Erzählwerkstatt

    (a) Entwicklung eines Profils einer Gruppe/Organisation aus der Geschichte der einzelnen

    (b) (berufs-)biographische Erzählungen mit individueller Orientierung

(3) Delphi-Methode

    (a) Prognostik zukünftiger Entwicklungen in einem bestimmten Bereich

    (b) zirkuläre Befragungen von ExpertInnen über mehrere Monate

    (c) festes Auswertungs-Team

(4) Szenario-Werkstatt

    (a) gesamtgesellschaftliche Zukunftsentwürfe und die Möglichkeiten ihrer Umsetzung

    (b) Entwicklung von Zukunftsszenarien

    (c) Beteiligung möglichst vieler BürgerInnen.

2. TEAM-COACHING

Ziel des Team-Coaching ist die Förderung und Stärkung einzelner Team- oder Gruppenmitglieder bei der Bewältigung ihrer Aufgaben oder der Lösung umgrenzter Probleme. Das Team/die Gruppe schlüpft dabei in die Rolle von BeraterInnen für ein Team/Gruppenmitglied und unterstützt durch gezieltes Fragen oder durch Anregungen diese Person auf der Suche nach Wegen, ein vorher beschriebenes Problem zu lösen. Da in jeder Sitzung des Team-Coaching ein Team/Gruppenmitglied im Mittelpunkt steht, wird dadurch die Entwicklung und die Problemlösefähigkeit dieser Person gefördert. Zusätzlich erweitert diese Methode die Möglichkeiten, vorhandene Ressourcen systematisch zu nutzen und die eigenen Kompetenzen zu erweitern. Das Ziel einer Sitzung besteht nicht in der Lösung des beschriebenen Problems, sondern in der Erweiterung der Möglichkeiten der Problemlösung.

Team-Coaching kann in Teams, Arbeitsgruppen, Selbsthilfegruppen o. ä. angewendet werden. Die Gruppengröße sollte zehn Personen nicht überschreiten, ideal sind fünf bis sechs Personen. Die Rollen der einzelnen Personen während des Team-Coaching werden genau festgelegt. Die Dauer einer Sitzung sollte 45 bis 60 Minuten nicht überschreiten.

2.1. Regeln/Ablauf des Team-Coaching

Die Regeln für das Team-Coaching sind einfach, es sollte jedoch darauf geachtet werden, daß sie möglichst genau eingehalten werden:

(a) Zunächst eröffnet der/die ModeratorIn die Sitzung, erklärt noch einmal kurz die Spielregeln und den Zeitplan, und stellt die präsentierende Person vor.

(b) Die präsentierende Person hat 10 bis 15 Minuten, das Problem oder die Aufgabe der Beratungsgruppe darzustellen. Während dieser Zeit darf sie nicht unterbrochen werden (keine Kommentare, keine Nachfragen). Der/die ModeratorIn achtet darauf, daß für die Präsentation in jedem Fall zehn Minuten zur Verfügung stehen, auch wenn die Darstellung des Problems vermeintlich vorher schon abgeschlossen ist. Meist werden nach einer kurzen Pause noch weitere wichtige Aspekte hinzugefügt. Am Ende der Präsentation werden zwei/drei Fragen an die Beratungsgruppe formuliert. Pro Sitzung wird immer nur ein Problem/eine Aufgabe behandelt.

(c) Nach Ablauf der Präsentation bittet der/die ModeratorIn die Beratungsgruppe um Verständnisfragen (z. B. Abkürzungen, genannte Personen, unbekannte Begriffe, zeitliche Aspekte). Diese Phase sollte möglichst kurz gehalten werden.

(d) Danach beginnt die eigentliche Beratungsphase: Die Mitglieder der Beratungsgruppe stellen gezielte Fragen (oder geben Kommentare ab). Zu jeder Äußerung wird die dahinterliegende Hypothese kurz erklärt. Nach jeder Äußerung aus der Beratungsgruppe erhält die präsentierende Person die Gelegenheit, ihre Einschätzung über den Stellenwert der Äußerung für die Problemlösung zu formulieren oder anderweitig dazu Stellung zu nehmen.

(e) Nach Abschluß der Beratungsphase (nach ca. 45 bis 60 Minuten) bekommt die präsentierende Person noch einmal Gelegenheit, eine zusammenfassende Rückmeldung über den Beratungsprozeß abzugeben. Die Beratungsphase wird in jedem Fall nach spätestens 60 Minuten beendet (durch den/die ModeratorIn), auch wenn noch Fragen offen bleiben. In den meisten Fällen wird die Aufgabe/das Problem nicht gelöst sein. Die Anregungen aus dem Team-Coaching ermöglichen es jedoch, andere Blickwinkel bei der weiteren Bearbeitung zu berücksichtigen und vorhandene Ressourcen besser zu nutzen.

2.2. Die Rollen und ihre Funktionen

(a) Vor Beginn der Sitzung sollte festgelegt werden, welches Team/Gruppenmitglied ein Problem oder eine Aufgabe präsentiert. Dabei sollte es sich um umgrenzte Probleme handeln, deren Lösungen zur Zeit schwierig oder festgefahren erscheinen. Ebenso können Aufgaben präsentiert werden, die neu sind und zu deren Bearbeitung Anregungen und Ideen aus der Gruppe benötigt werden.

(b) Ebenfalls vor Beginn der Sitzung wird die Rolle des/der ModeratorIn festgelegt. Ihre Aufgabe besteht darin, die Zeiten der einzelnen Phasen des Team-Coaching möglichst genau einzuhalten. Außerdem hat der/die ModeratorIn darauf zu achten, daß die Beratungsregeln eingehalten werden. Nur wenn nötig, greift der/die ModeratorIn ein (bittet etwa die zu beratende Person um ihre Stellungnahme nach einer Frage oder einem Kommentar aus der Beratungsgruppe, oder fragt nach den hinter den Fragen/Kommentaren liegenden Hypothesen bzw. leistet gegebenenfalls Übersetzungshilfe). Ansonsten nimmt der/die Moderatorin nicht aktiv am Gespräch teil.

(c) Die Mitglieder der Beratungsgruppe (alle Anwesenden außer der präsentierenden Person und dem/der Moderatorin) haben die Aufgabe, der präsentierenden Person durch gezieltes Nachfragen und/oder Kommentare Anregungen zur Lösung des präsentierten Problems zu geben. Sie unterstützen dabei ausschließlich die Problemlösefähigkeiten und Ressourcen dieser Person, indem sie durch ihre Äußerungen neue Blickwinkel oder Sichtweisen des Problems eröffnen. Sie bieten keine direkte Hilfe an und geben keine Ratschläge oder Wertungen. Daher ist die Form der Frage als Äußerung am besten geeignet. Bei jeder Äußerung ist die dahinterliegende Hypothese („Weshalb stelle ich diese Frage/gebe ich diesen Kommentar?") kurz zu erläutern.

Autor

Wolfgang Stark, Dr. phil., Diplom-Psychologe: Studium der Psychologie, Pädagogik und Volkswirtschaft an der Universität Würzburg. Nach Tätigkeiten in der Psychotherapieforschung am Max-Planck-Institut für Psychiatrie und einem gemeindepsychologischen Forschungsaufenthalt in den USA verschiedene Projekte zu Netzwerkforschung, Selbsthilfe und BürgerInnenpartizipation. Seit 1986 Mitglied des Leitungsteams des Selbsthilfezentrums München. In diesem Rahmen u. a. praxisorientierte Entwicklung des Empowermentkonzepts, Aufbau von Gesundheitsförderungsprojekten (WHO-Projekt „Healthy Cities") und Leitung von Praxisforschungsprojekten in den Bereichen Public Health, Selbsthilfe und Qualitätsmanagement in der Sozialen Arbeit. Arbeitsschwerpunkte: Gemeindepsychologie, Empowerment, Methoden der Selbstorganisation, Gesundheitsförderung, Public Health, Qualitätsmanagement. Gründungsmitglied der Gesellschaft für gemeindepsychologische Forschung und Praxis (GGfP) und des International Network for Community Research and Action (INCRA).